U0642637

勿使前辈之遗珍失于我手

勿使国术之精神止于我身

杨立德 —— 著

梁氏形意拳

百家功夫

北京科学技术出版社

图书在版编目（CIP）数据

梁氏形意拳 / 杨立德著 . — 北京 : 北京科学
技术出版社 , 2024.8
（百家功夫丛书）
ISBN 978-7-5714-3785-5

Ⅰ . ①梁… Ⅱ . ①杨… Ⅲ . ①形意拳－基本知识
Ⅳ . ① G852.14

中国国家版本馆 CIP 数据核字（2024）第 056785 号

策划编辑：胡志华
责任编辑：周　珊　胡志华
责任校对：贾　荣
图文制作：创世禧
装帧设计：志　远
责任印制：吕　越
出 版 人：曾庆宇
出版发行：北京科学技术出版社
社　　址：北京西直门南大街 16 号
邮政编码：100035
电　　话：0086-10-66135495（总编室）　0086-10-66113227（发行部）
网　　址：www.bkydw.cn
印　　刷：北京华联印刷有限公司
开　　本：710 mm × 1000 mm　1/16
字　　数：318 千字
插　　页：12
印　　张：23
版　　次：2024 年 8 月第 1 版
印　　次：2024 年 8 月第 1 次印刷
ISBN 978-7-5714-3785-5

定　　价：129.00 元

勿忘修德

强身御侮

杨立德先生

恩师小传

  恩师杨立德先生，天津人。自少年时便师从郭汉之先生学艺。

  郭先生乃武林大隐梁兴华老先生入室弟子，深得梁氏真传。梁氏形意功法，式简而效速，形雅而劲勇，武林少见，世法不闻。郭先生视如珍宝，从不轻易示人。

  杨先生为人忠厚，纯朴善良，求艺精诚，练功刻苦。其师深爱之，故将梁氏形意功法尽传于先生。

  杨先生深得梁氏功法三昧，技击发人，脆巧狠准，应手立仆，毫不费力。演练套路，虽无高难奇异之动作，却具英豪勇武之雄姿，能于极平常之动作中见美妙之神态。其枪技尤得梁氏之精髓。与人相较，任彼力大劲巧，均难逃其枪下。

  先生曾于一九五二年、一九五三年全国武术比赛中，以"形意铁笔""八式拳""三合对剑"等项目获奖，一时记者采访、报刊载文，名闻海内。

  先生淡于名利，仅以练功授徒为乐，耄耋之年仍精神矍铄、身强体壮，功力有增无减。为使武术得以流传，先生笔耕不辍，留下武学巨著，泽被后生。

弟子　刘长国

2021 年 6 月

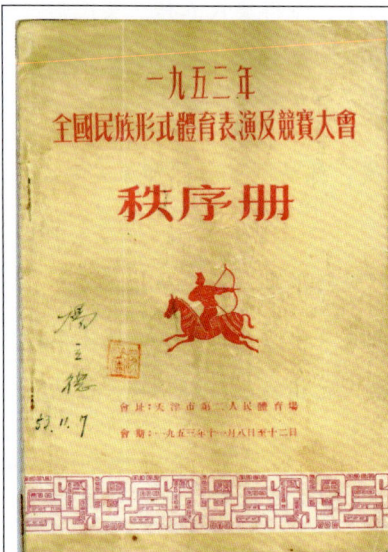

一九五三年
全國民族形式體育表演及競賽大會

秩序冊

會址：天津市第二人民體育場
會期：一九五三年十一月八日至十二日

全國民族形式體育大會表演得獎者名單

武術

西北：臧鑫貞、周克欽、閻鳳亭、李鶴祥（內）、王樹田
天族：周克欽、李鳳燕、趙敏欣、李鶴立、苗錦才、俞俊鵬
西南：馬忠良、王之和
內蒙古小宗：黃炳南
中南：魏開國、李允起
東北：王樹田、王金柱
華北：劉濟民

民間體育

西北：辰塲（司樣尼、杜醫田）、象腳鼓舞（刁正小、刁慶友）、朝鮮長鼓舞
東南：布魯（黃麗鶴）、社族（金鳳吟）、壯族（莊子俊、駱永祿、周又、侯友泉、竇忠吾）、竇子
國術聯鄉（中國國術社、中央體育社）、陳繼（宋港市民族形式體育代表）、砂袋球（河北師範學）

馬術

解放軍、蒙古
內蒙古：格西、布德、格四格什木來

蒙民摔跤

東北：饒叔（李乙開、楊京星、薛春源）
內蒙古：扎拉森、王其格、依達、卡魯國爾、老佈生那吉、納生

特約表演

（宗彝生）
功（宗彝生）

競賽結果

舉重

最輕級 第一名 林仲英（華北） 成績三六二.五公斤
第二名 潘振光（中南） 成績二三七.五公斤
第三名 及孫興玉（中南、華北） 成績二二七.五公斤

次輕級 第一名 張煥光（華東） 成績三三二.五公斤
第二名 李志杰（中南） 成績三一二.五公斤
第三名 王顯偉（華北） 成績二八二.五公斤

輕量級 第一名 朱尚達（華東） 成績三五二.五公斤
第二名 黃德昌（華北） 成績三二七.五公斤
第三名 李君俊（華南） 成績三二○.五公斤

中量級 第一名 徐演頃（華東） 成績三四二.五公斤
第二名 蕭山（東北） 成績三二七.五公斤
第三名 萬次平（華北） 成績二九五公斤

次重級 第一名 劉福釗 成績三三○公斤
第二名 王治本（鐵路） 成績二九○公斤
第三名 焦國權（鐵路） 成績二六五公斤

重量級 第一名 王治本（鐵路） 成績二四○公斤
第二名 第三名

大量級 第一名 宋顯纓（華北） 成績二六○市斤

射

男子組 第一名 王守貞（華北） 成績一五○市斤
第二名 韓玉坤（華北） 成績一六六市斤
女子組 第一名 楊文森 成績一二八市斤

步

第一名 高小毛（華東） 成績一三五分（內環）三○分二八○市斤
第二名 色良群（內蒙） 成績一三○市斤一八○市斤

拳擊

第一名 在秋鴻（中南）、徐贊山、陳坤元（西南）
第二名 李炳元（華北）

擇

第一名 王殿保（華南）、馬殿臣（西南）
第二名 沈少三（中南）

擊劍

第一名 馬賢達（華北）
第二名 王建奇（華北）
第三名 魏大洪（中南）、楊子剛（西南）
第四名 英體興（東北）、銀鼓元（東北）

对外经济贸易大学立德武术研究中心揭牌仪式
暨形意拳名师杨立德先生百年诞辰纪念活动

前　言

　　吾师杨立德先生，生于 1910 年，逝于 2002 年，天津人。自幼习武，师承郭汉之先生，得梁氏形意拳全诀全法，功夫纯正，技艺高超，且能研悟拳理，精诚实践。师常将研悟之理记之于册，曰："为备忘，非著述也。"计有数十万字资料存世，成册者有《习武笔记》《五行掌法》《形意枪法》《形意拳术见闻论》《五行刀》《操剑五法》《连环剑》《三合剑》《连环枪》《八面掌》等。

　　吾从师学艺于 1966 年。因与师分居于津京两地，师多以书信传我拳艺，亦时有面示。三十余年计书信五百余封，面示几十次。为保师传，吾精选至要内容集成《津京诲言录》《教言实录》各一册。

　　师曾言："传当世莫如口，传后世莫如书。"今恩师已逝，欲传其艺，唯书传一法。恩师所留文字，虽非高深大作，但传拳艺非一般书册可比，故选《津京诲言录》《习武笔记》《五行掌法》《形意枪法》《形意拳术见闻论》集结成书，名曰《梁氏形意拳》。

　　《津京诲言录》乃恩师授我拳艺的珍言密语，言语浅白，析理准确，深入浅出。恩师以其丰富的习拳经验、精诚的实践体悟，将玄妙无形的拳理、功境，讲述得明白无误，真可谓"状难写之景如在目前"。其文看似散漫无羁，细读方知有暗线穿引其中，将明、暗、化三步功夫，初、中、高习拳步骤，修、健、防练武之效等项，层层析义，项项详解，达理清义明、言实语信之效。

　　恩师曾对我说："学拳易，明理难。欲学研拳艺，宜博读精学，勤于参访，随记心得。一为备忘，二为与同道互研之资料，三为后学者参焉。"此恩师做笔记之初衷。笔记皆随感随记，故最能朴实真切表达其意。《习武笔记》之珍贵也在于此。

《五行掌法》《形意枪法》皆为梁氏形意拳之秘法，极少外传。五行掌法为祛疾健身之灵丹、武功筑基之宝筏；其枪法，取诸家枪法之长，增形意枪法之妙。此二功法乃梁氏形意拳之精华也。

《形意拳术见闻论》乃恩师搜整拳谚俗语，并加以解译评论之文。

以上五文，是对梁氏形意拳的高度概括及最精确、最完整的阐释，是梁氏拳法的经典、圭臬，从中可窥到传统武术之本来。

另有《操剑五法》《形意大师郭汉之与梁氏形意拳》，篇幅有限，并为附录。

愿《梁氏形意拳》的出版，能为恢复原传武术的真面目贡献微薄之力，不枉先辈一生习武、传武、卫武之苦心也。

弟子　刘长国

2023 年 3 月

目　录

第一篇　津京诲言录

《津京诲言录》是恩师杨立德先生三十多年来写给我的五百余封信件的摘录。因恩师家居天津，我住北京，这些信件摘录又是三十多年中恩师对我的教诲之言，所以名为《津京诲言录》。

《津京诲言录》可以说是恩师的函授教学大纲，也是我学拳的成长记录。

《津京诲言录》的内容涵盖了形意拳三步功夫及形意刀、剑、枪等器械的全部内容，以及修身立德、处世做人的训言。

对于拳理、拳法，恩师有许多独到的见解和体悟。

拳谱说："手是两扇门，全凭脚打人。"恩师的体悟是"全凭腰打人"，而非只凭脚打人。拳谱说："脚打踩意不落空，消息全凭后脚蹬。"恩师的体悟是前脚应前搓半步，如汽车急刹车样，骤然停止踩住，方能将人打起放出。

还有对"意"和修心的解译，等等，皆是恩师由实证中得出的宝贵经验。

尤其是恩师以佛门禅宗大德神秀、慧能的偈语解译形意拳的高乘功法，真是精到准确、深入浅出，如无切身的实践功夫，绝不能如此高明。

《津京诲言录》的内容，是恩师精心教授弟子的言论记录，所以其言语都是实言、至言、亲证之言，绝无丝毫虚与委蛇之言，亦无人云亦云之言，其珍贵之处也在于此。

恩师在世时常对我讲："传当世莫如口，传后世莫如书。"今恩师已逝，不能再亲聆恩师的教诲。为保师传流布于后世，更是为武术真谛不致湮没，笔者不揣浅陋，历时二十余年，将恩师的教诲整理成册，以飨世人，也是完成恩师"传后世莫如书"的遗愿。

书中若有词不达意之处，皆我之过，非师所为。

感谢苏郡城、王海云、王玲、王珊珊等诸多学生、朋友在本篇整理过程中的大力协助。

刘长国

2012 年 3 月 3 日 11 时 36 分

第一章　20世纪60—70年代

1968 年

十二形是十二个劲，是学习十二种动物的特长。我们所练习的是老的套路。

练拳术是练自身的本能，练器械是练身外的物质，应多练拳。

（练拳时）不求急速，不用呆滞力，要刚柔相济，小腹勿向后吸。向前行进时，丹田（小腹）、腰胯及背部宜直，这样练拳不会出流弊。

"起钻落翻"的意思：起是去，出手要向上钻，落翻是指手向下落时将手翻过来，手心向下。就是出手时手心向上，与敌接触即把手翻成手心向下击出。因为出拳时手心向上，不易被敌摸到肘部，并有横劲，所以有"起钻横落翻顺"的说法。

（拳术）每个动作都是一开一合、一集中一分散。但要注意，分散时是动作过程的分散，而定时一定要手足全身一齐停，收回时就是集中"火力"和精神待命而发的样子。集中就是合。发出时手是向前打出，是分散，是开。

我们研究武术，要从"体、用"两方面用功夫，才能觉得有趣味。

"体"，是极为重要的，千万要钻研，是终生练习研究的内容，是"养生之道""保健法"等，练习后能使身体转弱为强，能祛病延年。

"用"，在现在的情况下（初练时）就是用以纠正姿势及研究其用意何在、对身体各部的功能有何益处，而不应专究比武之法。

基本功是首要的，要多练五行拳和站桩（三体式和五行拳都可以站）。其他拳套子都是从五行拳变化而出的，所以五行拳又叫"母拳"。十二形也是主拳之一，也要多练。

练习形意拳，主要是多下功夫，别求速效。练习每一个动作时，都要结合丹田（小腹）和腰，也就是意守丹田，还要松肩、松胯、垂肘、挺膝（要常看《形意拳术见闻论》），全身关节要按拳谱规定去做，但要注意灵活而不滞。

"长生需伏气"，"服气不长生"，意思是：气要沉着，要纯任自然，不可喝气，不可用意指挥气。

关于气功的"伏"和"服"。"服"是指不是自然的，是用意发动的，这种练法必须有高明的老师指教，不可妄动，否则易生流弊；而"伏"是指自然的气降丹田，不指挥气，这种练法和形意拳是相通的，日久身体会有变化。

按我们练的那样，用自然之力，脚下踩地，其声铮铮，呼吸均匀，每练完一趟拳，即觉全身松快，身心安然，如放松入静一般，这样就会有内劲之意。

内劲的练法是动作柔和，不是暗中用力，而是纯任自然之力。

1969 年

脚和腿部吃力不是错误，但是要和丹田结合。觉得丹田向前顶，是有丹田发动之意，这是好现象。至于丹田内有感觉时，要考察当时心中是否轻松愉快，若心中有一种难以形容的喜欢，这样是气自然沉于丹田，而每一个动作的用力都是用丹田发动，虽然不用气、意、力勉强，但其动作和意念相合，自然合于六合，这样日久就会产生内劲（暗劲）。

拳谱有句话："内力充，外力缩。"意思是内力（暗劲）充实，外力缩小（呆滞力明显减小）。

"静"是一切练功夫的最要注意的，一切好处都是从静中得来的。

拳谱说："静为本体，动为作用。""静"字做得好，能恢复身体的功能。

无论何人讲得多好，都要以"内外双修，体用兼备"的标准来鉴别，不这样就会有所偏。

因环境关系不能练（拳），暂停一时，以后有时间再练，不会前功尽弃。可练些静功，如站桩等，三体式、抱球式、五行拳都可以站，这是静中求动的练法，坚持练习必有好处，而且也可为恢复练拳打好基础。

关于后腿蹬的问题：迈步时，前脚要踩，像踩蝎子一般，脚腕要挺住，身形不可晃动，后腿用力蹬，在将要落实时，后腿向前冲着跟半步（这是活步的练法）。

前腿踩，后腿蹬，同时胯要松，腰要向下坐，这样两腿之间有弹力，两手要有提按劲，要使手足上下一齐动作，即整，这是外形。

内部要用丹田发力催动四肢，使内外如一。

但不要用力，外边形式顺而柔和，内里气要柔匀，不可拘缩，要多用意少用力。

外形姿势要圆活不滞，练习时体察周身关节有无呆滞的地方，不可用浊力。

内里的气要舒展，不可拘缩，不能命令气如何引动，要纯任自然。

1970 年

李存义老先生曾说："若欲健身，是拳皆可，若欲遇敌较勇，则五行拳独擅其长焉。"又说："身无确切之磨炼，临敌无应用之方术，此两失也。"可见五行拳是体用兼备、顾打兼施之术也，若持久锻炼，不但身体可强健，用法亦在其中矣。

李先生说："对己者十之七八（体），对人者十之一二（用）。"可见练拳，于己是主要的，施于人是次要的，也就是说，应以"体"为主，而"用"者次之，即健身第一，击技第二也。

6 月 1 日

若把"体"练好，"用"在其中矣。

研究"用"，要做些拳术外的功夫，如站架（桩）可以加强基本功力，还要练些活动步法、手足腰腿的功法，如各种器械、转九宫、走八字等。

7 月 6 日

辅助练法中最好的是站架，但手上不要加重物，否则易导致因局部有力而失去整体力。

8 月 2 日

关于精满自流之说，……一年中有二三次，不算是病，不会有大的影响。练拳之人初时有此种现象，会随练功日久而消失的。

练习时提肛裹胯，就是防止气向下压，但不要太用意，只要练得顺就行，对各部关节也不要太用力调整，姿势圆活、呼吸舒展不拘即可。这样练久了就能炼精化气。

有关尾间中正、松肩胯等要求也不要太在意，自然平均为好，否则易致拘谨而出流弊。

9 月 2 日

每种拳术都有自己的基本功和特点……形意拳主要是三体式等，即桩法，也就是站功，为的是把身体各部和精神练成一致。无论练哪个桩法，都要站得真正柔和，身心合一，精神内敛。有时身体自然有些动摇，这是静极生动，切不要强行制止，应听之任之，需停时意念上增加暗示，下令停止即可。

（练功时）突然有人大声怪叫或暗袭，由于受惊吓而心脏剧烈跳动，周身血脉紧张，待恢复后周身酸懒，与干完累活一样，这时千万别睡觉，可干点活或到人群中散散步，与人说说话，过一段时间就没事了。

倘有胆怕心惊的情况，这是自己精神上不镇定，此时应把丹田一抖，四肢随之而动，气贯梢节，心中即时沉静下来，连抖二三次，四肢增力，心中要有这种意念：无论是人是物，碰到我身上必被崩出或被打碎。这就是丹田一抖惊起四梢，无坚不摧之意。这个意念要存于心中。有此意念，今后再有精神不镇定时，即可用此法治之。

1971 年

过去听说是练老三拳，即劈、钻、横，后有人提出人有五脏，应练五拳，即劈、钻、崩、炮、横，以改造人之气质和筋骨皮肉。所以我们要经常练习五拳来强健身体。

练习时间少是次要的，重要的是别随便一比划，精神不集中，这样功夫不易进步，还会练成俗自然派。

强调用意不用力是对的，因为二步拳法，练法柔和，步子轻，单重，为的是动作始终不用力，强调丹田与手足四肢的自然贯通。日久，三心

（手心、足心、顶心）归田，即与丹田一脉相通，同时奇经八脉也一并贯通。

五行拳和掌能同时练，先练柔和的，后练明劲的，并不矛盾，而更有益处，能相辅相成。

白西园老先生所说的俗派是指俗自然派，练功夫练到真正自然的很少，不容易达到。如练字一样，好的书家，提笔写字一挥而就，自然潇洒，字字秀丽，精气贯通，而有些书家练字时浅，又无高明老师指点，写起字来随意一挥，其字离帖本太远，毫无笔力、气势，却自认为是打破陈规，无有拘束，自称自然。

练拳也一样，不下功夫，总是随意比划，又无高明老师指导，练的拳虽动作无错处，也很流畅，但毫无气势、神意，遂流入俗自然派。

练拳不管是长套路还是五行拳，总要一气呵成、精神贯注、飘洒自然、气势沉稳，看似随意，实有内涵（这需要明师看才行），才算是脱俗了。（可参看《拳意述真》"白西园论形意拳"一节。）

《拳意述真》中所说三体式和各式练法中有双重、单重、无所谓之重，其意即先从规矩（双重、单重）中练习，练到一动就合规矩，久而成自然，也就没有规矩（无所谓之重）了。这时就可以放胆集中精神练习了。于外则"运用圆活而不可滞"，于内则"气要舒展而不可拘"，坦坦然然地练习，且多注意"神意"的运用。

就如练字，随手写来，不离所学的字体和笔力，无匠性气，且飘洒自然，拳术也一样，如不经过一番苦练，就容易成俗自然派了。

1972 年

4 月 7 日

郭（汉之）老师所传枪谱，有些我也不太明白，就你所问的回答如下。

（1）柔乘他力后，刚乘他力前。我的体会是，敌的力大，待他力发出之时，我用柔劲化去而攻之，这时他再欲用力回击我时，我乘敌新力未发出时以实力击之，则敌不得退却而被击败矣。此即"柔乘他力后，刚乘他力前"的意思。

（2）四平有三种：上、中、下。

上四平：前手、后手和枪尖高与乳齐。

中四平：前手、后手和枪尖高与心齐。

下四平：前手、后手和枪尖高与脐齐。

（3）"劄"，音 zhā，是"扎"的意思。

8 月 21 日

剑有五种用法。

（1）提。用剑的上面刃，用手腕向上提。

（2）钓。用剑的下面刃，用手腕向下点，好似钓鱼。

（3）崩。用剑尖向前刺。

（4）斗。用剑不断向下切。

（5）兜。剑平着向左右抹。

无论何种招法、何种名称，所用剑法都不外乎这五法。

最实用的是五行剑，形式简单，过去多秘不传人，即使传人，肯下功夫练的也很少。最好用的是钻剑（但也需要把劲练出来才行），和对方剑一碰，便能刺中。

练习五行掌，注意精神内敛，全身协调一致，使身体与精神（意）合而为一，不求血气之力，心中空空洞洞，此是动中求静之法。练久了有身体皆空的感觉，通体舒畅，精神有说不出的美感，这时遇任何逆事不会急躁发火，好似什么事都看得开，不往心里去，心中总是愉快，他人也觉得你的精神好而平和。这就证明练对了。但是要注意，这是练功的自然效果，万不可强求，要以"勿忘勿助"的思想去对待，久练定会有好的现象出现。

练习坐功、站功等，千万不要使用气或意在气而搅害呼吸，总要顺乎自然，多体会《拳意述真》中所讲的有关内容。

我们练的十二形，是十二种劲。人身上有某种劲，又看到某种动物也有这种劲，是其特长，就研究此特长，再结合人身上的劲，编成练习动作，作为锻炼身体的方法，经常练习，可得强身、击技之效。

如练虎形，是习虎善扑之长，而不是学虎的样子。有人练猴形，满地打滚、眨眼、左右顾盼等，这就和我们习其特长，研究用力和格物背道而驰了。

关于我丹田的变化是这样的：开始时觉得小腹鼓起来了，仰卧时即平复，日久仰卧也鼓起。再过些时日，觉得丹田内有如烧饼大小之物在正当中，用力揉搓，又无物可寻，是似有而无的情况。后来，发展，觉得如有一大贴膏药在丹田内，遇人击打丹田时，只觉有东西挡住，使其击力不向内部传入，而周身也觉得有力，腰部好似有某种力量支持着。在练站功或二步功夫收工时，丹田有自动的动象，像呼吸一样。

自此以后，与人比手，身被击而不痛，如我抓住敌手随意一捋，只觉丹田内之物翻个儿时（是其自动），即将敌抛出丈外，毫不费力，觉得敌身很轻。

与同学比力量时，心中只注意丹田之物放得是否合适，我谈笑自若，敌方用尽力气也拨不动我的手。

在与郭老师较横力时，我感到丹田之物不合适，即稍动步法，觉得合适了，立感稳当有力。而郭老师稍一动，我即又不合适。我向郭老师说："您别动。"老师说："我不动，你合适，我就不合适了，所以才动，咱们各找丹田的合适吧！"老师又说，"你的功夫有眉目了，再下功夫还会有变化。"

某次我给郭子静同学架喂，我不抵抗，心中亦无抵抗之意。当时他向我两腿当中插进一步，二人小腹几乎相碰，在相离约五寸远时，他即停住。问他为何不向前攻击，未答。稍过一会儿，他问我有何感觉。我说丝毫没有用心抵抗，心中坦然。郭说再仔细想想，我说想不出什么。郭说："我感觉你由里向外打了。"我当时只觉得丹田内有物下垂似的一动。郭说："我觉得将碰你丹田时，你丹田内有物击打我小腹。"丹田一动，有物击人，是何道理？实费解。

当初就丹田情况与张振梓师兄谈过。他询问过一位老先生，老先生说，这是最难得的，如果随时随地，总是那样，可以说快到高峰了。

某次坐电车，我想试验一下"放之则弥六合"之说，就用意念叫前面一位乘车者，他未有反应，我即站起来向前走近一步，再试，他马上回头看。又试几次，都成功了。将此告诉郭老师，老师告之曰："要注意自己身上的功夫，要把心术放正，不可有不正当的思想，要排除一切非理思想，时时在思想上管教自己。教人要慎重，若想试验，和我比试或研究，不要随便说自己的心得。"郭老师实是有道德的好老师。

世上万物都有重心，人的重心据说就是丹田，我们练拳就是手足上下都和丹田相配合，也就是重心配合得好，故有"三心归田"之说。

1973 年

7 月 2 日

今后练拳时，注意精神集中，体察身、手、足是否齐整，而不是用力与否，日久自然相合，这是外形的统一。而内部的思想（意，也可以说是精神）要和外形统一，即内外相合。

如请人给作架喂，你用劈拳击他，如果你精神犹疑，能劈得动吗？信心不足就会内外不合，不统一，力量也就不大了，反不如有时无意中一推人，其人即跌倒或被推出几步远，这就是内外相合。精神与形体统一才有整力，反之则力不整、则无力。

9 月 17 日

如何健丹田？参看《形意拳术抉微》中的两项说明，即"丹田论"和"养气论"，综合每日练习，多加体会。万不可拘泥于所讲的"八要"，只要心领神会就行了，主要还是在于练习。所练的动作都要注意以丹田发动四肢（就是上法先上身，手脚齐到方为真），这是于外形而言。内中精神要安静，这样经久练习，自然使周身散乱之气收纳于丹田之内。练至上下相连、手足相顾、内外合一则丹田充实，至炼精化气之境矣。

丹田的充实是素日练习渐渐而成的，不可以什么方法来速成。平时练习多注意丹田，日积月累，自然就能充实了。丹田是人的轴心，不可不注意，多看《形意拳术抉微》和《拳意述真》，万不可想速成之法。

10 月 18 日

说一点我过去练习的最好境况。有一天早晨，我在宁园水榭前练拳，无风无人，很清静。精神高度集中，偶然精神与肉体合一，好似入于安眠状态，所练的拳"自动化"了，到头自动回式，真是不令而行之，有空空洞洞、飘飘欲仙之感，不能形容。忽然心中一动，觉得快到上班时间了，当即就停下不动，再用意发动之后才能继续练习。练后觉得身心愉快，肝气全无，遇事不着急，都以顺受而沉着解决。练到这种境界很难，三两个月也不易有一次。

10 月 26 日

我们是研究拳术的，不可存成见，以人废言，或者有派别，否则影响进步。看问题时，要注意看别人的发明创造是否有益于身体和精神的健康，不论其源于何处，这最少也算是心得。自创一派也好，只要于人身的健康无害，就算不错。

12 月 26 日

练习二步功夫时，要注意下列各项。

（1）精神高度集中。

（2）不可用力，要做到姿势灵活不滞。

（3）心中要空空洞洞，不可专求姿势，要以神意运动身体。

（4）如环境不静或自己精神不集中，可以练明劲。

李（存义）老先生的《形意六合拳论》是我的老友沈寿伯兄叫他的千金抄写的（惜未抄全），于 1947 年 3 月送我的。

1974 年

2 月 19 日

（练习中）意是重要的，若没有意念相配合，就会手快脚慢或脚快手慢，而达不到外三合，更谈不到起钻落翻的配合了，那就会练成俗自然派，不过是熟练套路而已。

老先生能半步崩拳打天下，主要是丹田之功。而意念也是平时练习的功夫，甚至于应敌时无所谓招数手法。日本的剑道高手铁舟居士说："击剑之法，不心于敌……唯心于丹田……万念胥捐，唯见敌剑将发时，奋然刺入，此为必胜之诀云。"这也就是拳无拳、意无意，无意之中是真意的情况。因此，我们平时练习要体会形和意相合的道理，到用时才能得心应手。

李存义老先生说过，壮身者其常，胜敌者其暂也，专言壮身，无论何拳均可练习，至于胜敌，则五行拳专擅其长焉。

李（存义）老先生说："身体无确切之磨炼，应敌无纯熟之技艺，此两失也。"故欲习比手，需研究比手之方法。方法虽多，只能做参考。重要的应深究其理，得之于身心，方能用时得心应手而取胜。

具体讲，应找一乐于研究拳术的挚友，经常与其比手，从其中找出自己的缺点，并体悟拳谱中所说的道理，使理论与实践相结合，日久自有成就。

现将学习比手需要参考的诸项录下。

（1）参阅《拳意述真》中郭云深先生所讲的第九则。

（2）《形意拳术见闻论》中的"较勇须知"。

（3）《形意六合拳论》中第十章"内动法"。

（4）常看"揉手须知"，并和友人通过揉手互相研究。

（5）连环拳及其他套路要多练，练时要连贯不断，气平而不喘。体会"起如箭，落如风，追风赶月不放松，起如风，落如箭，打倒还嫌慢"之意，参看《拳意述真》第七则。

（6）与挚友互相架喂练习，做劈、挒等动作。

（7）无论练何拳都要注意"中和"，精神集中，手足上下相合、内外相合，劲虽断而意不断，意虽断而神相连。

（8）要体悟"脚打七分手打三，五行四梢要合全"和"手是两扇门，全凭脚打人"的深意。

4 月 20 日

据传静坐而生阴，动能生阳，动静同练才能阴阳相合。有位多年练静功的，同时也练了二十多年的太极拳，受益很大。

7 月 1 日

内中的变化是最重要的，但一般练拳之人多注意外形（当然，外形不正确也是空练），而对"意"不甚注意或不十分明了。形意拳有"内三合"之说，从"内三合"的说法，人的力气是由中发出，不只是外形的力，所以说"内劲"（多参看"内动法"）。

某天我去老师家，老师对我说："你的身中有东西，应当在比手时以'放胆即成功'大胆直进。"回家后我想，早年我出手伤人都是放手就打，现在年长了，总怕伤人，力求安全，故总是打不远。但有时一急，往往将人打出丈外，这是什么原因呢？结合老师说的"放胆即成功"，再检查己身姿势上的缺点，初步得出结论，是"形（外）""意（内）"二字，形得合了，意得对了，二者相结合自能成功。但这只是初步，若至高乘，即无所谓"形""意"，达到真意之境了。

7 月 28 日

对于架喂，要注意万不可有分胜负之意念。架者一定不可顶力，也不要松懈，要使对方得力才好，练习日久，自有体会。

8 月 8 日

关于气的说法，就是把五脏之气调顺，归于丹田，丹田之气就是人之元气。五脏之气归于丹田，叫作气结丹田，也叫五气朝元。每个人练气结丹田的进度是不一样的。

拳谱有"五行本是五道关，无人把守自遮拦"，是说五脏之气通过膈肌，降于丹田，由于练法不适合而被遮拦，使气不能归于丹田。所以，一是自己努力练习，二还要有明理之人给予指导才行，否则是不会有成果的。

练拳时，应按拳谱所讲，"由静而动，再由动而静，成三体式"，"其姿势之中，非身体两腿站均当中之中也，其中是用规矩之法则，缩回身中散乱驰外之灵气，返归于内，正气复初，自然血气不加于内，心中空虚时谓之中"，"静为性，动则为意，妙用则为神"。

自虚无至三体式，由静而动，动而复静，是拳中起落钻翻之未发谓之中也，中者是未发之和也。"三体重生万物张"是静极再动，此是起钻落翻之发也。动作能循环三体式之本体是已发之和也，和者是已发之中也，故形意拳之内劲由此"中"而生也。形意拳之内劲是人之元气，自无而有，自微而著，自小而大。再由一气之动而发于周身，活活泼泼。

根据以上说法，在开式及练拳时，心中空空洞洞，不用浊力，精神自然高度集中，手足越练越觉得轻松，自然身心愉快。

8 月 27 日

拳中的动作与身心相合了，所练动作不用浊力，每一动作全不费力，得心应手，像骑自行车一样，想向左或向右转，车自然就转向心中所想的方向，轻松自然，虽走较远的路也不觉得累，收式后还有余兴。到此更要注意"静"字，精神要高度集中以备研究静极而动的说法和练法。

神者，伸也。这个不是四肢远伸，而是内中的元神、元气向周身伸入，所以觉得心情舒畅，有说不出的痛快，非身有体会者不能达到，是无法言传的，也就是说气将要贯注到全身。二步练法有些基础了，还要钻研静中求动的道理。

关于形神合一。

在南朝齐梁时有一个叫范缜的，是古代法家，无神论者。他指出"形存则神存，形谢则神灭"。形即质，物质；神即用，作用。他用刀做比喻，刀刃是物质，刃的锋利是作用，锋利不能离开刀刃而独立存在。神包括知与虑两部分：知即手、目、耳等器官的感觉；虑即是非之虑，就是思维的作用。

我们练的拳术，也是形神合一。在拳理方面，形是所练的姿势（即物质）；神是"意"，即精神作用。拳术所讲的形神合一，即物质与精神的合一。拳谱所讲的六合，内三合是精神的作用，外三合是形的作用，内外相合即形神合一。

如何知道是否已练到形神合一呢？这很难讲，试举一例。

三十七年前，我在大王庙武馆时，与王、马二同学比武。我右手被王某捋住，马某在我身后推。此时我想王某力大，又有马某在后边推，必被二人打倒。我的前面是石阶，倘被打倒必伤无疑。我心中一怕，即将右手夺出、左手相助，捉住王某手臂向后一捋，只觉丹田一动，王某身轻如羽，被捋出一丈远。当时我也感到很奇怪。后老师让我再捋一次，王某也不抵抗，但捋时，只觉得王某身体特重，我虽用全身之力将王某提起，但甩不出去，连试几次皆如此，均不能同第一次一样。现在体会，第一次是不思而得、不令而行，也就是拳无拳、意无意，无意之中是真意。形神合一，真意发动，故轻而易举将王某捋出丈外。这不过是一时形神合一产生的力量。若能时时达到形神合一、混元一气，则可神化妙用，无可无不可也。此意可参看《拳意述真》中车毅斋先生所讲拳理及事例。

总之，习拳需有明师指导，自己深加体会，努力练习，有此三项结合，方能将道理得之于身心。若道理不明，虽努力练习，终是门外汉，也就是俗话说的内行中的外行矣。

回忆某人欲出书，郭老师看后向他提出，该书稿只谈意、不谈形，有所偏。某人当即答："非己所愿，是学生们未经我同意而以我笔记所作。"所谓"形存则神（意）存，形谢则神灭"，有意无形是不能存在的，必须形意合一，内外一如，再至虚无之境，方有神化不测之妙用也。

明劲即形的研究多，暗劲即意的研究多，所以都要练习。

今后要努力练习形意并重，进步会更快……

"形"也需练得合法，意同时相连并用，做到合一。

形意拳过去叫心意拳、六合拳等，后改为形意拳……三体式过去叫三才式，后改叫三体式，我的体会，不外乎头、手、足（上、中、下）三部分练为一体之意。

郭老师常说，三体是指人身中三种物质，即固体、液体、气体，把这三种物质练好了，人就强壮了。

1975 年

我个人认为学习各种谱书及师传的各种招法是必要的，但最高境界还在于"形意"二字。所以在写此书（《形意枪法》）时有"枪意合一"一段，希你多加体会。这一段将我的练习经过也写在内，真是枪意合一，得心应手，谈不上各种招法了，注意这个"意"字。去年曾和张（振梓）老师谈到过，"意"字是由老师所传，可意会，不能言传，何时得到不得而知，老师没得到"意"，无法传授学生。

3 月 14 日

咱们所练的功夫，日久能使身体发生变化，有的变化和练静功的效果相同。最好多看孙禄堂的著作《拳意述真》最后一则，其中有"人道缩至甚小，消除百病，精神有增无减"等语。

……在练习过程中（丹田）是有感觉的，在动时似有物，不动时，虽用力探按，并无任何物质。所以有人说是"气"质。和人比武时，似有物一动即觉对方身轻，对方被打出丈外，这也可以说是气的作用。

站三体式是重要的练法，站桩是根的练法，拳谱云，"身无桩法如竿立"，下盘如何能站稳？

8 月 28 日

内家拳是八个字："内外双修""体用兼备"。以形意拳而言，就是通过五行拳等修炼人身三宝——精气神。内练精气神，外练筋骨皮肉，内外双修，混元一气，所以叫内家拳。

外家拳是锻炼形体，外形勇猛，动作敏捷，而不研究精气神的作用，注意形式，力求花哨美观，渐失武术真意。

11 月 18 日

关于"合"字，先说外三合（形），即手足膝肘肩胯练得已大致相合了，再注意头手足三部形成一致向前的相合，三尖相照要注意。

再说内三合（心、意、气、力）。心是指脑，由脑发令到意，意动气随，气动力随，再与外部形式相合，再练到外形与内意自然相合，即无所谓之合，就意到形随，无往而不利了。

练拳手发热时气到手部。筋（血管）变细了是气血流通的现象。每次练完后可用手轻轻按摩以助气血迅速流通。

1976 年

形意拳是"内外如一""动静一源""体用一道"。练成虚空灵通之全体，方有神化不测之妙用，非一般只练静功或体操者可比。静功和体操是有体无用，即锻炼身体，而无使用方法，所以不能与形意拳相比。

"内外如一"，就是拳谱说的"内三合"与"外三合"相合而使内外相合如一。在身体上是物质与精神合一，在拳上是形与意合一。

练初步明劲功夫必须按拳谱所讲的规则，如"三体""六合""九要"等法进行练习。像练习写字一样，初练时必须按字帖的笔画结构去练。所以，手足起落要整齐，不可散乱。

练二步暗劲（柔劲）功夫时要神气舒展而不可拘，运用圆活而不可滞。也像习字一样，虽写行书，但字仍不离原形。

练三步化劲功夫，动作起落进退都以神意运用之，主要在神意贯通。如写草书，神气贯注，精神集中，并非随笔一挥。写字和练拳虽为两种技艺，但都需要内外如一、神气贯通。

"动静一源"，拳谱说，静为本体（静的时候是本体），动为作用（行动时是起的作用，如行走、打拳等）。拳术上有"动中求静"，就是以外部动作的和顺求得内部的静。"静中求动"就是心中空空洞洞，不勉而中，不思而得，静极而动。此处所说的空并不是顽空，而是要把心中的杂念扫出去。在此虚无中，体中一气流行，活活泼泼，是静极而动。

动和静二者似乎不同，其道理则一也，都由虚无而生，复归至虚无。拳谱说："道自虚无生一气，便从一气产阴阳，阴阳再合成三体，三体重生万物张。"在拳术上，动则为阳，静则为阴，动静都由虚无而生，二者同出一源也。

"体用一道"，形意拳术有三步功夫——"易骨""易筋""洗髓"，这三步功夫都可变化人之气质。弱者易之强，柔者易之刚，悖者易之和。练习日久，将道理得之于身心，不但得到异于常人的健康身体，还有神化不测之妙用。此拳不但能将身体弱者易为强，也能将人身的呆笨之力易为真劲（内劲）。《形意六合拳论》说："强劲露其形而不灵，惟内劲又捷又灵，能使日月无光而不见其形，手到劲发而不费力也。"所以，形意拳是内外双修体用兼备也。

形意拳是整体动作，一动无不动，一静无不静，是将形式（物质）和意念（精神）合而为一体，用心去练，练到至虚（空灵），身无其身，心无其心（入于静的状态），是形神俱杳，寂然不动，感而遂通。拳谱说："固灵根而动心者，武艺也，养灵根而静心者，修道也。"所以，形意拳是动静合一，整体也。

4 月 12 日

这种劲（形意拳练出的劲）是整体的力量，只有这种练法（形意拳的练法）才能练出这种劲。主要还是丹田发动四肢，以整体的力量打击对方，没有不被推动或跌倒的。

7 月 9 日

《拳意述真》说的单双重的道理要多加体会，郭汉之老师曾问过孙禄堂先生是否还有第三步功夫化劲的无所谓之重，孙先生答曰漏写了。

练柔劲时，无论多长时间也不气浮，越练气越沉静，有时觉得呼吸好似停闭了，这时心中非常愉快，这就是呼吸自然与动作相合了，所以不喘。

练拳开式时应将气站平后再练，收式时将气站平后再散步。即开式之先，将精神集中，心平气和，然后再练。若不能平和，稍微散散步再站，气平后再练。收式多站一会儿，使气归复于丹田。若身体某处有感觉，如脸上觉得有虫爬行等，或身体哪里发胀发痛，可轻轻按摩，使气血畅通，其况即愈。

10 月 29 日

练拳的目的首先是身体健康，其次是研究拳理，要在静心上多下些功夫。身体强壮就有抵抗力。至于用法，以后常研究，自然能体现出来。李存义老先生说，"对己者十之七八，对人者十之一二耳""对敌者，其暂也"。静多于动，这样是很好的，但一般人难做到。静心能长内劲，增强精神作用。

11 月 13 日

最好多站三体式，这是形意拳的基本功。一般人都没有下过功夫，能站十分钟的人都少。不是难，而是站不出意思来。

三体式和静功的打坐，都是静中求动之方法。如果三体式站得有功夫，对拳术进展是有益的，这得慢慢体会。

12 月 18 日

关于静功，要多体会。拳谱说"静为本体，动为作用"。我们要恢复先天之体，就得多练静功。一切先天性的动作都是从静中得来的，拳术亦然。如明劲、暗劲、化劲就是动中求静，静极而复动。若要研究化劲，就得从静中求。我们素日练习三体式及各种拳也要静，多读《拳意述真》，对三步功夫自有体会。

关于"手如弩箭身比弓，消息全凭后脚蹬"，我的体会，若加上两句，或容易懂，即"手如弩箭身比弓，前踩后蹬不放松，腿如弓弦崩弹力，轴心发动便成功"。其意思是：手既要快，又要直而有力，"身比弓"是指头和胸腹要挺住，直如弓背一样有力，前脚是脚打踩意不落空，后脚是消息全凭后脚蹬，两腿像弓弦那样有弹力（挺膝）。丹田是人之轴心，它一发动，力贯全身成一整体。若与人比手，自能手到功成而不费力。要多学《形意六合拳论》中的内动法。这需要功夫到了，还得练得对才自然成功。

1977 年

1 月 21 日

关于二人对刺的重心问题，说起来实无重心可定。二人相持无定式，式因人成，随身变动作，自然不矫揉。重心即中心，凡与人刺枪时，一定以枪指其中心。如他变化，我随之而变，总以枪指他中心，而不让他指我的中心，所以说事因人成（见《习枪回忆录》中第三节，第七项）。两枪相接时要看清枪之要点（即左手前一尺）不要被敌攻入，要攻入敌之要点。攻入要点是已进入火线（见第四节，第十三项），此时要沉着对敌，用彼不动我静待、彼欲动我先动之法以制胜（见第三节，第九项）。此为初练者应注意之事。如《拳意述真》中张树德老先生所谈，将拳术和枪练入化境，始能达此妙境（见第三节，第十项）。用心体会之，渐渐就会明白了。

3 月 16 日

身体姿势应做如下调整：肩舒展不够，对于发力存有影响，故应舒展；胯舒展不够，影响足踩的力量，故亦应舒展。再详细讲，即用肩向前推，用胯向下坐，腿向前蹬，头向前顶，这样头、肩、胯三合催动上边竖项，中催手，下催足（包括中节肘、膝），还要用丹田和腰发动。这需在试手时考察，还要在站架和练明劲时体会，但不可用力，日久自有所得。

4 月 18 日

我因老友病故而有一点感想。李存义老先生曾说"内坚五脏，外壮筋骨"，是内外皆修之意。老友自幼练拳，由于是外家，所以外表看来很强健，而内脏有不坚之处，故易得此急病。由此看来，我们练拳还是应该注意内功。五脏坚强、丹田充足是人生之本，其他运用等是暂时的，但也应学会使用，才算是全面。

五行拳的要义不外乎起落、伸缩、曲曲、开合、团聚：

劈拳是一气之起落也；

钻拳是一气曲曲流行无微不至也；

崩拳是一气之伸缩也；

炮拳是一气之开合，如炸炮忽然炸裂；

横拳是一气之团聚也。

11 月 3 日

关于打沙袋，早年在国术馆，有用帆布做的内装约 200 斤（1 斤 =0.5 千克）沙子的沙袋，吊在房梁上。练法是：推动沙袋，待其回来时用双手或单手沾着随它后退，待其回去时，随其上步，用自然之力随劲向前推去，是练沾随之力。练时总觉得自己的力比沙袋大，以后和人比手能进退自如。如果两个人在沙袋两边做对推练习更好，日久沾随进退练成自然。

还有一种练法是，待沙袋来力已完，将要往回时用双手抱住，也要用自然力，倘若用拙力强抱，由于沙袋太重，将把人带着往前走，人就失去重心了。

另有一种，是试自己丹田充实与否及身体强壮与否，即沙袋回来时不用手接，而是用丹田去撞。练时沙袋将人撞得后退，而自己并无痛苦。

这不可贸然去试，以免受伤。

12 月 8 日

打沙袋的用意是练习进步打出、退步引进落空。沙袋由对方推到你身前，你估计它将要回去时，可以用两手抱住，轻轻抱住而不觉费劲，不用拙力，停一两分钟或更长时间。如抱不住即可放手，下次再抱。若想推，用双手（如虎扑）上步推出或单手推出。若想练活步，待沙袋将到身上时，可以用手沾着后退以泄其力，待其力尽，再上步推出。注意上步时要上前脚，后退时要先退后脚，即前进时迈前脚，后脚跟随，后退时退后脚，前脚随之后退，这点是重要的。步法是三体式，左右步法一样。

12 月 14 日

站功能增力气，要多站，但要自然虚灵，不可勉强求力。

1978 年

2 月 5 日

"开寸离尺"也是用法之一，如拳谱中所讲，将他膊根拨开一寸，而他的手即离开我中线约一尺，这就是《形意拳术见闻论》"揉手须知"中所说"接敌之梢节，打敌之根节"之法。若接手时只拨开彼手，彼可弯肘来打，所以要用圈法推进打彼根节。

"截气捣虚"是高级用法之一。郭老师与人比手，被打出者常说，郭大爷打人是瞅冷子（突然袭击）。二人说好比手各自姿势摆出，怎说是突袭呢？郭老师对我说，功夫深的人向你一伸手，你的气就受影响，仿佛一愣神即被打出，如迅雷不及掩耳。功夫深的人能将对方的神气罩住，使对方恍惚之间手不及伸出即被打倒。此情大概就是"截气搊虚"吧，不知对否。总之，交手要点是头几句："未从交手……此闭门之法。"再体会全文及第26节全文（指《形意六合拳论》一书）。

5 月 12 日

内劲引出，分开两种用法：一是把人按出，只使其跌倒而不致受伤；一是用力不顾一切，易将人打伤，这是很难的。

你来信说，孙先生所讲的要领是全身关节的调整，若能练到成一整体，再用意发动丹田催之引动，这就形成意动形随，内外如一。若能用在比手上，自能手到劲发，但还是必然……是有意而发的。此时还要看你的意是善意还是恶意。若是心狠意毒，则对方易受伤，故有"知者传授要择人"之说。所以，老师传授时要看学生的性情、品质、心地，择其善者而教之。

此种境地不是人人能练到的，要身体力行，还要由老师指导，方能有成。到此境再深入练习研究，由必然之境到自然之境，那就是"拳无拳，意无意，无意之中是真意"了。

如《拳意述真》所说，李洛能和车毅斋二先生被人突然袭击时，袭击的人反被碰飞，就是"无意之中是真意"的最上乘功夫了。

你说松静是根本，足见你体会深了。一般人不从根本研究，只背拳理或只求姿势，这是舍本逐末，难望大成。"松静"二字是健体之本、生劲之源。

6 月 19 日

他们说的圈和咱们说的横大致相同。如起钻横，这个"横"字的意思是伸手就得有横劲，才能有无形圈打破的作用，并非以姿势去打破。例如：对方以拳打我面部或胸部，我若以姿势打破，即用炮拳或劈拳还击之，此为横破竖之法，可以叫后天之横，或一行之横，若以竖破竖之法还击，需用先天之横。起无形，起为横（即他们说的无形圈）。例如：对方以拳直击我面，我以拳顺其手而击之，当双方手臂相接触时，彼臂即被我臂划出而击中其面。其原因是我手发出时带有横劲（此劲看不出来向外拨，彼臂自然被我划开），是起如钢锉。此劲由丹田发动，日久而成自然，手一动就有横劲，所以借用先天之横（无形圈）来解此劲。凡是出手时，接彼臂或手，我只将臂一挫（即半圈，也叫滚豆力），彼臂自贴我臂而被划斜。若将彼肘根划斜一寸，则彼手离我身将远一尺，即《形意六合拳论》中说的"开寸离尺"之意。此时，彼之重心已被划斜，而彼我手臂相连，彼想变已不可能。随即以落翻顺（落也有半圈横劲）击之。当手落时，身和足一齐向前催动，则彼必被迫而跌倒或被打出去。

以上说法是借用横来说明他们所说的有形圈和无形圈的道理。实际上，形意拳的动作，每一出手都有圈。五行拳各有明显的圈，如劈拳是上下圈，钻拳也是上下圈，崩拳是前进圈、后撤圈，炮拳和横拳都有左右圈。这是能看出来的有形圈，而起钻横落翻顺是看不出来的无形圈。所以，形意拳虽不明讲圈，而讲横是包括圈的。

试手时，要注意对方腿的位置。如果他右腿在前，我就走向他右外侧，他左腿在前则我走向他的左外侧。若要进攻，在他的右外侧时（他的右腿在前时），则我左腿向前蹚去，以脚踩他的左脚跟，右脚用力向前蹬，两手顶住劲，这样一上步，对方就被击出。

若是守而不攻或来不及进攻，对方手已到我身，我即用丹田一抖，松胯坐腰，两足用力踩，把自己的身体调"整"。如果我两手已失势，即以身体迎之。若对方功夫浅，我就不易被其打出，但是对功夫深的人要慎重，不可轻视。总之，以灵活妙用为好。

10 月 11 日

平时练习要注意后脚蹬，多用意念，万不可使浊力，以免求深反浅，形成浊力，或使刚多于柔。总之，劲是用催力。要时常研究六催，即肩催肘，肘催手，胯催膝，膝催足。用意做到上下相合，还要多体会《形意六合拳论》第十章"内动法"中的"手到劲发全不费力"。

练习时不可用浊力，周身关节要放松，每步终点要脚手齐整。

12 月 26 日

你谈到最近练习，时有气从腋下出，直达手掌，此是好现象。郭老师说肩为电门，应当松开。你是由于肩的松开产生的气达手掌，这是好现象，但要任其自然，不可刻意追求。以后气来或不来都不要管它，如练得得法，其他各关节也能有气通达，但都不要刻意追求，以免精神都聚于一处，而不顾其他处了。

《气功药饵疗法与救治偏差手术》说得很好，值得研究。如第一项禁忌"预执妄念"，意思是来练功之前先打算好了，如何发动丹田及其他处的功能、时间长短等，这样就失去功夫的自然发展了。

第二项禁忌"蓄意分别"，是说在练功时刻意去追求某些动触的现象，而造成偏差流弊，如练习中手舞足蹈、翻打跟头等。练功中身体出现些变化感触是必然的，但决不能刻意追求，应任其自然发展，唯过来人能以指导和说明。

1979 年

3 月 16 日

1. 练习五行掌

以柔静为主，不掺以其他意念，养气蓄力为主。

2. 练习五行拳

虽活步，也不可用浊力，要用自然之力。但练习中要以意念体会外面的"齐"，结合内三合的"整"，使内外合一，但不可勉强，以意念使其合而为一。

4 月 11 日

腰力由命门、阳关、腰俞向下、向两旁松开，直到两胯松开，再到两膝、两足，就像两肩胛向两旁松开到肩、肘、手一样。这样才能肩力到手，胯力到脚。

由于两肩胛向两旁松开，腰部向两胯松开，脊柱自然挺直而有力，头部也自然竖起。这就是上（头）、中（手）、下（足）三体合一。由尾闾到头顶，挺直而有力，所以说力由脊发。

有人误解力由脊发，在练习时晃动脊腰，左右摇摆，以为发力，实际是因周身皆散而无整力。

12 月 27 日

道家有言："服（吃）气不长生，长生须伏气。"形意拳讲的气就是伏气（气沉丹田）。

关于气的说法有很多，可以多看拳谱，细心研究，但要注意不可堕入使用气（服气）的方法，否则易造成流弊。郭老师绝不言气功，就是怕人误用气而造成后患。而郭老师所使用的手法都是气的作用，但这种气不是勉强的浊气憋气而来的，是通过练功自然而成的，也就是先天真一之气和人之元神合为一体的气。拳谱说"形意拳术之道无他，神气二者而已"，也就是人之元神和元气，这步功夫练成后可终生不失，如郭老师年将百岁与一年过四十之人比手而连将其打倒两次全不费力。

第二章 20世纪80年代

1980年

9 月 16 日

用铁管做大竿不太合适，论重量是好，但没有弹力，不能练出撚力来。若无大竿，可用小竿练习。

练枪时，枪划小圈，人转大步。即人虽迈大步，向左或向右转去，而枪仍是划小圈，使枪尖仍指敌人之中。向左或向右转步的同时，用正划或反划向前刺出。练常了，遇敌刺来，借势向左转步使敌枪离开我中，同时将敌枪划出，即迅前刺，使敌来不及变式而败。向左转则刺敌胸，向右转则刺敌腹或腿。后把抬高，枪尖向下，名为地蛇，即炮枪。主要是把腿练活，手法随机应变。

形意拳之手到劲发全不费力，是意到形随，就是把人练虚空了。实际上不空，是将功夫练化了，不存心中。心如明镜，你一来即被照见。应如何击之，即随所照见之情况，自然将功夫合理地用出来，不令而行，即把敌打倒，并不费力。所以说心中无所有，而又什么都有，外来什么就发什么，成自然之法了。

10 月 10 日

郭老师说过，练太极拳不知道形意则白费功夫。所说的形意不是形意拳的姿或势，而是形意拳的道理。简单说，就是要知道"形意"二字的练法。

郭老师不谈气口，原因有二。一是只用意行气易生偏差。即使不生偏差，也易造成每一行动必先用意（使形意分离不合一）。如果敌将你的意扰乱，你就会失败。

二是五行拳的练法设计合理，已将形意的道理包含在内，只要按其要领练习，顺其自然，自能气降丹田。久练自能五气朝元，意气相合，形意合一。但练形意的能知道此法的很少。

所谈的"百会对准会阴，脊椎成一直线"，是形意拳的竖项、尾闾中正、头顶肛提、顶心向下。

丹田气降至涌泉穴，是形意拳脚打踩意不落空（前足），消息全凭后脚蹬，再由足心向上。

两手抱球是形意拳的沉肩、垂肘、塌腕，手心往回。

以上所讲就是三心归田或三心相并。

形意拳每一式都是有气口的，所以练习日久，丹田自会充实。

近在宣化给人讲手法，只用手一按，对方即飞起，有人扶他时，二人几乎都倒在地。回想一下发力之情，是心中一动（心中想将他劈出去），手到他身上他即被崩起，并无什么招法。这就是练习日久，周身九节练成一体，动作不需向下发令就自然发出，内里一动快如闪电，外形起落，随之如劈雷击地一样打了出去。

11 月 28 日

你说的道理都很对，这种沉重（练功时身体的感觉）是自然发生的，而不是刻意求来的，也就是练出来的，但也会有变化。我的经验是，只要一动，全身都沉着有力，并且与丹田和带脉相通。日久之后又渐渐觉得失去了这种沉重感，但是胯较前灵活多了，而且沉稳有力。这是因为：这种沉重不求自来，是自然的沉重，和心想而注意来的不同。心想的沉重，只要意稍松懈，沉重立失；自然而来的沉重，虽不用意，仍然较重。

那么为什么还会感觉到消失了呢？有句话说："自无而生有（沉重），再从有而化无。"这都是自然而来的，自然而化的。虽然好似化去，但腰腿达到的灵活程度是以前达不到的。实际沉重之劲也未失去（只是久而不觉而已）。所谓从有化无，不是把沉重的功夫化没了，而是说习惯了，不觉其存在了，有熟视无睹的意思。

你说的养气很好，松、柔、静都能出功夫。郭老师虽然不谈气功，但时常说气贯全身。气能打到人身，把对方的营卫气隔断，有即时气断之危险。郭老师给人治病，也是用气功疗法，说有了功夫能用气给别人治病。我在 30 岁时也常给人治病，冬天隔着棉衣用手按摩，病人也会感觉热度透到他身上。

12 月 19 日

要多注意丹田和腰、胯、膝、足的联系。别忘了那句"手是两扇门，全凭脚（腰）打人"。如腰腿不合，是不能将人打倒的。

1981 年

1 月 9 日

单人练枪，最好多练划圈，然后练习连环枪。如不会，可以练划和劈，单式一步一步地前进。倘能和英俊对练，那太好了，二人都能有很好的进步。

枪法主要是划、劈、刺，这是手法。进退、左右闪躲和左右进刺都在步法。一般人很少能利用好步法。所以，自己练划圈时先练死步，然后一定要练活步，即前进、后退、左右进刺等，要把步法和枪练成一体（参看枪谱中"五要"）。

把连环枪作为一个套路去练，再练五行枪。除了单练，最好一个架喂，一个进杀，日久可练出自然力来。

要多练划圈，找出力来，一遇敌枪，即将他扣住，只听一声响，便顺势进刺，自能制胜。

关于"两肩是电门"之说。因为两肩不松开，气不易到手，脊背也不圆，腰力不能发（力由脊发），所以要松肩、垂肘。下部也是这样，松胯、挺膝才能气贯全身。一般人是谈手法，而忽略腰腿。

"手是两扇门，全凭脚打人"，这和内劲是有关联的。全凭脚打人者，是"脚打踩意不落空，消息全凭后脚蹬"之意。这是外形和丹田与腰合成一体，用内劲（丹田和腰力）催动四肢，打倒对方。虽不用力，却是整体之力，另外还有气的作用（这又深一步了）。像郭老师那样练成自然之力后，一伸手对方就是想逃脱也来不及了，只有被打倒。这种力练成终身不退，所以郭老师 90 岁仍然打人不费力。

气功所说的手脚自动外气发放，也就是我们练拳时，开玩笑所说的"上法"了一样，也是手脚自动。但我们的练法不是以意引气，而是练到至柔至静，静极而动，是静中求动之法。我曾到过这种境界，不过大部分都有点意想，这不算练到至柔。只有几次是不求而无意自来的，是练劈掌和钻掌时。人如睡着，身手自动，好似把人练没了。脚步非常准确，遇墙、河等阻挡可自动回转，真是不令而行之，无为而成之。停练后如睡醒一样，身心异常愉快。但这种境界求之不得。

形意拳有三种用法——明劲、暗劲、化劲。看过拳谱，又回忆前辈试手及我与前辈试手的情况，对三种用法有所体会，现录出如下。

1. 形击

凡与人比手者，皆用招数将对方制住而击之。

如敌人击我头部，我即以炮拳还击，招数纯熟，眼疾手快，这是以招数巧妙制胜，用形式方法制胜。

还有操练铁砂掌、铁臂功等功夫都是属于形的用法。其动手越快越好，拳谱所谓"起如风，落如箭，打倒还嫌慢"，这是初步有形有象之用。

2. 意击

与人比手，虽用手将人打倒，但心中所想不是用何招数击敌，而是见人来击，心意一动，自然手到敌身将其打倒而毫不费力。拳谱所谓"起无形落无踪，起意好似卷地风"。又说"以无形之意接彼有形之表，意动形随，意到形到"。还说"内劲又捷又灵，能使日月无光，而不见其形，手到劲发而不费力"。

我曾见郭老师将人打到床上，被打者说这是用的铲力，所以上床，再试未必。老师说再试你还得上床。再试果然又把其打到床上。

事后我问老师以何招数将人二次打上床。老师一笑，答曰："哪有什么招数，见其一动，我心想将他打上床去，而手即到他身上，就将其打上床了。"当时不理解老师的说法，今日方知老师功夫已练到神形合一，心意一动，见到哪里手就到哪里，所谓得心应手是也。拳谱所谓"不令而行之"，又谓"气连心意随时用，硬打硬进无遮拦"。

3. 神击

也就是神化之意，是化劲神化之用也。拳谱说"拳打三节不见形，如见形影不为能"，又说"拳无拳，意无意，无意之中是真意"。随时而发，一举一动，行止坐卧，或有人处，或无人处，无处不是用。

如，车毅斋老先生洗脸时，友人开玩笑，在后面突然以脚踢先生后腰，先生觉有一物接触，回头一看，友人被碰出丈外。先生说："事先何以知彼之来，又何以知以何法应之？"此乃拳中无意抖擞之神力也，至哉信乎。拳谱云："拳无拳，意无意，无意之中是真意。"至此拳术，无形无相，无我无他，只有一神之灵光，奥妙不测耳！

又如，孙禄堂先生与友人共坐一板凳上谈话。友人想试先生之技艺，突以拳击先生肋部。只听先生"哎"一声，而身手未动，友人被碰出，跌倒于地。此事与车先生之事相似。当时二位先生心中并无戒心防备，只是在他人手足方到身边似推未推之时，丹田之气始动，心中之神意知觉，物到神知，神形合一，即将敌人击出，此神之妙用也。

无论内功还是气功，如不将炼精化气、炼气化神、炼神还虚三步功夫钻研明了，难望得到上乘功夫。

6 月 3 日

最近体会到内劲法所说"创劲、崩劲、攻劲俱非也。殆粘劲是也……"。我以为创、崩、攻三劲不是错，是明劲，若能将此三劲练到身上亦为可观。拳谱只说此三种劲不如内劲，如"要皆言强劲露其形而不灵，唯内劲又捷又灵……"（见《形意六合拳论》第十章"内动法"）。

由此看来，若要深研拳理，虽一字之微也不要随口滑过，都有用意，但主要还得努力锻炼，结合自身所得，才能有所体会。

9 月 16 日

我们看他人练拳时要注意"四有"和"四无"。

一，有力无气；二，有形无意；三，有手法无身法；四，有腿法无桩法。前两种不容易看出来，后两种较容易看出来。我们要避免出现这四无。

看别人和自己的优缺点，可按以下各项对照：①有眼法无头法；②有手法无身法；③有腿法无桩法；④有力无气；⑤有柔力无弹力；⑥有意力无气力（弹力）。

练劈拳除了腰力等之外，应把视线透过手去。例如比手时，手打在人身，而视线要透过对方身体，这样发出之力一到对方身上就能透过对方身体，将他打出很远。

1982 年

与人比手，无论自己接触到对方何处，都要竖项松肩、坐胯踩足，身体成一整体，看似无力，而对方如触电般被崩出。这就是起之于腰（丹田），坐胯催力，发之于脚（踩蹬），形之于手（松肩挺腕），这些外形练成，一动即成整体，而气即随之而至。外边姿势圆通，内气自然循环而行，故以之击人，使人如触闪电而倒。

练功注意事项如下。

（1）精神高度集中，排除杂念，万缘寂静，使精神入于静。

（2）用意体察姿势的放松，不使有发滞之处，关节和筋骨皮肉都要放松。

（3）气要舒展不拘，纯任自然，不可用意强制气下降或向某处流行。只要精神集中入静，姿势圆通不滞，气自然循着姿势的轨道而行。

（4）初练时因杂念不易排除，很难入静，所以要用意排除杂念。方法很多，如数息法，或默念"身心愉快祛疾延年""意守丹田""气降丹田"或其他对身体有益之词，日久精神因之入静，杂念自除。

（5）放弃意念，精神入静，姿势圆通，身心愉快，无思无虑，融融和和，听其自然。此是由必然到自然，由有意到无意，即拳谱所说："拳无拳，意无意，无意之中是真意。"

（6）每个姿势所练的时间不限，以不劳累为宜。如站某一姿势，稍久能入静，即可多练些时间。

5 月 29 日

先把本人外形练和，然后觉出劲由内发，把这个练成自然。手到对方身上，手到劲发全不费力，这是求于己。以后常和别人搭手，要用感觉找出对方的轴心（不论是手还是身体），碰上就把他击出，这是求于人。

7 月 10 日

形意拳是以气为主的练法。过去我曾问郭汉之老师，拳谱说"放之则弥六合，卷之则藏于密（丹田）"，那气究竟能放多远，老师答曰，无边无沿。又问老师，曾见您有时似用气功将人打伤，除此之外还有何法能表现，老师答曰，用气按摩，为人治病。再问老师还有何表现，老师说试验一下，遂叫身高力大的宋同学用双手抓住老师手臂。老师说若用各种拿法，并非气功。老师叫宋同学用力握紧，然后老师手臂慢慢一转，宋同学即徐徐将手松开。当时高同学说，你未握紧，我来试试。老师仍然如前一转手臂，高某也徐徐松开手。大家问何故，高答，两手似有物被崩起，有点触电的感觉，故不自觉而双手松开。

我又问老师还有再高的功夫将手崩开吗，老师说有一次见孙禄堂与何某亦试此功。何某用双手紧握住孙先生手臂，孙先生手臂不动，只喊一声"开"，何某手即崩开，再试仍是如此。孙先生说这不算高，有一次在山西见宋世荣老先生亦试此功，有人用双手去握宋老先生手臂，不管怎么用力也握不拢，根本握不紧手臂，好似手臂有电发出，故不能握紧。

我又问老师：老先生们有这样好的气功，发人全不费力，是否能经得住拳打脚踢？老师答：非但不怕拳打脚踢，还能将人崩出，使打人者变成挨打者，咱们不是经常以丹田及肋部将沙袋撞出吗？（指在国术馆练功时，以丹田及肋部将吊起的约200斤的沙袋撞出。）我说：那是沙袋，若是与人相打也行吗？老师说可以试验一下。我即用虎扑向老师胸前打去，老师一抬手，我正打在老师胸部，只觉得两手如打在有弹性的墙上，瞬时被崩回、跌倒。老师将我扶起说：孙禄堂先生有一次和朋友共坐一长凳闲谈。友人突然以拳击孙先生肋部，只听到先生"哎"一声，友人即被碰倒于地。还有车毅斋先生，他洗脸时，友人突然在后面以足踢先生后腰，先生回头一看，友人已被碰出门外。这不都是打人者变成挨打者了吗？

从以上各位老先生的事例来看，形意拳的功法既能强身健体，又有自卫功能，所以说形意拳是内外双修、体用兼备。

1983 年

1 月 23 日

咱们所学的功夫确实较难，因为咱们的目的是向先天自然的效果去练，不强用心意去追求。将外形姿势做正确（筋骨放松再合六合），内中之气纯任自然，练到内外合一、混元一气。这是自然而来的，不是强求找出来的，所以慢。这样的练法虽然得功慢，但对身体是有益的。

《大成拳论》中有"何时发力,力始平衡之后仍需还原",是大成拳之精华。

你近来站桩功夫如何?随其自然姿势而动,以轻松愉快柔和为正确。若乱发暴力,使气粗而不舒服,则不正确,日久易生偏差。

老拳谱用字都很讲究,如"三心归田","三心"是顶心、手心、足心,三处心与丹田相通气,而气最后复归于丹田。"五气朝元",是说五脏之气(真一之元气)要与丹田相通,然后复存于各脏。

以"归""朝"二字言,"归"是去后仍回来,是丹田气发动,与三心相通后仍回丹田;"朝"是五脏气练通于丹田(元)仍各回原脏,如大臣上朝面君后各回各位。

有一次我手提装着热豆浆的暖水瓶回家。马路上有几个青年开玩笑打闹。突然有一个20余岁的小伙子猛然向我身上撞来,其势甚猛,我当时心中一惊,怕豆浆洒出烫着,不由地两足抓地,左手向青年一推,顿觉他很轻地跌倒在地……回忆当时情况,是自然的三心归田,与练习时三心归田相同。

和你略谈化劲之功,主要是意纯,无杂念,虚极静笃,顺其自然而动。练到虚极静笃至柔之时,将人之一切意念行动都练没了,练得无知无识而自动。如每一趟进五步,到五步时便自动转身回练;前面有墙有河也不会碰墙落水,会自动回转。注意虚极静笃,慢慢就能得到化劲的功夫。

第一篇 津京诲言录

41

与人比手时，若被对方按住或抓住，无论正在使用的是什么招数，外形姿势不变，内中丹田气一抖，即将对方崩开。若要研究此理，可找人对练劈竿。架喂者持竿刺出，不可用力。劈者将竿搭上，此时手足和头部要自然松整，然后丹田一抖（内中用力），全身劲放到竿上，向下一沉，对方之竿即被震落。姿势不动，而对方竿已被震落，此是内动法。形意拳之内劲与众不同之处也在此。

9 月 30 日

前辈孙禄堂先生的遗言是"练"，郭老师的遗言是"不练不成"。

关于三步的站式自动练法，必须做到虚极静笃时自然而动，这是静中求动法。虽然手足有所动作，而人身心却无感觉，这就是动中求静之法。初站时是静中求动法，及至动起来，又要动中求真静。这样把一切人为的姿势化去，而成为自然的内动外随，以神意运用之。练成此境，就可像车毅斋先生那样，如有人暗算，物到神知，无意之中将对方打出去。

11 月 10 日

你的总结很好，正是形意拳三步功夫。

（1）"由规矩而入"是初步明劲，炼精化气。无论何种技艺，都要循规蹈矩地学习，拳术也是如此，不以规矩，不能成方圆。初步一定要按拳术规定的要领练习，而渐渐深入。

（2）"破规矩而得"是二步暗劲，炼气化神。初步按规矩把各种姿势练到齐整相合，即外形练到自然相合，此时要多注意内功了，姿势柔和、动作缓慢，看来好似不太合规矩，但此时是进一步内外相合，能发出内劲了。

（3）"无规矩而成"是三步化劲，炼神还虚之功夫。由前两步功夫练得内外自然相合了，再将内力、外力皆化去，即所谓刚柔悉化，以神意运用之，纯任自然。至此，无所谓招法和拳式，就是拳无拳，意无意，无意之中是真意。此非一般人能达到，也难言传，非深入此境者难以体会也。

……化劲的初步，是静极而动。虽无意识引导，顺其自然而动，但心中明了，动作的僵滞以及其他不合之处，自然随意而修正，能自行调理，故不易出偏差。练习日久，至虚极静笃之时，虽然外形有各种动作，但心中无识无知、无我无他，神形俱杳，心神纯静，真是心无其心、身无其身，说句易懂的话，把人练没了。而外形自然行动，步法准确，该回即回，该退即退，毫无差错，这就是不令而行之，无为而成之。到此境时，真有难以形容之美感。

咱们的八式是三步。初步是斩、截、裹、胯、挑、顶、云、领，是现于外形。二步是眼、耳、鼻、舌、身、意、引入、含藏，是不现于外形。咱们的二步是眼观察，鼻呼吸，耳听，舌顶上腭，身正，以意支配行动，引入于脑中，入含藏式。所以拳谱说："以无形之意，接彼有形之表（各种动作姿势）。"三步是神识、神藏、神威……只记得这点儿，五识没有记住，很可惜。

三种击法：形击，这没有什么，我也有过，一般武术家都是眼疾手快，以招数多而胜人；意击，是少见的，如郭老师心意一动就将人打倒，我偶尔也发生过，自己不觉；神击，我没见过，只知道《拳意述真》中车毅斋先生的故事是讲神击。可见形意拳确实深奥，是应下功夫钻研。

再补充一点二步的八式，如眼看别人练得动起来，或是听说别人都自动起来，就由第七式引入八式（即入于含藏式），记录下来。以后有感触就由含藏式发出，也自动起来。有时由于不明白自动理论而产生偏差。

其他各式，如鼻、舌等接触事物也是由引入式而入于含藏式，所以有时有意识或无意识地发出来了。所以二步功夫是有意的，而三步功夫是无意的，以神发动，就是物到神知，不令而行之。

1984 年

与人比手时，心要镇静，头欲撞人，手欲打人，身欲推人，步要过人，足要踏人，神要逼人，气要袭人，遇敌好似火烧身，打破硬进无遮拦。

还是多注意内功，这是人之根本，武艺是暂时的，可有可无。

"静"字是大可钻研的。若能练成习惯，对身体、对武艺都有很大益处。

希望你今后对"静"和"意"尽量做到静笃和意纯，这是养生和练武的高级阶段。

你练拳如行云流水，是内气通畅、拳式柔顺。两手如有风吹，有水由手缝而过的感觉，是内气通顺，直达手部。不在乎快慢，只要向下一按，即有此感觉，也可以说劲到梢节。这是自然之力，也可以说是内劲。回忆我年轻时练刀，向下一劈，不是多猛多快，只觉如劈水中，并有一种风声，和抡刀的声音不同。但不是每招都如此，只有三五下有此声，是自然之力。你的感觉很好，只有练二步功夫才能有此感觉。

关于架喂，这是很有必要的。架喂者要调好身体，对方打来时不可以用力下沉，要任其打动。被打退时仍然是整体，而不是散乱，这样对方才可以渐渐练得整劲，并能产生信心：只要被我打中，无论何人都得被打出去或跌倒。架喂者也会产生信心：若我被打中，只要调整好身体，被打出时自能沉稳落地而不散架。

为了试验抗力，架喂者偶尔也可以在对方不知时调整身体，双足向下沉定，对方即不易击动。这只是偶一为之，万不可常做，否则对双方都无益。万一对方一时内劲发动，易有被震之情形，不可不慎。架喂者万不可抵抗，目的是把对方的劲引出来。

关于勇猛之劲，不是努力而发出来的，是功夫练得内外相合，意念想发勇猛之劲，身手即随之出劲，所谓"意到形随"是也。

8 月 16 日

我由"五要"（踩、扑、裹、舒、抖）中悟出一点道理。

1. 三个无形圈

（1）肩胛。向前发动催肩时要用意感觉似圈动催肩胛，但不可现出形来。

（2）腰催胯时也是如此。

肩与胯好似摘掉一样，故其圈在肩胛和腰，而不在肩、胯。

（3）头前顶时，其圈起命门，上至顶而下达丹田。

2. 踩

前进时，前足跟落实时，足尖扣着向下踩。当整个足部落实时，以丹田迫使腰胯催向前半步而落实。

3. 蹬

当前足落实时，后足由腰胯迫使向前一蹬，催足落实。

4. 抖

当三圈一踩一蹬将结束时（已成整体），丹田即用力一抖，催动整体前进落实。这样，虽是外部手足动作，但其劲是由丹田发动，迫使四肢齐整而不费力地放倒敌身。有弹力地将人放倒而不费力，即所谓"手到劲发而不费力"之内劲也。

五项注意：

1. 踩

是指前足向前进而即将落实时，足趾扣着向下踩，如踩毒蝎一样，再全足落实。落实前，同时以丹田劲迫使向前滑出半足之地，全足落实（以腰部无形圈催胯、催足）。

2. 扑

拳谱说"如虎之扑食也"，是指发手时，以肩胛（内含无形圈，不可露形）催肩向前扑，是按劲（内含提劲，就是擎住不动摇）。（足部从腰，内含无形圈，催胯和足。）

3. 裹

拳谱说"裹者如包裹之不露也"，是说周身如同包裹在一起（力不出尖、形不破体之意），一切动作都成一整体，不散乱。

4. 舒

内部气舒展而不拘，外部姿势圆通而不滞，做到舒展大方、劲力自然。

5. 抖

丹田内抖。当手足将落实时，由丹田催动周身向前落实，使手足周身沉重而有弹力，将力放到对方身上，有如炸弹在对方身上爆炸，将对方打倒。看似未用力，实系内动，所以叫内劲。

关于明劲（姿势有形圈）和内劲（内动无形圈）。

1. 手

（1）"手去如钢锉"，指手出动时，不是一直向前伸去，而是用半径为一寸的半圆前进，与敌手臂一接触，只见一挫，即将敌手挫开，所谓"开寸离尺"。

（2）"手回如钩竿"，即所谓"拳去不空回"之意。当手回抽时，要粘住敌手，将其手钩向下方，使其不能进击，像钩竿一样将其制住。

（3）"手落如捕食"，是指手到敌身时要下按，如虎扑食，而以丹田之气及腰腿向前进击，所谓"手是两扇门，全凭脚（或说是腰）打人"之意也。

2. 肩

（1）"肩胛发暗轮"，是指肩胛向前发动时，不是直向前进，而是内中如有轮子向前转（暗圈），但不可耸起背而成明圈。

（2）"肩催沉冲肘"，就是所谓肩催肘，但要沉着，好似把肩摘掉催向肘部。

3. 肘

（1）"肘动千斤坠"，说的是垂肘，但不可伸直。

（2）"擎着力到手"，指肘关节如挂着千斤坠，但需擎住，不可动摇，这样才能气力到手。

4. 项

（1）"竖项纵（项背大筋）横（项肩大筋）通腰手"，是说项后大筋通着腰，项旁大筋通着手，要竖项，使这两条大筋绷起，于项后联络在一起。

（2）"内气循经（奇经）自到手"，是说内气动，循着奇经（督脉）自然到手。

5. 头

（1）"头进百会下重楼"，说的是头顶气由百会穴向下，经喉咙、气管到任脉。

（2）"气循任脉归气海"，说的是气循着任脉降到丹田，气海亦丹田。

6. 腰

（1）"腰劲命门起"，意即腰劲是从命门发动的。

（2）"循脊上顶峰"，循着脊柱向上到头顶（百会穴），就是所谓"力由脊发"。

7. 胯

（1）"胯进如车轮"，是说前进时胯像车轮那样（暗圈）。所以，胯骨和腰骨之间要有弧度，身和腿才有力，前进时才能有轮转（圈）的感觉。

（2）"催膝合力行"，即所谓胯催膝，而膝须向里合，不可外撇。

8. 膝

（1）"膝挺如山岳"，是形容膝要挺得住，不可动摇，身才能稳固。

（2）"催足入地中"，是说膝催足，使足如落地生根一样稳定。

9. 脚

（1）"脚进如蹚轮"，是说脚向前是蹚进而不是迈进。"如蹚轮"，是滑进。

（2）"脚落如踩虫"，是说脚落下时向下踩，如踩毒虫一样地沉稳下踩，而不是用力往下踩。

10. 丹田

（1）"丹田发动真气行"，是说（内劲）真气由丹田发动，气贯全身。

（2）"混元一气武功成"，是说练到内外如一，"形""意"成为一体，所谓"混元一气吾道成"。

一手：起挫回钩落捕食。

二肩：肩发暗轮沉催肘。

三肘：肘坠擎着力到手。

四项：竖项纵横通腰手。

五头：气循任脉归丹田。

六腰：腰发命门脊上走。

七胯：胯进如轮催膝行。

八膝：膝挺如山足入地。

九脚：如轮蹚进踩毒虫。

10 月 9 日

如心情想力学①，可以练习明劲，研究身体各部关节。环境宁静，可以练"形意体用五行球"。如果练到极静，动作自动了，就任其自动，不管成不成拳式、套路，只用神意随着变化即可。此种形式练后会觉得身心愉快、心平气和。这种练法即不令而行之，无为而成之，但这种境界很难达到。

11 月 19 日

我对你的进步有点感想，想教你尽到世间法，与功夫相结合以求功

---

① 原书信如此。

夫与思想（德）齐头并进，现录出供你参考。

（1）孝敬老母。天下神仙、贤人没有抛弃父母而专心用功的，都是孝敬父母，使老人快乐而养其天年，以尽人子之道。

（2）兄弟姐妹和睦。使家庭中人人愉快，家庭幸福。

（3）夫妻恩爱。青壮年求道心切，但也要尽夫妻之情，应当节制，而不可绝制。应常讲些练功而由病夫转为强壮者的事例，身体健康了才能白头到老。

（4）教育好子女辈。教他们学习好、身体好、品德好，将来做对国、对家、对人民有益的人。

（5）搞好工作。要出色地完成任务，在单位要平易近人、与同事和睦，万勿清高自负而脱离群众。

以上是我的感想，也许在这些方面你尚未做错什么，但你尚年轻，应严格要求自己，只有尽一切尘世责任，才能了缘。功夫需积累，处世也是功夫的积累。要知道"无德不养道"，功夫、道德二者不可偏废。功德圆满才能一悟而道成。

11 月 27 日

多练习功夫可积累，多读书可以触类旁通。以静为目标，以期达到忘我而入高乘功夫境界。但要勿忘、勿助、勿追求，任其自然而来。自然而来的是先天的。无意之中是真意，有意求得的是后天人为的假意。

12 月 16 日

练形意拳的人都讲丹田气，丹田气是真一之气，拳谱说，此气"是人性命之根、造化之源、生死之本，形意拳之基础也"。各种动作皆以丹田为中心，所以拳术每一个姿势都不能离开丹田（中心）。

天有天心，地有地心，万物皆有中心。人身为一小天地，亦有中心。其中心在脐之下，两胯之上，所谓丹田是也。此中心之气与天地之气为一。

耳之听、目之视、习武、抚琴、绘画……种种作为无不由丹田所发之能。

拳术有内外三合之说，以外三合而言（手与足合、肘与膝合、肩与胯合），其发力必须以丹田（中心）为主体才能发出整体之劲。如何才能与丹田配合呢？必须与内三合（心与意合、意与气合、气与力合）结合为一体，即达到六合才行。

外三合为"形"，内三合为"意"，内外相合为一体。拳谱中有"内外相见合一处……意为媒引相配成"，是说内外相合是以意引导而成的，故说形意拳术是"内外双修，体用兼备"的拳术。

形意拳是以形体（形）与精神（意）相合而成的，故应形意并重，二者不可偏重。

形意拳是身（形）心（意）的锻炼，尤其要求心静而无杂念，意需纯静才好得功夫。因为人有什么样的意识，就有什么样的行动。

（1）意动，一切行动都是由意引导而做出的。如与人比手就是以意发动手足而应敌，所谓"意动形随，意到形到"。

日本铁舟居士以剑有名者也，尝语于人曰："击剑之法，不心于敌，不心于身，不心于剑，唯心于丹田。不思斩敌，亦不思斩于敌，万念胥捐，唯见敌剑将发时，奋然刺入，此为必胜之诀云。"这就是以中心（丹田）和意为主体，意到形到之例也。拳谱说"固灵根而动心者，敌将也，武艺也"。

（2）意静，是以意使精神高度集中，从而使身心得以入静，是动中求静之法。拳谱说"养灵根而静心者，修道也，道艺也"。

（3）意化，是用意将功法练到刚柔悉化、神形具备。拳谱说："拳无拳，意无意，无意之中是真意。"到此境地，无形无象，无我无他，只有一神之灵光发。

12 月 29 日

关于梁兴华老先生，郭老师说是清朝的翰林。他是何人所传，亦未谈到，只说辈分很高。郭老师谈自己曾向十多位老师学习，但都未拜师，正式拜的只有梁兴华和李存义二位。天津练形意的人也都不知道郭老师是哪位老师的门人。

人身有督脉，由会阴穴循腰背上至百会穴，带脉系腰带一样围着腰一圈，二脉在后腰处相交为十字形。脊背的肩胛骨向两侧开拔，使气由肩井穴及腋下冲向肘、手，也和督脉相交成一十字形。与人比手时，脊背的十字使气冲到两手，两手用力宜匀。

腰部的十字使气下冲至两胯到两足，前踩后蹬亦应用力均匀。这是通过练习自然形成的，久之可练到得心应手，随心所欲。与人比手时，加上欲透过敌人身体之意而击之，则敌必应手立仆。

我最近体会到，肩胛骨和背部督脉及中枢神经成一十字，腰部带脉和督脉及中枢神经成一十字，故称双十字。由此练出自然相合，其发力定成一整劲。再与人比手时，意一动而整体（双十字）力自然到敌身，则敌必败。

1985 年

4 月 11 日

你练习站桩及揉动功所得情况及意识是很正确的，要坚持练习。更要注意"空"字及"谁也弄不动我"的意识。这是以假意引真意，从必然（以意识发动）到自然（无意识的得心应手）。从假空到真空，从有拳有意到无拳无意，这是阶梯，必须先有，而后化于无。形意拳术就是刚、柔、化三步功夫，初步是"起如风，落如箭，打到还嫌慢"，到三步时就是"拳无拳，意无意，无意之中是真意"。

"有形有意皆是假，无形无意才是真。"这是说高级阶段。初级是有形有意的锻炼，中级是把初级锻炼得到的功夫，用意识感觉身心中的景象，再练趋向高级。到了高级是把刚柔和拳意化而为一，所谓"混元一气，拳意皆无，一切皆空"，就是说的空而不空，成为明镜了。来了什么就照出什么，也就是来了什么招数，自然会应付，功夫已和身心化为一气了。

脊、腰、背、胯、肩、臂、手、腿、足等有松空的景象是最难得的。必须先觉得空，然后气才能通。一般练三个月气就通了，大多是有意而为的。

6 月 20 日

双重站桩者多是静养健身。双重站法稳却不灵活，所以说是有体无用。练拳若双重，易生僵硬之力，步法不灵。孙禄堂先生说过，练各形式亦有双重之式，虽是双重之式，亦不可离单重之重心。双重者，形式沉重，力气极大，唯是阴阳不分，乾坤不变，奇偶不显，刚柔不济，虚实不明，内开外合不清，进退起落动作不灵活，用于技击，虽力量大而不能放到对方身上，更不能将人放远或放倒。双重者和定位发力者，都是表面看着力大，而到对方身上就没有多大力了。拳谱曰："今世之学艺者，皆言创劲、崩劲、攻劲俱非也。殆粘（内）劲是也。创劲太直难以起落，攻劲太死难以变化，崩劲太促难以斩截。要皆言强劲露其形而不灵，唯粘（内）劲又捷又灵，能使日月无光，而不见其形，手到劲发而不费力也。"所以双重和定力发力难进中乘，更不能得上乘了。

7 月 1 日

功夫的进步是能感觉到的，各人略有不同，但都表现在精神和形体两方面，也就是气和质的变化。这种变化既不是应该追求的目标，也不是衡量功夫的标准，只是练功夫过程中的现象。露于外就是手足自动起来，内里发生无形的变化，如自己觉着功夫有很大进步、心理上遇事不急等。

空：字面意思是什么都没有。于练功而言，是通过练习入静，返先天之性，达空而不空。所谓"空"是妄念皆空，"不空"是人体各部分的功能达到阴平阳秘，各司其职，复人之本然。

虚：字面意思是虚而不实。拳谱讲炼神还虚，大概是说把已练到的功夫返入内部而不露于外形。也可以说是把功夫练成自然，随时都能发挥出来。

灵：在拳术上是指练到虚、空后，形意自然相合，达到意动形随、意到形到，身手轻灵之至，"手到劲发全不费力"也。

对于以上"空""虚""灵"三字要多加体会，慢慢地，灵感自会出现。

8 月 7 日

五弓是脊弓、背弓、臂弓、腿弓、腰（带脉）弓。

四顶是额前顶、手前顶、足前顶、丹田前顶。

10 月 4 日

把外形调"整"，再用内气发动，就是整劲。在练五行拳时要把"手脚齐到方为真"的意念放进去，再注意把五弓、四顶、收臂圆裆连成一气。久练成为自然，伸手就是自然之力。以后再练，虽由神意运用，但也离不开手、足、身的动作。所以，外形练整，结合内气就是功夫力。

一般练气功者只能健身，不能技击。因为没有外形的锻炼，所以不能发出力来。

拳术外形锻炼的很多要领还需自己亲身体会。所谓艺不上身者，是因外形的练法只注意套路及招法，而未体会身体各部的调整，如五弓、四顶。我认为应当是外调形体，内用神意练以气，久则练得形意合一，内劲外发全不费。再进一步研究神气、神意，就是一伸手以神意制住对方，使其手足无措，不知如何便被击出。你可仔细体会一下。

郭老师说"初学时六个月内须先练死步，以蓄气养力。过六个月后看其体力如何，再练活步"，也就是说先把气养好，再练使用。

如果目的是治疗、保健，可多用死步；若求击术，多练活步。形意拳的体用兼备即在于此。

1986 年

拳谱说拳术派别虽然很多，主要是以气功为始终原则。神功为造诣之精奥。气功之说有二：一养气，二练气。养气而后气不动，气不动而后神清，神清而后能操纵进退，得心应手，这样才可以言命中制敌之方。拳术之功用多在于取敌制胜之中，故养气更不可不讲求也。

养气与练气虽出一气之说，然有虚实动静及有形无形之别。养气之学以道为归，以集义为宗法。养灵根而静心者，修道也，故称为道艺。

练气之学，以运使为效，以呼吸为功（形意拳有三种呼吸），以柔而刚为宗旨。及其妙用则时刚时柔，此所谓刚柔相济、虚实同进也。固灵根而动心者，敌将也，故称为武艺。

二步（暗劲）炼气化神之功夫，其动作柔和缓慢。其练法包括定步（死步）以养气蓄力而健身和活步（跟步）练气运使以应用两种步法。故五行拳有体用兼备之法，顾打兼施之方。

初学时要用定步（死步）的练法，即后脚不向前跟随。步法要轻灵，前足前进时，先以足跟落地，不可有声，然后再全足落实。足前进时，两手慢慢拉开，不可用力。此种步法，是为使学者易入静，身心愉快，而心静意纯以养气蓄力。待丹田气力充足、身体灵活后，始可死步与活步互换练习。故死步以养气为主，活步以练气运使为用。初学者必须先练死步以养气蓄力，半年后看其身体如何再定是否练活步。两种步法互换练习可达到炼气化神之功效。

郭汉之老师说用力不对，不用力亦不对，应当用其自然之力（故柔非无力）。把初步明劲功夫练到柔顺、刚柔相济（炼精化气之功毕），是初步明劲功夫之终，是二步暗劲功夫之始，再练二步柔劲功夫。待将二步暗劲练到至柔至顺处，是暗劲之终、化劲之始也。

拳法不可随意修改，应钻研古谱，以自己的心得体会注解练习，如此才能得理论与实践结合之道理。

3月1日

形意拳的基础是三体式，而劈拳是左右活动的三体式，故把劈拳练好，再练其他，便水到渠成。

3月19日

"收臀突闾带脉通，丹田无意自动荡"，这两句的意思是，以意收臀使尾闾外突，不可用力，而丹田忽起忽落，自己动荡，好似内中呼吸一样，带脉鼓起，由两肋下向后冲向腰间。

"牵动会阴过尾闾，直冲脊背到昆仑"，这是督脉上冲。

"横使肩胛两边撑，胛撑肩沉肘催手。胯坐膝提足趾扣，轻松自然劲力整。"

"日久外形三（头、手、足）合一，内外相合意配成。"

"有形有象皆是假（假意），无形无象才是真（真意）"，指以意发动，命令形体进行。所谓有形有象者，系指意的发动而言。无形无象也是指意而言，就是无意之中是真意，不思而得，无为而成之。

关于枪法……圈越练越小越好，小到别人看不出来最好。只见双方竿子一碰，对方即被碰出，这个圈就是无形横……所谓"千金难买一声响"，即此意也。郭云深老先生的迎门吊线，虽系劈枪，但其中也含此意。你的体会很正确，以身和手足一致，以丹田发力，这是内外合一之力。还应把圈练成自然，一出枪就有，而无须用意命令。

要对枪的发力及用法多加研究，拳法、剑法也是相同的。拳术是从枪术中演变而来的……

张树德老先生说"以拳为枪，以枪为拳"。你要多读几遍，多加体会，对拳枪合一的道理就会体会得深，对今后练拳有帮助。

拳中的起钻横（无形横）落翻顺就是圈法。分言之：起是出手；钻是前进中的半圈（横）；翻是打中的半圈（横）；落是向下打；顺是手落，顺对方之手以身催进，也是上步。

你练竿子时用反划或正划是圈法，再加"顺"就是上步，也就是一划圈，随即上步刺出。如此练成自然，以后两枪相碰自然将对方的枪划出而直接刺到对方。

现在要找时间多练习套路，如四把、连环、八式等拳。练时要注意一气连成，更要注意出手、住手也像练枪那样，每手都有无形横。尤其"顺"字，即随手进步更要练成自然。所谓"手是两扇门，全凭脚打人"（是上步而不是以脚踢人），这又是难得的一步功法。

今后练习套路，如连环拳等，要注意每式落实时的踩，这并非以足震地，当当有声，而是注意落实时，要以胯催膝，以膝催足，与手同时完成，以意使足踩实而非用力。这就是"全凭脚打人"。

　　枪的圈法是公开的秘密，而人人都得不到。一般练枪者把枪抖出很大的圆圈，说是枪花。其实圈大枪尖已失指中之用，即使将对方枪划到一边，你的枪尖也随之到一边去了，再刺时你还须返回前刺，此时对方之枪也随之返回，仍有抵抗能力，这就是"起横已见横"了。要先破后刺，不能破刺同进，也就是"要皆言强劲露其形而不灵了"，不如暗横（圈小得对方看不出来）。双方枪一接触，由于我枪暗横（圈小），就将对方之枪划离他的中，而我同时刺进。因我枪直刺他中，前进度数愈大，他枪离我身越远，这叫开寸离尺。我用一寸小圈将他枪划开，使之离我身一尺远，也叫螺旋力，又叫千金难买一声响。

　　这无形横无论在枪上还是拳上，都要练成自然，一伸手就不令而出现，这也算是功夫上身的一部分。

　　硬木杆子太重，如果方法对，是不影响内劲的。如果练法和轻杆子一样，易出拙力，并导致身体不稳。故在练习时，要先站稳，擎住杆子，用丹田揉动。不可用力过大而使身体动摇。练劈杆也要如练劈拳那样一步一步渐进，这样既可使身体稳，又可练丹田与手相合。主要还是划小圈。硬木杆子无弹性，不能练出撺劲来。练习进退划圈可以用硬木杆子，至于劈杆和抖杆，最好是用白蜡杆。十六字秘诀中都是单式基本功，可以选几个练习，也是有益的。

　　先站出气感，再以意行气，催动四肢，由根节到梢节，做出各种姿势，这就是形意合一。待练成一体后，就成自然了，而不用意了。由于姿势一动气自然到手，神气自然放出，故可使对方望而生畏或使其迷糊而失败。至于空掌，需久练而成，但此时已含有空掌之功夫。初练此法时要强调意，至意纯静笃时，内部之气自然循着所练的掌法节节前进，此时空空洞洞、无我无他。再进一步使内气出手以空掌击人，把意气放远，是"放之则弥六合"。收回时把意气退至丹田，是"退之则藏于密"。

6月2日

你谈到步法，我认为是步子小（不是上不去步）。今后可以这样练：先站出气感，再练拗步鹰捉和顺步鹰捉。这两式拳与拗步劈、顺步劈一样，只是前手不回撤，即上步出手劈去。练鹰捉时要以意气发动手足，仍要蛹动（六催）前进。应注意的是步子要大，与手要一致，脚要前踩后蹬，落实时要有蛹动感，不可僵硬地以足撞地（略有一点声音也无妨）。主要是以丹田催动四肢，集中精神看手，好似鹰捉物。这样练久了，就有冲力。练成自然后，一遇比手冲力就会自然发出。

练鹰捉要上大步，由于不习惯，开始时步子落地有声。但因为是蛹动，声音会渐渐减小以至无声，且看不出上大步，这也是由无大步到有大步，再由大到小而至于无。

形意拳术有刚、柔、化三种劲，其中刚劲也说是明劲。有人认为既是刚劲，就应当强而有力，遂改为定位发力，即死步的练法。这种练法看似有力，但其力只在自己身上，步子也小，所用之力多在前脚落位时发出。由于己身已定住，力虽猛而缺乏前进的冲击力，故不能将己身之意气力放至对方身上，或超越，因而不易将人打倒或打出丈外，也不合于"脚踏中门抢他位"及"起如箭，落如风，追风赶月不放松"之说。这样的打法，既显僵滞又不灵活，变招慢。"八忌歌"说："绝力使来少虚空，力猛变迟伤折快。"故定位发力虽猛，但终非上乘功法。

拳谱说："上法先上身，手脚齐到方为真。"形意拳之劲力是以"意气"发动四肢而前进，故有"起之于腰（丹田），发之于脚（步法），形成于手（手法）"。制胜虽在手法，但闪展进退则在步法，故脚手是不能分离单独前进的。

"手是两扇门，全凭脚打人"是说手有拨转封拿掼打之能，好似两扇门。关门是封拿等手法，开门是出击掼打等法。但如果只以手去打人，虽打中也不能打倒，因脚未上去而未有冲力。若以脚猛进对方中门，踏入对方之位置而击之，彼必被放倒。拳谱说"脚踏中门抢他位，就是神手也难防"，全凭脚打人即此意也，并非专以脚踢人，而是上步有冲力。

有人说老师教上（手法）不教下（步法），这也是艺不上身者说的，其实初学时练站桩和各种腿法都是在练步法。

俗云"练拳不练功，久后一场空""练拳不溜腿，将来必后悔""身无桩法如竿立，相击易跌一身空"，都是说腿脚的重要，故我们练习时必须练活步以增强冲力。

6 月 25 日

揉球式是使丹田气运达于手足的方法。其动是以蛹动法节节运使，使气到手足。这个气是内部先天之气，无形无象。但功夫到了能感觉到气在体内活动，练好了就叫内劲。

6 月 30 日

你最近的进步是因以前所练之柔劲及站功等已发生质变，其方法是养气之法，好似丹道的文火温养。现在有气感是气已充沛，可以用蛇行蛹动以运行之（运气），好似以武火炼之（有意）。是以蛇行（以意引气，以气运行），更以蛹动，使气节节到手足（用意使行）。因之别人总觉你臂力很大，这是略窥内气（内劲）门径。还要多体会（悟），使气化神，再炼神还虚，以归自然（无意）。

与人搭手时，如果发现对方精神强而自己有畏缩心，就不必试手了，承认功夫浅，向他人学习。也就是说，未曾比手，要先以神气制住对方。但要注意，切不可目空一切，心中狂妄就失去灵气了。这得慢慢钻研，自然能体会贯通。

形意拳虽有各种拳路，但都是锻炼身体各部劲法的。形意拳就是要把劲力练出来，故它是以功夫力胜人，而不是以招数胜人。老先生们都说："哪有什么秘招，见来什么就打什么。"正是所谓的"不会练拳了"。其实老先生们是把功夫练化了，周身都是劲法。

关于冲力，是在上步，前足似落未落时，以丹田催之向前滑出半足，半步更好，以足尖踩定，手似落未落，等待前足跟滑出半足后一齐落下，这样就能发出冲力。

一般人都是以手臂发力，而少用意于足，更少用意于丹田……这就是舍本求末。不知把己身调顺，而一味想争取胜人，这就失去内外双修、体用兼备之意了。故用力过猛易成浊力。"八忌歌"说："绝力使来少虚空，力猛变迟伤折快。"和咱们发力相反，咱们是本着手到劲发全不费力。咱们现在的练习及试手也都看不出来使猛力，而对方也被崩起，可以说略窥门径了。

"腰似陀螺"，言腰（包括丹田）为中心、中轴，左右前后动、转都是充实而不倾斜的。"腿似钻"，言其踩地入三尺。"手似箭杆"，言其前进而不晃。"眼似电"，言其既有神光威力，又有狠力。

进步时胯窝由丹田下压，使胯前催，该处形成一弓式（松胯）。膝窝也成弓式，压迫足跟滚进。如果胯窝松得好，步法自然大，脚的滚进也自然形成，并且每一式落足后自成前四后六，足大趾自然抓地，且身体稳。

据郭老师自己讲（闲谈时），他因患腿病久治不愈，遂向武彩云老师学劈挂和翻子拳。他自己说向十一位老师学，其中有尚云祥老师，但都未正式递帖拜师，而是像学校老师一样。1911年，李存义老先生在天津中山公园（当时叫河北公园）成立中华武士会，收郭老师为正式徒弟。又得李老先生之子李斌堂给以架喂劈掌，故郭老师劈掌威力特大。

11月9日

郭老师正式拜的老师，一是李存义先生，教明劲拳，一是梁兴华先生，教暗劲及化劲。据老师说，梁先生在形意门中辈分很高，但未听说是哪位前辈的学生，只听说是晚清的翰林。郭老师特别钦佩梁先生的技艺。

发动真气有三种方法：意念引导、调息引导及姿势引导。拳式方面多为姿势引导。由于各方面的姿势正确，易引起真气运行，但也有意的成分。咱们的功法如无极式、三体式和二十四式等，以及五行掌，都含有以上三种引导。

12月2日

练习时身体内外感觉轻利松畅，是气已通行。至于以前的气感，是练习功夫过程的现象。其中有意识使然，待气通后自然消失。这就像水沟流水，若沟中尚有土块等障碍，则水到即有波浪。练功也是这样，初始无气感，待有气感即知功夫有进步，这是自无到有的过程。及至周身气通而气感自然消失，这是自有化无的过程。所以每种感觉都是练功夫过程中的现象，不会久存。有的现象消失就觉得通畅，但以后还会另有其他的感觉或现象。

12月3日

一般只说腰而不说丹田者，是只知外而不知内。若把丹田和带脉贯通尾闾（一般说腰），则身力到手足，再结合手足的动作要领，自然出手如泰山压顶，放到人身上就会在无意中将人放出。

1987 年

2 月 6 日

郭老师说功夫练到身上，但使用还不能得心应手，这是因为没有人给架喂及没有长期互相比手的原因。更难的是没有辅助器械，今后和人比手时要精神集中，以意将其发倒，日久练习也能引出自然的得心应手。

4 月 15 日

松肩下沉，腋下开放而圆，气自丹田直达腋下而很快到手。裆和胯（腿和小腹连接处）松开撑圆，丹田气自然到足趾。

4 月 24 日

俗话说："不以规矩，不能成方圆。"形意拳的明劲就是要按照拳术的规矩，把外形（外三合）练成手足起落整齐一致，才能达到明劲之目的。若不按规矩练，不把手足练到整齐，离开规矩就得不到形意拳之明劲。

5 月 12 日

学习《老子》对练拳有很大辅助作用，学会了虚极静笃就能发挥出本身的潜能。由于咱们练拳讲求内劲，不明虚静难以练出内劲。以这样的方法练拳就能练出灵感来。

6 月 1 日

关于五种操剑法，先辈教人练剑时，先用檀木剑（分量很重）练习操剑法。待手腕和手指及虎口等处练出劲来，才能学各种剑法。并且还得用檀木剑先练五行剑法，再练其他剑法，此时既有力，身、手、步等也熟练灵活。

五种操剑法主要是练手指、手腕和掌。操练成熟，再和头、眼、身、手、步配合一致。

五种操剑法是提、钓、崩、斗、兜。

提是上崩，钓是下点，二者为剑术中最主要者。提是顾法，也可以做击法。如敌剑由高处刺来，即用提劲将其剑崩开，等于枪的向右划破，剑是平的，不能划圈，故以提、钓二劲进刺。

斗是下劈也，是劈中含有点（钓）劲。

兜是左右平划，及左右由下向上兜。向右划时手心向下，向左划时手心向上。左上兜时手心向下，右上兜时手心向上。

以上五法不可轻视，都是练功的要项。五行剑练法都是双手握剑。

9 月 21 日

关于前进时，前脚向前搓半步的练法，是在向前搓而未落实时，以丹田催落，也就是以气催落。落实时膝要挺住（不是挺直），自然和手配合成一整体。这就是说每一个动作都是以丹田催进的脚手相合，练成习惯，觉得是以丹田向前滚进。

9 月 29 日

踩是前脚落实的意思，蹬是后脚催进的意思。练好了就是外三合（加上手臂），主要还是在腿脚，"手是两扇门，全凭脚打人"就是这个意思。但形意拳讲的是内三合与外三合相合而成六合，故只有外形动作而没和内三合结成一气，其劲还是外劲，不能发出内劲。这要多体会《拳意述真》中车毅斋先生最后一段，拳经云："混元一气吾道成……费尽心机枉劳神……"

12 月 4 日

发手时，手到对方身上，肩和胯由腰发动向前一催，这样就比光手脚齐到有气感，有"手到劲发全不费力"之境。

1988 年

放手时将力放到敌身，力已完，意也完。精神意念未将力用意放到目的地（如将人放到墙上或其他地方），只放到身上而止，这样人虽被打动，却不能被发放到你所要达到的目的地，如墙上或床上等，就是意未将力放到目的地的原因……

故今后如有人给你做靶子，你要把精气神以意放到目的地，再不可将精气神和力只放到人身而止。

你的体会很对，枪是手的延长。一般人多不懂枪法，故只求花哨，而失去与身的合一，故体会不到枪的用法。

二十四桩不一定都适合个人需要，应择适合自己且较易得气者练习，再配合拳掌等，自然获益快。

还有发拳时或平时练习（武艺）时，要假想将精神和丹田气放到目的地。此为以假引真，日久成习惯，一伸手即能将人放到目的地。

咱们是先以命功为基础，故多讲丹田。丹田充实后，即注意性功，所谓性（神）命（气）双修。

拳术就是讲的"神气"二字，在《拳意述真》中郭云深先生所讲的第四则说："形意拳术之道无他，神气二者而已。"此则所讲多是气功之法。过去有人说"性命"二字都是八画，加起来是十六，等于一斤（旧制十六两为一斤）。咱们拳术虽不直讲性命双修，但内外双修也含此意。由于过去的传统多注重武艺，故老先生们武艺高强，但得长寿并有点神通者很少。郭老师得梁兴华老先生所传二步及三步功夫，所以享寿九十九岁。

看来二步和三步功夫虽好，但真正会的人很少，大部分人都停留在口头上。过去多是求以武艺胜人，而很少讲道艺。在拳术中，除形意拳以外，尚未闻其他拳术有三步功夫之说。咱们应多练二步及三步功夫。如果能练到三步，如郭老师那样，再进一步练到练虚合道，就会练出神通来。因此，咱们除练拳术外，还要多请教练气者，以助咱们取长补短，借以解释拳理。咱们一定要多注意炼气化神和炼神还虚之功法。

3 月 7 日

郭老师年轻时患腿疾，多方医治无效，后得知练拳术可治愈，由此开始学习拳术。曾向十余位老师求教，但都未正式拜师。后经人介绍，拜李存义老先生为师，得李老先生精心指导。有时李老先生外出，便叫其子李斌堂给郭老师架喂。郭老师因得李氏父子精心教导，故得其真传，每次与人比手，所向无敌。老师性善斗，出手从不让人，因此也遭人所忌。故有人说前辈李存义，近代尚云祥、郭汉之都是"行霸道者"。

3 月 15 日

在我年轻时，一般练形意拳者，足落地多噔噔有声。郭老师教我练习，虽然足落地有声，但声音不大，和一般的噔噔声不同，是脚打踩意不落空（前脚），即前脚落地时如踩毒虫般向前一踹。后脚是"消息全凭后脚蹬"，与前脚的一踹同时落实，故发出之声和一般练者不同。

两手发出时都是"起"即去，前伸或打出"钻"（是滚进）"横"（是暗横，不是向横处用力）。手落（打击或捋回）时是"落"（下压力）"翻"

（也是滚进）"顺"（是直而成一竖劲）。以上是手足的要领。更主要的还是以丹田气催动（六催：肩催肘，肘催手，胯催膝，膝催足）而前进，此乃练习应知之要领。在练习时只能以意发送，万不可用力。一用力即易成局部动作，更易生浊气浊力，反而有害。故在练习时，不专执规则，宜静心练习，因思想中有此规则，久练身体条件成熟，自易发出六催之力。

郭老师教人强调丹田，故同学们丹田皆发生鼓起等变化并且有力。一般体弱者皆转弱为强。

郭老师教枪法除教五行枪及连环枪、八式、六合等套路外，多是教以实用枪法，如划竿、劈竿和揉竿及其他辅助练法（见《习枪回忆录》），此外，更教实地刺杀练习，还教站功二十四式及十二揉动功。此二种功法系梁老先生所传，练之既能强身又增长内气。当时学此功者都未学全，只我一人学会。

6 月 19 日

关于五种剑法提、钓、崩、斗、兜，也叫操剑法，系练习指腕之力，以下分言之。

提、钓，是练上下之力，是剑法中最主要的。

崩，是直刺之力，是练与身法相合之力。但在前刺之时，必须结合提、钓二劲，不但可击敌自卫，更能与身成一整体之力。倘前刺时手无提、钓二力，照直前刺，不但力滞，而且无横力。所以，崩（前刺）必须与提、钓二力结合，方能准确而有力。

斗，就是劈法。从剑的形状来看，两面是刃，又是尖锋，又轻，又薄，是灵巧之兵器，故很少用大劈大砍之法，更不应和其他兵器相碰，故多用劈、刺、撩、剪，而少用砍。斗是短劈，和五行剑之劈剑不同，短劈是以腕指之力，上挑下劈，短距离之用法。

兜，是练习左右平抹及撩法的腕力、指力，左手的配合是助右手剑整力。向左平抹，手心向上，而左手应上举，如按右手腕反而不得力；向右平抹，手心向下，左手按右手腕为得力。左侧撩法是反撩法，左手应放于右手外侧，步法宜用左虚步；右侧撩法是正撩法，左手应上举，步法用弓步，为的是剑出得远，步法不可不分。

为了使身法灵活，与剑合一，注意如下步法。

提，可用退步法；钓，可用进步法；崩，用进步法；斗，进退并用法。

兜，向左平抹，可用左虚步；向右平抹，用右独立步或右虚步。撩法，可用左虚步撩、右弓步撩。

以上所谈的是对初学者而言，熟练后只要顺遂得力就是正确。

形意掌，我只见郭老师练过，快得看不清，与飞九宫和龙形掌相似，但练起来像一团球，使人不能接近。我因未得传授，故不知详情。

6 月 15 日

剑的斗法，动作好似切菜，只能说是短劈或是点砍，没有弧圈。

6 月 18 日

关于剑的"提"法，并非完全是顾法，其中有上挑刺之击法。若纯顾法，是以腕指之灵活，贴敌之兵器以屈肘外拨。

故五种操剑法是练手指和手腕的基本功，用于剑法刺击。练好剑法需身体灵活、动作敏捷，所以有刀是猛虎、剑是飞凤之说。

7 月 7 日

关于炮刀，实是和缠头裹脑有别。在形意刀法中，缠头裹脑多用于套路的后转，多是防守换式用法。

炮刀是抡起后以刀背磕飞敌兵器，再斜着砍出。缠头裹脑是将刀抽回，右手握刀高举过头，刀背几乎贴到后背而转身再向前砍去，较炮刀的抡劈慢，在前进中不适合使用。

你研究腿法是对的。有句话叫"手是两扇门，全凭脚打人"，练长拳的人以用脚踢打解释，还有的说"手是两扇门，全凭腰打人"，这两种说法都有道理。

练拳时脚要平蹚前进。郭老师说过，练习时用几根细绳拦在地上，练拳进步时前腿蹚进将绳崩断，日久腿部有力，就是碰到敌人之腿也能将其崩起或崩翻。因为是后退和腰及丹田整身的催力，故威力很大，这也就是以腰（脚）打人。

前进时一定要蹚进，而决不能迈进，是周身（腰、丹田等）催着蹚进。

老师又说：蹚绳练法需场地及器物，易出明劲，还应以意练习。若练成自然，则每迈进一步便有万钧之力，故敌人碰着即应手而倒。

足落地时自己感觉咚咚有声（声音并不十分大），非常沉重，是已得到踩劲，是脚打踩意不落空（攻入敌人中门），消息全凭后脚蹚。前脚有踩力，后脚有催力。前脚被催而向前滚进半步，和身手成一整力，故敌人碰手即被崩起。这只是说的外形，再加上内意，即比手时有信心：倘被我手碰着，因我是整体劲，又有丹田力，无论何人都得被崩起。如此内外相合，无有不胜者。

因为五行刀和剑过去多为人所轻视，而一般老师也多不传了，故近代无人提此种练法。日本的剑道，即我国的崩刀、崩剑，只此一招熟，就非一般武术家能敌，故咱们得精心研究，虽有创新，仍以体用为主。

老师打人是纯以意引动气而击之，故被打者无法逃避。老师进攻时，好似有一种气流感（这很难体会）。老师打人时，绝不是将拳高举或是抡起，手到敌身只一按，敌即被打倒。现在看起来是以气而不是以力打人，真是手到劲发全不费力。

注意，在比手时，老是想着手脚如何动作（意），而未想到我一伸手你即跌出之"意"，那么"意"只在自己身上，而未放到对方身上去，所以还是捆着自己而无信心。以后要以放胆即成功的"意"对待敌方，才能充满信心地将其打倒。

9 月 27 日

我最近由于腰扭伤，弯腰不得，翻身亦疼，贴膏药亦无效，遂每日在家运动腰腿，用走矮步法。戏台武丑常用此法，但和咱们的走法不同。他们多是以足尖和膝关节为主，与说书的所说的"夜行术"一样，姿势是脚打屁股蛋，膝找二肩头。

咱们的走法是以丹田和腰催动胯、膝、足，身体下坐，上用肩催肘，肘催手。类似金鸡踏雪，慢慢行动，缓缓落地。据老前辈讲，这是"行"步，需缓慢柔和。初练时以意发动，日久，手足与丹田和腰相合，练成自然。再以意（即随之半自动）前进，日久，身心愉快而入静，即达无意识（识神闭，元神用事）的前进、后退。而心中无知无识，更无感觉，主要的是姿势柔顺、精神入静。郭老师常说的"不令而行之"即此意也。

我现在每天除走步外，还练周身颠动，为的是以气吹散腰疼。初练时间稍短，以不喘为宜。方法是：不蹦不跳，站好，以丹田和腰发动周身关节颠动，手足动荡不大；练后要站一会儿，将气放平；然后散一会儿步，此时就觉周身气通，足心发热，后背气通直达头部。今腰部也好了三分之二了，腰腿也渐灵活。

你今后若想练自动功（自发功），可分为三步。

第一步，意动。如以意发动周身颠动。

第二步，无意识发动。站一个姿势，渐渐入静，手足缓慢自动做出各式。虽无意识发动，但心中明白，可称为半自动。

第三步很难，需将精神入静，心中空虚无物，恍恍惚惚，既无命令，亦无感觉，无知无识（1949年以前我只做到三次）。此时一切都无感觉，停式后才感觉身心愉快和一切脉络皆通。

11 月 16 日

我的老师张善全说，想得到真功夫应当入山去深造或者去乡间练，尽量不叫出名。否则，有功夫就炫耀于人前，用以沽名利，受世人包围，而自己又为金钱和其他事务所累，影响练功，功夫就渐渐消失殆尽了。

咱们的功法都是将形体练顺，然后顺其自然而达目的……咱们的功法总的说来是"不思而得，不勉而中，无为而成"，也就是无意之中是真意。

1989 年

2 月 16 日

关于四平枪的高低，以实战经验来说，是指枪尖位置的高低。上、中、下三平都说的是以枪尖指对方的位置，而两手须低于枪尖。如果将枪放成一平，就失去挺力，更无横力和冲力。一被对方扣住，即无还手之力，注定失败。所说的平是说枪的直，也就是指中。因势制宜，所以有上、中、下三平。

九区，是指躯干部。由于躯干部比其他各处面积大，闪挪必动全身，又是人身之中部，易受攻击。枪进入此九区地位，人即易受刺。至于其他处，如头部、腿部等，可用姿势的变化而随时以招数还击之。

（刺枪）准确练法中的九枚铜钱所放位置尺寸是以人的胸腹为标准的。横宽不过两肩，竖则高不过喉、低不过脐。而人又有高低胖瘦的不同，故又是大约的尺寸。总之，其目的是"中"的练习。

拳道合一，武道同源。我的体会是说其最终目的是利用各自的练功手段，达到老子说的朦胧状态，从而开发出人的潜能。方法不同而目的相同，故说合一。

对于颈项、肩、肋、胯、膝、足、丹田和腰等，本系一致。练时注意柔和以气贯通，久而成自然，则内劲随时自然而来。

10 月 21 日

根据四季的春发、夏旺、秋收、冬藏特点而定练拳时间的长短。

春季是百物发芽之时，不可揠苗助长，以勿忘勿助保护好，使其自然成长。春季练拳应练短趟，时间不可过长，以免身中之气过度外发。

夏季，人体之气已发放很多，更应少练，以免使体力发泄无余。

秋季，天凉，百物正在收敛，人体之气亦在收敛，故可以多练，不致使身体气力亏损。

冬季，天寒，百物都在收藏，人体之气亦在内藏，故可以多练，虽时间稍长亦不致耗损元气。

11 月 18 日

你所谈的"练拳的关键在于腿胯的功夫，只注意手的发力是不够的"，这个道理是对的。咱们常谈的"起之于腰，发之于脚""手是两扇门，全凭脚打人"，可以说是诀窍，应把这诀窍练到身上，成为自然才好。

书中说："明理（理论，如六催等）不知法（练法），全是空头话（功夫未练到身上）。""知法不懂窍，真功未得到。"

"窍"是生理自然的客观存在。练功所谓主窍，就是人体运动的核心。过去有人对某位学京剧的朋友评论说："他学什么都学不成，他不开窍。"这个"窍"主要是指意。拳谱说："震龙兑虎各西东，朱雀玄武南北分，戊己二土中宫位，意为媒引相配成。"郭老师常说，注意最后一句中的"意"字。

过去老师常对我讲伤人是不道德的，并将其伤人之事及所得恶果告诉我，要我以此为戒。故我接受此意后，发人时便有"怕"字在意中，所以发人时往往发不好，可知练功时意的重要。

静，意要静，意静则神明。松，体松气自顺，周身筋骨皮肉全部松开，气自然遍布全身而不滞。意能行气，气能发动形体，故意气、形是不能分离的，也是锻炼的基础。所以此拳改称形意拳（由心意拳而改）。

12 月 8 日

"腰为主牢，起之于腰，发之于脚。"故咱们练习多是活步的，发力自然而大。而一般腿脚不动的人发力虽大，但还是外力、浊力，所发之力仍在自己身上，如果被击之人身体灵活，稍一转动，其力即失效。

第三章　20世纪90年代以后

1990年

2月1日

咱们二十四式就合于气功。拳谱说："武术欲至精，运用在气功，气从静处听……气未动兮心先动，心既动兮气即冲……学者若会浑元气，哪怕他人有全功。"

你早晨练功任其自然，想怎么动作就怎么动作，完全是以意行气……这是对的，但还是在二步功夫之内。若再有进步便是觉得意气全无，是真正的自动，就是我说的"把人练没了"，这才进入三步功夫，达到"拳无拳，意无意，无意之中是真意"，才是意纯静笃，达到"身无其身，心无其心"之境，得到真空自然。

郭老师常说咱们是自然气功。郭老师先受李存义老先生传授武艺，后又得梁老先生传授道艺，故郭老师之发力就是以气功胜人。

2月28日

关于英俊战胜自吹为左把枪圣手的某君。此君说黄河长江一带没人会练。他听说我能刺枪，总想胜我而出名，但他不敢直接叫阵，因我知道他的情况。原来他没有正式师传，也没有门派，只是向出会的同乡学过几套对打，都是见闻之学，没有真招法。

某日在体育场，此君欲与英俊比枪。他知英俊是我的学生，想胜了学生，老师必定要与他比试。但他不知英俊虽年幼，却是受过我之"枪法纪要"的传授，并常和我的师兄弟一起实地刺杀，且很少失败。英俊临阵沉着，善用"距离""顿挫"之法。

当二人一接刺，此君即被英俊刺中头部，再次、再三皆被英俊刺中头部。但他总以为自己练了三十多年，被一小学生打败，有些恼火，遂快速进步冲刺，与英俊两人成错开之势。英俊乘势向前一跃，用回马枪刺中其后背，当时做裁判的体育场场长即令停止，以免生误会。此时某君已气急败坏，不敢继续比赛了。这就应了所说的，身无确切实战之训练，临阵无制胜之招法，只凭身大力强是其失败之因也。

以下是我曾与人刺枪的情况。

1. 和汤君比枪

汤君身小灵活，惯用下盘枪刺敌腿部。因腿部不如手灵活，故易被刺中而难防。

我二人一搭枪，我即用虚枪刺其面部，彼即迅速下蹲，同时用枪横扫我前（右）腿。此招是枪中棍法，较直刺厉害。如直刺，我可以左右移步而闪躲，此横扫抽打面积大，若无实刺经验，极易被击中。我当即用跃步平刺法，刺中其面部（上颌处）。此法是后（右）腿向前跃，左腿同时向后抬起（如平衡式）。同时枪下落前刺，使对方无法招架。

2. 和同学王新比枪

此君是一位小学教师，力大胆壮。一搭枪，我将他枪划下按住，他即想用力上抬，我即借势抬枪刺其胸部。当时因未穿护衣，故只轻轻一刺，未将其重创。他当即横着一抽打在我腿上。事后我向老师说我已刺中他，他不认失败而还击我。老师说："他不懂枪法，如果你刺得重，他就无力抬枪再刺了。以后再遇按住敌枪这种情况，用庄家乱砍柴即可制胜。"庄家乱砍柴的具体用法是：将敌枪扣住时，我枪身抬起一二寸，即速向下劈；同时双足横向敌身跳跃，跳跃两三步，当接近敌身时，即用力一按枪，随即抽枪反手向敌刺去。此时敌想退不能，枪也来不及抽起而被刺中。

3. 与李某比枪

某日有老师邻居李某（可能练过枪法）向老师提出与我比枪，老师应允后，我与李某即开始对刺。

二人一搭枪，他即刺我前胸，我当即向左前上步（趸形步），身随步略向右转枪刺出，中其手。再搭枪，他扣我枪，仍刺我胸，我即向右横跃，以单手枪刺中他手，因单手较长，易于刺中。再刺时，他即用虚扣晃我，我也只划不攻。如此数次，我即虚向其胸部刺去。他也用单手枪刺我手臂，我即撤右步抽身划下他枪。随即用庄家乱砍柴法，节节劈进，而他是单手枪，其力微弱，我用实劈即将他枪劈落于地。他回头便跑，我顺手将枪朝他后背抛去，刺中他臀部。老师当即命停止。事后李某对我的同学说我的枪法太乱，是野战，没规矩。

单手枪的应用必须有实战经验，否则一刺不中必被制住而无还手之力，注定要失败。不过现在比枪都是马下，内转、进、退、横、竖都很灵活。同学杨润田善用单手枪，虽然既灵活又较长，但终有点冒险，故一般人很少用单手枪。但刺枪时若对方使用单手枪，亦不可轻视。

猿猴抱树一法，与横枪略同，但比横枪短且高，是闪赚之招法，使敌人不易沾枪，故不明我虚实。如敌人直刺我胸，我即用劈枪下劈；如刺腿，则用地蛇（炮枪）进刺；若刺左右，则用摇身劈枪；若从横打来，亦可摇身架破还刺。所以说：任其左右直刺横打，纵无碍。

五行枪是五种劲。单势练顺后，再和同学互相架喂，引出内劲，与枪合一。比枪时，一接触即能将敌枪制住，或划或劈，使敌觉得重如泰山。例如，郭云深老先生的迎门吊线，只一触，敌枪即被震落于地。

你的功夫是正在进步，如果下丹田未充实，不会有此现象。由于下丹田充实而带脉胀大，因而气冲到后腰、脊背、两肋和前胸，就充足中丹田。待中丹田充实后，就要冲上丹田。

肢体自动越慢越难，体察不到动作是已进入静极（也似气功中所说的气功态）……王芗斋所谓："大动不如小动。"今后练习时要注意任其自然，久练以期达到混混沌沌、天人合一、炼神还虚之境。

形意分武艺、道艺，只讲拳击还是初步武艺，应当进一步研究道艺。二者先武后道。拳谱说："形意拳之道无他，神气二者而已。""固灵根而动心者，武艺也，养灵根而静心者，修道也。"故形意拳之道即丹道也。咱们练习多年，初步功夫和刀剑等都练过，现在应练神艺了，这得注意"松静"二字，达到内观其心，心无其心，外观其形，形无其形。所以在自动时，不要体察身心，以达虚无空灵之境。

1. 虚实，也就是刚柔真假

实者虚之。"实者"是指敌人，"虚之"是指对敌使用的招法，就是以柔克刚。如敌人直刺我，我即以素日所练的揉枪中之粘连功夫，乘其旧力略过、新力未发时，发力而击破之。

虚者实之。"虚者"是指敌人，"实之"是指对敌使用的招法，即以刚克柔。如敌想用粘连待机而攻我，我在一接触时，猛发脆力，如火药爆炸，震开敌枪而攻之。

虚者虚之。"虚者"是指敌人，"虚之"是指对敌人使用的招法，即以柔克柔。敌人用柔我亦用柔，要用素日所练的揉枪中粘连绵随（枪虽发而不真杀）待机而刺之。

实者实之。"实者"是指敌人，"实之"是指对敌人所用的招法。一发即杀，如敌人直刺我，我即以枪扣住敌枪，乘势进杀。要扣得住，但听一声响，敌已被制住，想逃已来不及矣，所谓"千金难买一声响"是也。

2. 顿挫

顿法：是前进中略一停顿。在前进中虚发一枪，稍一停顿，若敌人想以枪划我枪，即为我搭桥，迅用劈枪（迎门吊线）或扣杀，敌人就无法逃脱矣。

挫法：即起（去）如钢锉。如敌人发枪刺我，我即挫开敌枪，顺其枪而击破之。

3. 先后（即先发后至，后发先至）

先发后至，即发枪而不直刺，待和敌枪接触而实杀即胜矣。如前所写实者虚之、虚者虚之、顿法等。

后发先至，即敌人以枪实刺，或想用虚枪粘连我枪，我即猛发脆力震开敌枪，顺势而击破之。如实者实之、虚者实之、挫法等。

10 月 27 日

外松而形体才能柔和，内空才能气到全身，以丹田气发动四肢做出各种动作，才能做到真的内外相合。练习日久成自然而将意取消，自然得到内三合与外三合相合，混元一气了。

11 月 1 日

练习开始前站无极式时，要以意念使外面的形体各部，由头至足保持松柔，松如无骨而不懈。内部也是由头至足要虚空而灵通。练拳时，要以意发动丹田气贯于全身，推动手足做出各种动作，柔和通灵，身心愉快，精神活泼。练习日久，由勉强而到自然。先是有意发动，日久成习，就无意发动，顺其自然，行动自如，其快感之情非语言能形容出来。这是除杂念而静心的方法。

练习时按第一项方法进行：在前脚落实前，以后脚蹬地催使前脚向前滚进半步或一步，同时两手两足一齐落实。就是起之于腰（丹田），发之于脚，用之于手，内外齐整一起落实，可使对方惊恐而倒。

注：第一项是以内外动作而除杂念，以使心静，可用死步练习；第二项，为了使用威力大，而动作亦大，可用活步，即跟步练习。

以上所说都是先用意练习，久后练成自然相合，就不再用意发动，听其自然，自能得心应手，所谓"内外如一，自然而成"者也。

《拳意述真》载："刚柔悉化，无声无臭……所以有其虚空灵通之全体，方有神化不测之妙用。故因此拳是内外一气，动静一源，体用一道，所以静为本体，动为作用也。"应多加体会，本着是旨，由实练悟出一点道理，这是咱们练习的最高目标。

12 月 19 日

以前所谈两则是练习总纲。因人每日生活中用手操作的动作多，故手的动作灵敏而足部动作较笨。所以一般未得师传而学拳剑者，都是光学会手法（套路），而不知步法，练起来一无是处，活动身体而已。因此，我想起"行如槐虫"之言。槐虫行动时，总是后足先靠近前足，身成弯弓之形，然后催动前足前进。虽是前后足之力，但由于是弯弓之身伸向前方，使身形落实复原，还是身的催动。是借弓身之力而进之，所以一切行动都是全身之力。在练拳上取其前足进步之准，后足催动之力，身弓催促之前进落实。

若以手由树枝上摘下槐虫，需用力，其足抓得很紧，这也是所谓"脚打踩意不落空（前脚），消息全凭后脚蹬"之意，其中亦有足趾扣之意。

此步练熟，自然身稳，不易被推倒。练习要慢，要用意而不可用力。

手长腿短，手快脚慢，及手足不合，要改此弊，需向肩胯去体求。故需在练习时，以意将肩胯松开，向前伸进，自与丹田相同相合，而手足不可远伸。当手足落实时要擎住，好似手和臂、膝和足是兵器，而肩胯似手，以之握兵器（手、足）向前击刺。丹田好似身体，催动肩胯而进行各种击打。

1991 年

1 月 5 日

手、足、身、神四功法：

（1）手：手最灵活而易于感觉，练以肩胛催肩、催肘、催手。手落时，要沉腕，以掌心滚落，觉手心回抽（三心归田之一），擎住，不可用力，要用意。

（2）足：以腰催胯、催膝、催足。足落时以足心滚进半足而落实踩地，足心上提（三心归田之一），都要用意。

（3）身：一切动作（如前进、后退、左右转等）都要以身催动手足而做出，上通肩胛和项（竖项），也要用意。头要顶住，使顶下压（三心归田之一），此心最难感觉。

（4）神：也说眼神。因眼在头部，眼神专注也指练习时集中精神，目不旁视，要视手之动作。至于动作之变化，虽以心意为主，但心意一有所指，目即达到，而手足亦随之达到。不论身手足动作如何敏捷，若眼神与之不合，既不美观也不实用，所以眼神在练功中是为主要。

死步、活步都能发人。死步易用力，但发人不远，一般练拳者容易将对方打得鼻青脸肿，自己身稳力大，不易将内劲放入对方身上。活步打人全仗冲力，即丹田力和周身相合。拳谱说，"脚踏中门抢他位，就是神手也难防"，"手是两扇门，全凭脚打人"（也是指步法，非以脚踢）。

抛弃发人和技击之念，走向清净之途，此武功最高阶段。所谓无德不养道，是已提高武德水平了，可喜可贺。但在工作中和日常生活中还要和平常一样安详，不露形式。心的改进影响形体，自然与人相善。不可以形式而破坏世间法。

过去有忘练法：忘形以养气，忘气以养神，忘神以养虚。

张善全老师说：生在世上，就是赚（音 zuàn，方言，骗人的意思）人与被赚……此乃世间法。在生活中要适应，自然心中开朗，少争名利。天津名人刘孟扬曾为影院写过一副对联：人世间苦乐悲欢无非幻影，方丈地亚美欧澳历遍全球。虽说的是电影，亦有人生感悟。

先严在世时常写格言以教我，如"常将有日思无日，莫待无时思有时""岂能尽如人意，但求无愧我心"。所以我一生恪守庭训，现已退休，可以论定，扪心自问，可以当之"无愧"二字。

你在练功中不太喜欢武功而喜静坐，更不喜欢器械，此情乃是意变，更是自发的，实为难得。然在每一动作时即觉功夫进步，此是进入"拳无拳，意无意"之境，是你所练的功夫发挥出来了，所谓"心有灵犀一点通"。如无多年所练功夫，哪能不练而得进展？

须知静为本体，动为作用，妙用为神。是以静是最高功法，一切功能都是从静中发挥出来的。

仅就我相识的练武术的及练气功的，有些人得了半身不遂等病以致死亡。其致病原因虽不得而知，但观其练法，都是筑基之功差，即没有练出丹田。练拳者流于形式，练气功者也是只注意性功的练习，筑基之功没有（没有丹田）。多数练气功者还给别人发气治病，被治疗者十人之中九人无效，而自己也得病身亡，真是误人误己。由此而知，丹田气实是人生至宝。拳谱说："丹田养就长生宝，万两黄金不与人。"但一般练功者得之很难。郭老师说："若老师无丹田，则学生不会得到。"诚哉斯言也。

对于练功一事，我以为练拳和气功者（现时新学入门之人），多有所偏。如练拳者只知操练手足而不知练内气。即使有知道练内气者，也是停在口头上，练到身上的人很少。练气功者只说是练气，实际上也只是练静，按练气功者说是练性。看来皆不是性命双修者。

一般初学气功者以为自己有所得，即发放外气为人治病，百分之九十九无效，只是学其形而已。有句学道的话，其意是："鼎内若无真种子，犹将水火煮空铛。"故一般练气功而不知此理者，很少有体健长寿者（就我所知）。

我认为如果没有把丹田气练好（命功），只练静功恐怕是流于形式。没有命功基础，只练性功，不能神气结合而成丹田。

形意拳术也讲神气。拳谱说："形意之道无他，'神气'二字而已。"神即性，气即命。过去修道者（相当于今之练气功者）也说是性命双修……但真练到性命相合者，实是少见。练形意拳能练到内外相合、神气相交者，近代也很少见。

你今后还要练拳以筑基（命功），多练静功以养性（性功）。

咱们的功法都是郭老师得梁兴华祖师所传。梁老先生说："你（指郭老师）以后以此法不知可救多少人。"郭老师以二步功夫和二十四桩法治好很多病人，晚年专以治病为主，不教武艺，只教道艺了。

有的习武者能练成上乘功夫，修道者练出丹和特异功能，但功夫虽佳，对于"解脱"二字还是未能彻底深入了解，故一有名利的吸引即迷失本性而随之堕落造成恶果。

贪嗔痴，此乃人身大碍。修行者，多说是练性，而实际很少有人能摆脱俗事俗物，一遇具体问题便被七情六欲所扰失却功夫。

太上曰："祸福无门，唯人自召。""苦海滔滔孽自招，迷人不醒半分毫。"信哉斯言。所以应该一方面练功，一方面练达世情以应世俗。

王芗斋先生说过："大动不如小动，小动不如不动。不动之动才是生生不已之动。"你的动摇，可能是小动，以后可能不动，就是又进一步。而不动之动是内动，小动是拳内所谓通关。不动之动是寂然不动感而遂通，此理需功到自然知。

老师练劈拳时多用掌根下按，五指分开未见用力，只觉老师手心回抽。其情是大指后掌根下按，牵动小指和大指相钩（叫作二指钩根），故手心易回抽。前脚踩时，除足趾扣外，大足趾脚掌用意踩，这样手足有根。拳谱说："手心回抽，足心上提，顶心下压。"此动作正合三心归田的抽、提、压，故易使气达手足。

1992 年

学习佛法不单纯对练功有益，对人生观也大有益处。佛法常说一切唯心造，可见心的作用了，心即是性。有位法师说过，光最强者属日光，但阴山背后不见日光。可见日光虽强，尚有不能透过之处，而心光是无有阻挡的，虽隔千山万水都能透过。

咱们是业余练习者，首先要做好"家""业"二者。所谓"家"，就是家庭，主要孝敬父母、教育子女、与兄弟姐妹和睦相处；所说的"业"，就是做好工作。二者必须做好，而修炼是做好二者的保障。

世上没有不孝的仙佛，也没有带病的仙佛，更没有心术不良的仙佛。所以，佛教人不要有贪嗔痴之心和七情六欲之心。咱们能本着这个目标去练习，虽不能练成仙佛，也可以成为完好之人，最少也能体健心安、心神愉快，此亦是家庭之福也。

甚矣哉，贪嗔痴害人之深也。如某某的生活虽不算大富，也总在小康之上，由于贪财而受骗，今虽明了已晚矣。可知佛法不是空谈，不是唯心论，实是为人指点迷津之法。所说"苦海滔滔孽自招，迷人不醒半分毫"，这要看你如何来体会，还要多拿事实来证实。佛教人脱离苦海，但更须人自悟，不应以等闲和迷信视之。

性功多不会影响命功，但命功是基础，最能强健身心，是练功的本钱。而咱们的命功内含性功，如拳谱所说的，炼精化气、炼气化神、炼神还虚三步功夫。由于当初所需多是武艺，而使道艺（性功）失传。现观练形意拳者，有何人能谈三步功夫？以我所见，只有梁先生传于郭老师二步及一部分三步功夫，尚未听别人谈到。

有一同学练劈拳时，左手推出，右手贴着左手臂向前推出。郭老师说：这样练是有阳（直）无阴（弯）。拳谱说：阴阳相合得之难。这就是说该同学的出手没有暗圈，阴阳不合。看来双手、双足、腰、背、胸、腹之中都有暗圈，应从练习中体会。以劈拳为例：以裤带为中轴（丹田），左手由下向上、向前伸出，高与肩平，这是半圈，手正在圈的上边停（起钻横）。而后上右手向前、向上钻，高过左手时也是半圈。同时双手皆翻成手心向下，上身以右肩催右手，向前向下按，略低于肩即停（此是急刹车而有冲弹力），仍是多半圈（未完成全圈）。同时左肩催左手下按回至裤带下原位停止，左手成一整圈。此时右手前劈，左手回原位，成三体式。如不练，即将右手向下收回于原位。若想再练，则出右足，右手同时伸出，动作与左手同。然后再劈出左手，成左式，这样循环前进。在动作时，胯、膝、足与肩、肘一样各有前进的暗圈，而腰、背、头、胸、腹（丹田）也都有圈，不过更难体会，只能由练习中慢慢体察，不可强求。

看到你的练习是前手（左手）伸出，后手（右手）前钻时既快又没达到圈的顶端，便向前覆手劈出去，略低一点而致圈不够圆。暗圈要圆，腿、脚、腰、背、头、胸、腹皆是如此。

你近来练拳觉得慢不下来，越练越快，这是发自内部，是自然而来，应随之而练。虽然快，但气是平和的，这是由内气发动而来的。听其自然而练习，切不可制止而令其慢。如再进一步松静，就会发现不令而行之了。注意体会吧。

1993 年

郭老师说过，五行虽柔，你尚未练到至柔。这是最硬的功夫，养气蓄力，练到化劲，刚柔悉化，阴阳混成，再用炼神还虚，至神形俱杳，与道合真。拳谱说："拳无拳，意无意，无意之中是真意。"《意之本源》中说："……其质之坚也，久经万古而不磨……此真意虽无形象可见，其固能为一切形象之主体，唯一无二。"

病人练五行掌是相宜的，系练入五脏内部坚强而病自愈。但需老师有真功夫，还得有理论，更应当因材施教。

你所谈静功多于动功，这是对的。你的动功已有了基础（即动中求静之功），现在要多练静中求动。郭老师说："咱们练的是返先天之本能。"除了练元神元气之外，还有一句："人之初，性本善，性相近，习相远。"故有德者，本也，无德不养道。财者，末也，但有人为了财就用尽心机以求之。俗曰："人为财死。"钱财虽为人生必需，但不可过分追求，且应取之有道。我曾对张善全老师说："给后人留财不如留才（能力）。"张老师答："不如留德。"诚哉斯言！我的亲友因分家产而打官司，亲人反目，对簿公堂。如此看来，非但无德不养道，即使不修道，人生也不能无德。

练性功是练人的本性，也可以说是思想和意识的修养，亦可助人开发潜能，故通过练性而把名利看空。看空不是什么都不要，是生财有道，把形形色色的事物看开，看得淡薄一些。世间法的妻财子禄要尽人力，要以人生正道而养生，且不可妄求，就是正心、修身、齐家而后国治，天下太平。

所谓修行，不只是僧道的事，在家之人也要修行。修是修剪，行是指身心不正当的行为，如贪污偷盗及一切不正当行为都要设法剪除掉。这就要常听佛、道和儒家劝人改过的理论；更要得之于身心，见之于行动；还要慎微，勿以善小而不为，勿以恶小而为之。咱们要常听法师讲经，常听有道之士的言论，以使心胸开阔、行为正大，自然有助于功夫的提高。

4 月 29 日

关于练功修行的无德不养道者，很多人不能理解。《大学》云："德者，本也；财者，末也。"现今有的人为争两三千元的家产，不顾亲情而反目，实属可悲可耻可叹！此皆不修德之故。

佛经言：信愿行。只信不发愿是无目的，发愿心而无实行是空论。地藏王菩萨有言："地狱不空誓不成佛。"有菩萨像边有联："度尽世人方成佛。"本已到成佛之际，却发大愿心拯救度化世人，放弃成佛的机会。这种利人的宏愿也是为了大众，不过是名称不同。所以，很多人都去信佛、拜佛，但更要学佛普度众生，少做为我而不顾他人之事。日久修习，就能渐入利己利人之道，心地自然开朗达观，心神泰然，功夫怎能不长？

5 月 10 日

关于养德修性，你体会得很好，这合于双修之理。某某修道的失败之因就是性功方面修习太差，心不豁达，狭隘而易急躁，对世事看不开。修道者讲双修，还以斤两做比喻。旧时以十六两为一市斤，说"性命"二字皆是八画，喻为两个半斤，加在一起为一斤，意思是性命双修方能得一体。性者，包括人的个性、性格、性情。拳经说更易之道："弱者易之强，柔者易之刚，悖者易之和。"不重视修性哪能更易？因修习性而使心性豁达，能和平处事，而无狂暴之气，再结合所练命功，自能合二为一。

知你近来练功时觉得练静功舒服，有时听其自然，不知是什么法，时站时动，越自然气就越足，气越足越舒服，这些是功夫进步的表现。

时站时动，不知是什么法，这是内动。听其自然是"不令而行"。此时是静极而自动，用"勿忘勿助"则渐入拳无拳、意无意之境。这是静极而自然出现的，是"真意"发动，渐渐识神停而元神主其动。故其动作时站时动，不知是何招数。此时更要听其自然，心更要静而纯，日久将有更大的进步。

这也就是身心合一，元神元气发动。过去我曾说过纯任自然而动，而人已入混混沌沌，把人练没了。这都是拳练到火候，静功练得纯而致。一般人不易有此情况。你要多练静功并钻研元神元气，无形无相，无我无他，只有一神之灵光发的功夫，还要配合五行掌等功法的练习。若能练到虚极静笃时，亦能身入混混沌沌之境。你体会研究吧。

郭老师常警告我，万勿为虚荣而不顾一切地伤人……

我现在也要警告你，不要轻易和别人比手，因为会有偶合的情况力整而伤人。咱们研究武术，知道的越多越好，但要慧而不用，多体会、多练习，得出方法，教导后人，才是正道。

知你功夫大进，已将心气练平和而严于律己，此虽是由于看南怀瑾先生所作佛学经书有所悟而得，更与你拳艺功夫的进步有相当的关系。此情正与《拳意述真》中李奎元先生所说的相似。

李奎元先生说："余幼年练拳术，性情异常刚愎，总觉己高于人。自拜郭云深先生为师学习形意拳术，得着门径，又得先生循循善诱，自己用功，昼夜不断，又得良友（你今得南先生佛学经书的启发）相助，忽然豁然明悟，心阔似海。回思昔日所练所行，诸事皆非，自觉心中愧悔，毛发悚惧，自此而知古人云'求圣求贤在于己，功名富贵在于命'。练拳术者，关于人之一生祸福，后学者不可不知也。"

你今读南先生佛学著作而得益，使我更知佛祖普度众生，功德无量。我们更应深入学习佛法，虽对于成佛为祖不敢奢望，但借以改过向善而幸福生活还是可以做到的。

张善全老师常用生活中的琐事教导我们。如胡同中积有污水，他便亲自将水沟中砖头瓦块挑开，将污水扫出。我们说要替他扫，张师说："这功德不给你，我做吧。"又如路上遇有西瓜皮等，张师就将其拾起放到垃圾堆，以免人滑倒等。这都是小事，但勿以善小而不为。由少积多，而使自己自然向善。如人人如此而向善，则天下太平，生活幸福了。

10 月 18 日

你要练两种功法：一是活步，即跟步，为的是使用劲法（气），要注意后腿落实，有如下跪形；二是死步，即不跟步，为的是体察放松而蓄气和养气。

11 月 13 日

五弓、四顶、双十字发力及暗圈等连成自然就能体会到前些日子咱们研究发力的情况都与这些道理相合。注意进步时膝部下弯，即出现下重之情况，而身体自然稳重。老年人最易体会到。于我而言，向前或左右进步时都会感觉身体发晃，若注意屈膝下弯，虽形式上看不出，但身体自然稳当。即使稍有磕碰，亦不易跌倒，并且还觉得体轻灵活。应将其练成自然而为才好。

1994 年

谈到学拳、学佛、学道及干某种事业，一直前进而不退缩者太少了。多数人有名利可图时就积极去干，无名利可图时即弃之，故干各种事业及练习各种功法拳术，实难有成就者。老拳师说："学拳者如牛毛，成功者如凤毛麟角。"故干各种事业、学各种功法，若以名利当先，鲜有能成功者。人生确难离"名利"二字，如能看淡一点，就能安心生活、踏实干事。据传当年乾隆问刘墉城门每日过多少人，刘答只有二人，即为名、利二种人，由此可见名利之难除。你是因学佛而悟到的，实是很大的收获。

人到中老年能遇佛法真是太幸运了，其福之大不可以言语道之。这不是一般人能明了的，只有亲身学习体会才能知道。

儒释道之书更要多读，学习积善谦德之方、立命改过之法，虽是练己，也是利人。若人人能如此行之，虽不能全成善人，亦可免去或减少尔虞我诈。

你舅父骑车被汽车所撞，汽车门及玻璃被撞坏，而你舅父虽已年老，竟未被撞伤，实是奇闻。考其原因，如开示录所说："一心向善，百灾消解。"你舅父平生向善，又有较高学识，故能将功夫得之于身，一遇危险而能发出先天之本能自卫，消除危害。此为其实修之效果，非我之功也，谢我之情实不敢当。

其情与我和人比手时，一害怕，力量自然而来，将人打出丈外相似。

功夫上身，遇事自然五脏抱团，内力发出，而达自卫之目的。

你知道修行的根本是修心，这也是多年练功修持所得。万法万事皆是心造。

我上学时所读书中有："国之本在家，家之本在身，身之本在心。"又有："心正而后身修，身修而后家齐，家齐而后国治，国治而后天下平。"看来一切皆以心为本。心修好了，一切就都好了。

能将心修好实非易事。但人人向修心去做，虽不易成圣贤，亦可成正人君子。故不可轻视修心之道。

咱们的功法以"松、柔、静"为主，尤以"静"为主要。

咱们的功法，"松"是周身骨节和筋肉的放松，使气贯全身；"柔"是动作柔和，不以外形影响内气的平和；"静"是心无杂念、专心练习，就使内气和外形合而为一体，久之则以内气发动外形，称为不思而得、不令而行之，走向"拳无拳，意无意，无意之中是真意"之境。这就是咱们练习的目的。倘遇有缘之人，应当传授，使其身受益是咱们应尽的义务。

全身动作是由意而生。劲力是由气（丹田气）而发，由形体表现出来。归根结底还是意、气、力也，即心与意合、意与气合、气与力合，这内三合是以形体的各种姿势表现出来的。一般人使用的多是拙力，因他们不明内劲的来源。郭老师常用二指将人按倒，实为内劲所致，非一般人所能做到。以后多读《意之本源》及《中心论》，就会有更多领悟。

在练功上，咱们是以强身为主，故动功（命功）多静功（性功）少。应多读点关于静功的书，以补咱们的不足。

对于相互架喂的练习，咱们现在已不需要了，只需积蓄精气而强身。但对于理法还得研究，其中也有强身和技击之法，不可忽视。

练形意拳应明白意的作用。如用意不用力、以意行气等，不过是临时之应用，还得向"无意之中是真意"上去用功。郭老师常说，练内家拳不明白形意是白费劲，得不到真功夫。

"明理不知法，都是空头话，知法不知窍，真功未得到，无窍想练功，到老一场空。"

意是生命的主宰，是整体运动的总核心。所以意窍就是练功的主宰，把握这个主宰就能带动整体，正常运动。意、气、形是练窍的基础。

我向郭老师说过"意是您给的"，老师说别人都不知道，一般人都说传艺，而最高还是传"意"。我问如何能传意，老师说在言谈之中。过去有人说"宁教几手，不传一口"，可见传意是在言谈之中。

日本铁舟居士之击剑法有异曲同工之诀：铁舟居士以剑有名者也，尝语于人曰："击剑之法，不心于敌，不心于身，不心于剑，唯心于丹田。不思斩敌，亦不思斩于敌，万念胥捐，唯见敌剑将发时，奋然刺入，此为必胜之诀云。"

元气充足才能谈功夫的深浅，这是正确的。元气不足，如何能练出内劲来？看似威猛的拙力、巧力，落实时却是轻飘的，练劈杆时就能感觉出来。

1995 年

1 月 8 日

你说的动静如一、拳道如一是对的。拳谱说："静为本体，动为作用。"说元气要充足更为正确，不将元气练足，如何能练出内劲？岂不成了外强中干？

铁舟居士论剑，大意是用意摒弃其他杂念，使身心合一，视彼欲动我先动，意到形到。

3 月 14 日

关于练功，不可轻忽，至于静功多于动功，这是社会变迁的需要，也是身体上的需要及拳中意的需要。但动功仍要坚持，动静配合至关重要。动静互相转化，动功的量增大，日久就会发生质变，也就是筋骨灵活，内气增多。此时需要配合神气以应质变，故特别喜欢练静功，精气神配合筋骨的功力混成一气，达到身体刚柔并济。故拳谱说练拳能改变人的气质，就是量积累到一定程度而达到质变的结果。但量不足是不会质变的。

5 月 15 日

你所说的武术发展不正常是很对的。把表演、技击、健身各自孤立起来，如何能内外双修呢？咱们的力量虽然微小，但你的意愿很好，宣扬前辈遗宝，应努力而为，做到练己度人，自有先辈和先知者协助，这并非迷信。努力吧，把功夫传给有缘之人！

7 月 13 日

和别人试手时，要看好后面是否有墙等物可以接人，这样不致使人跌伤。将人时无论如何不能撒手，以免将人抛出伤人。切记！切记！

梁式形意拳功法的特点就是能使人转弱为强。郭老师年轻时患腿疾，久治不愈，即练此功而转强成为名师。我亦是自幼先天不足，练此功法转弱为强。你更是由病夫练此功而转弱为强。咱们三代都是得此功法而成健者，故应传给别人以报先人之恩德。我老矣，心有余而力不足，寄希望于你们，用心追求并传授他人，助人转强亦乐事也。

郭老师常说"意为媒引相配成"，也就是说各处之合是以意引成的。

（1）上法先上身：是以丹田催动。

（2）脚手齐到才为真：指手脚起落。

（3）肩胛松下，催肘手落实。

（4）消息全凭后脚蹬：是前脚和手尚未落实之际后脚蹬地，催动丹田发力，手脚前进，当手脚落实，后脚跟进。

（5）头项前顶：大椎穴、玉枕穴和百会穴挺直前顶。

这是前进发力时身体各部的动作，但注意一定要用意不用力，只是想着这样行动。如专用力实行则易着相，成生硬而不灵活了。

起之于脚是后脚蹬地，发之于腰是腰合丹田发动催力达于手足，整体前进落实，后脚跟进，这是发力时前进之法。但也要注意不是用力发动。

站桩的意：

（1）无极式（无意）。

（2）三心归田（有意）：手心回抽，足心上提，顶心下压。这更要用意不用力，日久手足心在行动时自会与丹田气相通。

注意，你更需要的是冲力，就是每天除练死步蓄气养力外，更需练活步的劈拳和虎扑等，其他活步的拳式亦可。这是练前进冲力……千万要练。

冲力是很重要的，从字形来看，是"重""行"二字合而为一（"冲"的繁体为"衝"）。无论是跳高、跳远，还是体操等运动，都是在需要用力时以足发力蹬地跃起。具体在咱们拳术上，是采用前足踩、后足蹬的重步前进，所以也叫冲力。与冲力配合的还有肩肘手挺住（不可用力，以免僵滞，只能用意）。双肩下沉催动手和臂扑向敌身，更重要的是以丹田和腰催动胯和肩胛骨发动手和足前进。这需在练习时用意发动，而在试手时则不用此意，只需坚信手到劲发定将对方打倒或打退。有不明白的地方，来信提出研究，你一定要把这活步冲（衝）力研究好。

三心归田可用双心相通桩法，两手略弯，手心即回抽，两足趾抓地，足心上提，顶心、百会穴下压（背后大椎穴、玉枕穴和百会穴挺直），皆是用意。这三个心和丹田相通，故称三心归田（见《形意拳术抉微》）。郭老师说过，三心和丹田相通后，则一用力丹田气即达三心，故用力要慎重。

咱们的功法是要将周身外部的筋骨皮肉放松。这样外部的筋骨皮肉就能轻松灵活转动而不呆滞，使内部的浊气及一切病气、一切杂念等放空，使元精、元气、元神出而主持内部。这就是空而不空，拳术叫返先天之本能，气功叫发出潜意识。拳谱说："有虚空灵通之全体，方有神化不测之妙用。"能松空才能虚灵不昧。"至此拳术，无形无相，无我无他，只有一神之灵光，奥妙不测耳。""拳无拳，意无意。无意之中是真意。"此皆是由松通到空灵而得也。

年轻人初学形意拳，可教他多站无极式和三体式，再由桩式中抽出几个动作，然后再教揉动功中的转辘轳和双摇臂等，再教五行拳……体弱和年岁较大者，可教站桩、揉动功和五行掌等。至于刺枪，则需有些功夫，否则会感觉吃力。

关于"意"字，更应注意，咱们的拳法就叫"形意"。郭老师常说："练太极不知形意是白练。"一般练拳者多知练艺，所以多练得外强而内部空虚，这就不能叫内家拳。

郭老师说"传意"不是"传艺"。一般人不知道，就是我的同学们也不知道。有人说"宁教几手，不传一口"，恐怕也是与传意有关。

有些武术家在擂台上无所适从，就是你说的在活步发力上没有突破的缘故。如果把活步发力练成自然，遇敌见其弱点一上步必能胜之。

练习揉动功的转辘轳及双摇臂时可面对树，这样可防止面前有行人影响静心。某人大手术后即练此式及五行掌，很快恢复健康。你可试试再教病人练习，定有很好的效果。

10 月 16 日

手如弩箭身比弓，前踩后蹬莫放松，丹田催动全身进，意为媒引相配成。分别解释如下。

1. 手如弩箭身比弓

（1）手如弩箭，是说手发出时既快且直而不晃动，要挺住，不可动摇。

（2）身比弓，是说把全身比作弓。

眼和前足是准星，眼为先锋，眼看到哪里手即奔到哪里，要练成自然，勿为行家看出眼神，知你动向。练到心中一动即能意到神知而将敌击出。比如射箭时前手紧握弓箭中间，不使动摇，指准目标（拳术是脚打踩意不落空）。眼看手指及目标（即神意透过敌体）。

肩胛和胯与后足如同弓弦，后足蹬催进。肩胛放松下沉催动手和臂前进。胯催膝足前进，与手臂同时。如同射箭时弓弦一放催箭前进，使箭有力弹出。

2. 前踩后蹬莫放松

两足前进时，前足奔向目标，足趾抓地，准确踩住目标，即脚打踩意不落空。同时后足用力蹬地催前足踩进，即消息全凭后脚蹬。

3. 丹田催动全身进

由丹田催动手足落实，使全身成一整体前进，故有"手到劲发全不费力"之说。郭老师说与人比手就是被打到也不妨事，这种蹬踩的冲力及全身之整劲能将人碰出，使打人者成挨打者，前辈孙禄堂就这样做过。

此法可单独研习，作为一种功法，要以意体会。日久能使头、眼、身、手、步自然相合，得心应手。千万注意不可用力，不可忘了那句"意为媒引相配成"。以上我写的虽不甚明白，但是你练习多年自能体会。倘有不通处可提出研究，明年相见一定测试你的进步程度。

死步进击者需用一部分力稳固自己，虽易发力且猛，但击到敌身其力即减少许多，即不能将己力全部放到敌身。一遇身体灵活之人，或以虚招应他，他就会手脚紊乱，而不知所措。遇着死步进击者，可以在其后足一动而尚未落实之际，迅速以冲力击之，则其力尚未发出而被击败矣。

11 月 21 日

郭老师和我讲一般人只知"传艺"而不知"传意"……一般人都是以力相配成，故易生浊气和浊力。

练拳者多知练艺而不知练意，而老师多不会传意，会传者亦不轻传，因此成为秘密。我如不向老师说出意为老师所传，老师亦不为我讲传艺与传意之别。郭老师对意特别重视。

我曾向老师说过，如把形和意练至合而为一，就能得心应手，意到形到。倘若再高，能以意将人制住而对方不知即被我打出。郭老师答，这得有深功夫才行。郭云深老先生半步崩拳打天下，就是以意令对方不动，而将其打出去，无人能敌。我想郭老师击人亦有些近似郭云深老先生的用意打人。能把意练到郭老师那样的恐亦少有。郭老师已练成意击，而一般人是眼疾手快的形击，车毅斋老先生可谓是神击了。

关于三心归田，就是手心、足心、顶心这三处要和丹田相通。初学者实不易练通，能练得有些感觉亦不容易。

初学及功浅者可练二心相通桩。此式以两手左右开放高举，能使周身皆放开而易放松，使气畅通全身，时有手脚发热感，亦可略用意使顶心向下、手心回抽、足心上提，但千万要注意，略用意而不用力。随功深而可达三心归田。

至于三体式，一站便需全身松柔而使手足与丹田气通，而顶心下压是任脉下通与督脉联通。当然，这些非初练者所能做到。当击敌时，手一接敌身，后足一蹬，脊背即发力，肩胛到手，丹田和周身催进，是一个周天之力。从表面看并未用力，落到敌身则如泰山压顶。故对此式的练习不可忽视。

你对于"艺"和"意"二者体会得好。"艺"是外在的形，拳术中的各种姿势及弹琴、作画、下棋都是由形体表现出来的，是有形、有质、看得见的，能见的叫作阳性物质。形的表现是意之所使，故拳谱有"意为媒引相配成"之说。《意之本源》中说"此真意虽无形象可见，其固能为一切形象之主体，唯一无二"，意在内，不可见，为阴性物质。人就是阴阳两种物质合成的，所以人字就两笔，代表一阴一阳，此中奥秘应从练习中渐渐体会，非仅能以言语解释清楚。

1996 年

《太极拳述真》一书所谈的把自己的内气打到敌身而控制敌人，就是咱们所发的内劲，咱们是能做到的。试手时，手到劲发全不费力，就是此理。打到敌身时，使其感觉气闷而被崩退，旭光曾说过，试手时似被一种威慑力压迫而感到畏惧。这就有点控制对方之意，使对方因无抵抗之力而被击出。你也曾说过："当您发力时确实感到有一股无形的力量压过来。"这虽有点控制对方之意，但还未能达到任意而为。

郭云深老先生半步崩拳打遍天下，郭汉之老师九十多岁高龄而击人于丈外，皆是以意控制对方，发手击人。有不解其意者，就以为瞅冷子发人，实是二位老先生以意击人，其速度太快且意为无形，故被认为是突然袭击。

咱们已奔向意到形随、气随形发，故也有相当的威力。所以说意是非常重要的。有了意，还要将意练到"任意"，再到"无意之中是真意"，才为上乘。

一般人只知传"艺"而不知传"意"，更未练到形意合一，故也是以形击人而发不出内劲来，更谈不到以意控制人了。

如何能将内气（内劲）引到手掌而发出呢？这就需要看平时练功的深浅和功法了。

形意合一，内气自然会得心应手，更要注意"意为媒引相配成"。

在站三体式时，先要全身放松，体察一下五弓之形无有滞碍，再用意练五气朝元，即三心归田。以微意守丹田，即为守中（因丹田为人之轴心），也叫意守丹田。但切不可以意强守，甚至强使丹田与三心相通，否则易造成气滞而失自然之理。切记切记！

练习日久，自然会感觉到三心有所感动。

郭老师说过三心与内气（丹田气）相通后，发手时即易发出内劲来。但不可以此轻易伤人，总要心存善念，应以养生强身为主，心存厚道，亦是武德。俗云"无德不养道"，故应慎之。

有一种功法，叫依墙功。郭老师说，如能练到姿势低到一米左右，其功力可以手按到敌身，敌必被崩倒。此功虽简单，但费时费力，且不能以拙力练之，故也非随便一练即成者。

你读贾居士的《坛经讲座》颇有收获，这太好了。使身心都有变化，感觉心中无所依，心空也，外无所着，身空也，身心皆空，是偈子中的"本来无一物，何处惹尘埃"，所以听见、看见事物一过即逝毫不存留，也就是"心无挂碍"。即使是风、寒、暑、湿、燥、火等病因及七情六欲等也一过即逝，毫不滞留，哪里还会得疾病、有烦恼？此时心中愉快非笔墨能写出来。这对于拳术之进步也可不求而自得也，实是可喜可贺。你所写的四句偈子太好了，描绘出你初悟的感觉。我对佛法是不知不解的，因有所感觉才写这点。希望你继续努力，以求更大的进步。

郭老师初教人学习时，也是教人初步明劲拳，后在大王庙（天津市国术馆）才教二步功法，也教刀枪等器械。

天津市国术馆设立在河北区关下大街大王庙内（此庙现已废）。馆长为马良，副馆长王毅夫，教务主任是郭老师。后因经费无着落，遂由郭老师一人支撑。具体何年设立忘记了。

我在国术馆内学习多年，也常教人学习。后来日寇入侵津沽，国术馆即解散。待日寇投降后，老师又重新创办天津国术馆，馆址在现在的一宫花园东，临近东车站，1949 年后因无贴补而解散。此即国术馆的一段历史。

郭老师最初是向李存义老先生学习形意拳。郭老师功力很强，常和人比手，从不让人，每次比手总是胜利。我曾亲见其与李某比手。当郭老师以手按到李某肩上时，李某想退，郭老师以另一手一推李某胸前，李某即被从屋中扔至院内，坐在地上。郭老师有一本记录与人比手的小册子，可惜老师逝世后遗失，至今未找到。

有人说郭云深、李存义、尚云祥、郭汉之这几个人都是行霸道的，出手不让人。

后来郭老师跟从梁兴华师祖学拳。郭老师说初请梁师祖时，见其如一老夫子。郭老师有些轻视，当即和梁师祖试手，被梁师祖劈倒，坐在地上只觉头晕目眩，几乎晕倒。梁师祖说："别动，不碍事，稍过即好。"郭老师自此便随梁师祖学习柔和拳路。后与梁师祖分手时，梁师祖说，以后你以此法教人，不知将治好多少人。故郭老师经常给人治疗，治愈多人，晚年专为人治病。

梁师祖的身世郭老师未向我们提及，只说是清朝末年进士。我们也未向郭老师询问，不知师祖身世。及今思之，实为遗憾，惭愧异常。

天津市国术馆成立，请郭老师为教务主任，正馆长为马良，郭老师尚未到馆时，一切由副馆长王毅夫承办。教员有太极拳教师郭敬山，长拳教师胡维坤，后又请一位丁老师教摔跤。后值九一八日寇侵占东北，人人气愤。当时有武术老师来国术馆请求组织大刀抗日队，公推一位王老师教授。所用大刀是二十九路军赠送的，已开刃。练习不久，有一位老师提出王老师教得不对，因此争吵，几乎动武。经郭老师出面，随即平静。有人说："郭老师教我们才学，否则不学了。"因郭老师没答应，大刀抗日队无人练习而停止。

当时馆内文书及总务由副馆长之弟王志尧担任，因见各处武师散漫不团结，便发通知：凡在天津市各区成立武术馆者，皆应到市国术馆填表登记。在天津县国术馆登记的应迁到郊区，否则不准成立。当即各处武术馆均来市国术馆登记。我们学员也都填表登记注册，盛极一时。后因经费无着落，教员各自散去，市国术馆仅由郭老师一人支撑。后议由学员交学费，以供老师车资。由一元起，经济充足者可自动多交学费，亦可出资购买刀枪等一切练习工具。正当学员练习、进步时，七七事变爆发，日寇入侵津沽，各处武术爱好者皆将刀剑等销毁或埋于地下。日寇入津前夕，郭老师将所存大刀投入河中，所有文书亦毁掉。待日寇入津时，国术馆已成一空庙。国术馆就此停办。

郭老师将梁师祖的功法特点简单总结说："虽不直言气功，但主要是先练习丹田气。丹田练强时，气能贯到全身，不怕磕碰踢打。实际就是以静为主，练习松柔通空。即姿势一站，先要排除杂念（静），然后再将周身肌肉和筋骨全都放松（松），每一动作都要柔和，不可用一毫浊气和浊力（柔）……"老师说如能练到至柔则威力甚大。至于空，意思是说将气练到能通全身，就可以渐渐地将体内浊气、浊力、病气等一切不利于人的浊物排出，而使身体内的元神、元气、元精出而代之，是谓返先天之本能（空）。练习年久，渐渐体会，就会明了。至此，也就理解郭老师所说"梁师祖所传功法是最硬的"的意思了。

老师除教我拳术外，还教我刀、剑、枪、棍等各种兵器。老师的刺枪法尤为精奥。我受教后将其记录下来以备忘，更为了传人。

7月19日

每一出手即是力由丹田和后腰催动，两手要沉腕，否则力向上出而不稳。以肩胛为动力催向手掌，腰向下坐，两膝要弯，两足趾向下扣，这样练成习惯，自能身手相合。

"黑白鹞子"的意思就是螺旋力，实际是两个半圈。例如刺枪，敌人以内怀刺来，我即以枪由上向下（也是由左向右）划半圈，随之刺出，如平时练划杆前刺之情。倘敌人由外怀刺来，我即以枪由下向上、向左反划半圈而刺出，如平时的反划刺出。以拳击人亦然。此即为开寸离尺之情。总之，就是以螺旋力进击之法。

11月2日

拳谱说："道自虚无生一气。"这一气是"先天真一之气，为人性命之根、造化之源、生死之本，形意拳术之基础也"。此气并非呼吸之气，是人得天地之气而生，故曰先天真一之气，也叫元气、内气。武术家能掌握此气练成内劲，才能得上乘功夫。此气是一种看不见的能量，积蓄于丹田之内，能释放于体外，用以击敌。

拳谱说："言力者必先言气，气为力之君，力为气之臣，形体为气力之表现。""内三合（心与意合，意与气合，气与力合）与外三合（手与足合，肘与膝合，肩与胯合）共合一整体。即内外合一、形意合一、混元一气，故所发出力不是外力，而是由内气练成的内劲。""心动而气即随之……气者体之充也……意动理即赶之，此必至之理也。"故心意一动，形体即随之而动。所以意到气到，气到力到，这都说明气是存在人体内的能量。

郭汉之老师说："形意拳之内劲是由元气锻炼而成的，至大至刚，打在人身上如触电一般。通过实践你们就知道了。"说着，就以掌拍在我胳膊上，我当时身体一抖，"啊"的一声，如触电一般，觉得其劲力透入骨内。郭老师说："不碍事，稍过即复原。"又以手拍在我旁边的李亦韩的肩上。李也是"啊"的一声，身体一抖，不能动弹。但稍过一会儿，我二人皆恢复正常而无恙。老师又说："用拳击亦是这样，可以试试。"李急忙摇手说："不能试不能试，打在我肩上连足趾也抽动了。太厉害了。"

郭老师又说："此气不仅能击人，亦能护体，再试一下。"

郭老师伸出右臂，令宋某双手握紧老师右臂。郭老师说："握住，不要让我抽出来。"说着，只见郭老师手臂缓缓一转，宋即双手松开，握不住了。再试一次，仍是如此。

郭老师说曾见孙禄堂先生亦试此气。孙先生令何某握紧其手臂，只听孙先生一喊"开"，何某即双手张开，再试亦如是。宋、何二人皆言只觉手如触电，十指发麻无力，而手自行张开。

孙禄堂先生说曾在山西亲见宋世荣老先生也试此气。宋老先生令一人双手用力握其手臂，但此人的手将要握到宋老先生的手臂时，只觉双手无力，不能握住手臂，另换一人也是握不着。二人均说两手如触电一样发麻，不能用力，无法握住。

郭老师说："此气亦如电和磁一样能透过铠甲打进敌身，以此击人，手到劲发而不费力也。"

此种气在人体之内是看不见的，故很难理解，更非一般浅尝辄止、忽作忽辍者能知。并非以己智慧参悟，须经明师指导，用心练功才能得到。切不能因其难解而妄加否定！

你的体会很好。以静心去练习动功，以练成松通空。周身的筋骨皮肉放松才能使丹田气贯全身。气通才能使体内浊气、浊力、病气排出而成空，才能练成空空洞洞而达上乘功夫。

六祖说："本来无一物，何处惹尘埃。"拳谱说："有虚空灵通之全体，方有神化不测之妙用。"练到无意之中是真意，即入真空之境了。今后更要多读《心经》《六祖坛经》等佛经，学习"空"字将对练拳有更大的裨益。

倘系血压高之症，可以站无极式。注意足心，头火下降（实是用意）。这是上火下降，下水上升（足心是涌泉穴，可见是水的源泉）。有人说这是水火既济，心肾相交，一切上火自能下降，还要注意丹田。

若是感冒，可以做按摩，即用双手捏住大椎穴两边皮肤，向上抖动（不怕用力），风气即从脖后两风池穴抖出。我在中年时常为人治疗，效果很好。倘若风气较重，再加按摩背部的膀胱经、腿部的委中穴，搓热手足心，即可好转。

形意拳术古人留，内外双修各有由。体用兼备需参悟，顾打兼施不用求。

1. 松通

身心锻炼需放松，真气才能会贯通。

浊力冲散内劲现，拳术换劲第一功。

2. 动静

静为本体自然求，动为作用应至柔。

动静本为一源体，身形应当似水流。

1997 年

练习活步时应一步一发，去掉准备过程是对的。但要知道前进时把
准备收步变成细微垫步，并和上步几乎同时进行。不知者是看不出来的。
如不略做小垫步，就会显得进步不灵活。你可以体会一下。

关于意念按摩法……录出寄去，你要设法体验、修改，以臻完善，
再请他人指正。

先将目录摘出：

第一节　黑发童颜鼻息通	第二节　耳聪目明齿固生
第三节　舌润水多，消炎化痰	第四节　心火肺热，齐下丹田
第五节　健脾养胃，消化食水	第六节　滋润二肠，畅通二便
第七节　肝胆相照，肾水充足	第八节　补肾助腰，灵活腿步

意念和按摩分节说明如下。

第一节　黑发童颜鼻息通

（1）黑发。

意念：使头发变黑。

动作：两手十指分开如梳子形，由上向下梳通头发，不可乱抓。

（2）童颜。

意念：使面部皱纹舒展。

动作：双手按摩额上的抬头纹、眼旁的鱼尾纹、口旁的褶皱及老年斑，而使面部平滑如童颜。

（3）鼻息通。

意念：使鼻息直通丹田。

动作：由胸式呼吸转腹式呼吸，日久则进入胎息。

第二节　耳聪目明齿固生

（1）耳聪。

意念：使耳力灵敏。

动作：以双手食指插入左右耳孔，略转动，再以双手抚摸耳轮。

（2）目明。

意念：使双目明亮，疾病不侵，抖掉诸眼病。

动作：以双手大拇指、食指捏住上眼皮做抖动的动作。

（3）齿固生。

意念：使牙齿坚固，落者重生。

动作：上下齿相叩三十六次以上。

第三节　舌润水多，消炎化痰

意念：使肾水足，去肝火。

动作：舌在口中搅动，生口水后咽下。

以上三节是针对头和面部，以意念和按摩而使气通以治病，每日必行，以便收效。

第四节　心火肺热，齐下丹田

因心火肺热而产生的疾病，可以下法除之。

以双手由喉部经胸部向下到腹部进行按摩，以导引心火肺热下降至丹田，并以双手在脐下旋转按摩九次，用力一按，名为取火烧田。按摩的同时注意涌泉穴。意使肾水上升以达水火既济，心肾相交。

第五节　健脾养胃，消化食水

以双手由鸠尾穴向下及两边按摩，意在帮助消化食水，以健脾胃，增强食欲，消除胀满、气逆等疾患。

第六节　滋润二肠，畅通二便

以双手由胃部向下推按到脐下时，在脐下左右旋转，意使大小二肠滋润而通便，以达每日大便一次，使不存宿便，消除体内秽气秽物。

第七节　肝胆相照，肾水充足

以双手由肋下向脐下推聚，同时注意涌泉穴。此法既舒肝又使肾水充足。

第八节　补肾助腰，灵活腿步

以双手按摩命门穴及尾闾穴，以使气通后腰，补助后腰发力，然后再以双手从两胯拍打至两足，再按着两膝盖左右各转九次，以使膝关节灵活有力。

注意各节按摩次数可根据个人的心意而定，或各按九次。此法无有偏差弊病，久习必有益。

3 月 14 日

练杂氏掌，应以松通为主。练得好时，外行人看了都觉得好，但又说不出好在何处。郭老师说过，练到精处，能以神气把周围人吸引住，而自然无喧哗之声。不用意含技击，练出的神意自能镇服众人。

练习杂氏掌要按梁师祖教的要领去练，即以静为主体，以柔为动作，以至柔为至极，以松通空为总则，以期达到无意之中是真意之境。把姿势练熟后，应舍去一切意念，走向真空。至柔能得到真空，真空即无意之中是真意也。你体会一下，拳谱说用力不对（浊力），不用力亦不对（散乱之力），应用自然之力（柔力）。练出自然之力定得佳境，这需要自己从练习中体会到。在练习中舍去一切意念，就是勿忘勿助，求其自然之理也。

掌拳皆练是对的，既练养气蓄力，又练运使。对静坐更不可忽视，这样练成动静一源，就对了。

我总是强调：有形无意枉然，有意无形亦枉然，必须练到形意合一才能得到功夫。拳谱说："有形有意皆是假，无形无意才是真。""拳无拳，意无意，无意之中是真意。"

有形有意皆是假。这个"假"不能作为真假的"假"字讲，而应当作"假借"讲。假借有形有意的练法，外练头、眼、身、手、步，内练元精、元气、元神。练到内外合一（形意合一）、混元一气，就无所谓"形""意"了。

拳谱说："无人无我又无他，只有一神之灵光。练成虚空灵通之全体，方有神化不测之妙用。""手足动作即有形之物，谓之后天。以后天合着规矩法则，形容先天之真意……积蓄之真意与气，以致满足。中立而不倚，和而不流，无形无相，此谓拳中之内劲也。"《意之本源》曰："……此真意虽无形象可见，其固能为一切形象之主体，唯一无二……"

一般修道者也说借假修真。所谓假者，或是形体与意念，借以修炼内部真精、真气、真神。以后天（假）形容先天（真）。拳谱说"返先天之本能"，即此意也。不思而得，不令而行之。

拳谱说真意与真气满足（是量变），内外合一，无形无相，此谓拳中之内劲也（练到质变成为无形无相也）。

因而，我想起佛教的两首偈子，借以解释有形有意和无形无意。

第一首是神秀大师写的：

身是菩提树（形），心如明镜台（意）。

时时勤拂拭（下功夫练习），勿使惹尘埃（拳谱说不使风、寒、暑、湿、燥、火侵入，以达强心健身、延年益寿）。

第二首六祖慧能大师写的：

菩提本无树（无形），明镜亦非台（无意）。

本来无一物（无形无意），何处惹尘埃（拳谱说：身心皆空，病气从何处侵入？故有虚空灵通之全体，方有神化不测之妙用）。

10 月 11 日

你已知心静是修任何功夫的关键，这是功夫上的进步。拳谱说："人心好静而欲乱之。"故应排除杂念，而使心静（纯静），"时时勤拂拭，勿使惹尘埃"。但非短期能达到，所以是难了。

10 月 23 日

名利之事是世间法中重要问题之一，也是人生不可避免的。知名利易惑乱人心而能淡漠处之者，实为难得。

讲个故事。乾隆皇帝和刘墉出游，遇一城门，出入之人很多。乾隆问刘墉："有多少人出入？"刘墉答曰："只有二人。"乾隆问："怎么就二人？"刘墉答曰："名利二人而已。"可见人生就是为名利奔走。诗云："营名营利苦奔忙，营得鬓发皆成霜。长城万里今独在，不见当年秦始皇。"

报纸常登有高官贪污受贿者受到处罚，皆是为名利所累。看来名利是不离人生的，要善于分析处理，既可不致受人欺骗，又可以正己安心而生智慧。故对"名利"二字，不可忽视。

"……暗劲之终是化劲之始。"一定要顺其自然，不可强求，也就是怎么顺就怎么练，怎么舒服就怎么练。

要以练后感觉非常舒服，并异常轻灵为正确。这种自动的练习，咱们叫作化劲。一定要从练习中自然而得来，是"觉而后知"的。

有的练功者是"知而后得"，用意、力强求，往往会出偏差，动起来就不能停，也就是走火入魔了。

1998 年

关于自动功，无固定姿势，是以神引出自身中潜在智能，且因人而异。功夫深者及天赋高者与功夫浅者表面看虽无大差别，但所得效果是不相同的。一般功夫浅者不可教以自动功，以免求深返浅，易成入魔之情，慎之慎之！

你此次来津会面，虽未得细谈，但从你的言谈行动中已看出你的进步。从身体方面看，端正充实，内在气魄通畅沉实。这就是锻炼之果，非朝夕之功所能得到。希望不要轻视此功，继续练习、钻研，还会有特异情况出现。但不要刻意追求，应听自然，更不可向局外谈，以免遭诽谤。甚至有人听后刻意追求，因功浅而出偏。此非保守，实系因材施教之方。今后出现特异之情，虽不刻意追求，但要记录以备日后之研究。

关于自动功，你体会得很好。一般人所认为的自动功，虽说是自动，但多少有一点意在。这可以叫作自动功的初步功。

当元气充足时，明显感觉是随气而动，并非意动。但还是有点感觉在内，到此情境已非易事。由于有感觉（即尚有知觉），此情可以认为是二步自动功。

如果再进一步练到无感觉，无知无识，即我常说的"把人练没了"。无感觉了才是真空，即是六祖偈子中"本来无一物，何处惹尘埃"。这是我的体会，不一定正确。

6 月 8 日

郭老师常说，一般打法都是用手去打，上不去步，所以不能将人打倒或打出去。又常说，打人如亲嘴，也就是上步过人。拳谱说："脚踏中门抢他位，就是神手也难防。"对方被打出所站的位置，如何不倒？前些年在杂志上有尚济一文说郭汉之专讲近打。

8 月 5 日

你的功夫进步是好的，主要是心中非常畅通，口水增多。所谓内家拳或内功拳，不把心中练得通畅，怎能称为内家拳或内功拳呢？

至于手虚握亦感有力充实其中，这是很难得到的，是内气由丹田内发到手中（是由手心劳宫穴发出）。郭老师给人按摩，就是以内气助人发动身体活动。张善全老师以按摩法治病，亦是说以自己的内气帮助病人抗病，故伤自己的元气。

郭老师还对我说，若有人问你此气能放多远，你就回答无边无沿。郭老师常说，用此气击人易致内伤，是应注意的，事关武德，切记！

你近来自动功减少，没有多大关系，是因为其他方面的进步，而精神亦随之增进，以及其他事务忙而自动减少。不可有意追求，要听其自然。在练习掌法时能柔和松静，则自动功自在其中，并非消失。

身心皆放松，真气自贯通，虔心把佛念，勤修得真空。真空真意理相通，真意是从无意来，真空得自静松通。

今你给学生喂手，这是必要的，不可放松。要知教学相长，于你也有好处。我支持你的做法。你要告诉他们：如和别人试手，不可太计较每次的胜负；不论胜负都要总结经验；应当勇于比试，胜亦英雄，败亦英雄，应有信心；坚持锻炼就是进步，就是胜利。

你所说的练好明劲的功夫，只要用功，一年半载即可成功，这不能一概而论。就我接触的练形意拳的，练了多年，连形意拳的三步功夫都不知道。最近有两人在我面前比划劈拳，当落实时，手上下晃动三次，自己很得意，实际连自己的手都支撑不住，而且练的还是死步。这样的练法恐练一生也不能将人发动，唬外行而已。

故若想将明劲练好，需要师徒二人心意相合。师要明师，非名师。学生要真正下功夫练，才能得到预想的效果。

你的学生如此肯下功夫练，你一定教他们成功。我提几点意见。

（1）先讲清楚形与意。教他们知道练习时是用意不用力，如用力不顺，易成浊力。应用其自然之力，这样易练出内劲。

（2）手如弩箭是练习时出手既速且直，万不可稍有动摇。上下左右皆不可晃动，但又不是用力挺住，而是自然地擎住，不摇晃。

（3）身比弓是说身如弓那样硬而有弹力，就是丹田发动六催而形成的。

（4）前踩后蹬莫放松。这是两足的动作，前足落时要踩实，后脚要用力蹬地催进。此情如急刹车，也就是"脚踏中门抢他位，就是神手也难防"。

以上所谈你都知道，重复提出是请你教会他们。

浅释揉手须知（与人揉散手要领）。

（1）以手指敌人胸部中间，即指中。

浅释：与人揉手时以己之三尖（手尖、鼻尖、足尖）指敌之中，即胸部中间。此是以神意控制敌人精神，彼不动我不动，彼欲动我先动，此时是我之意已进入敌身。倘敌欲动，我即以意发动身手向敌进击而先发制人。

（2）手不便指中时用腕或肘指中。

浅释：其用意与手指中相同。

（3）遇刚则柔，而刚紧随其后。

浅释：与人揉手时，初一接触不可用力，以免使敌知我劲力。如敌用力打来，不可硬接，需以柔相接而化之。随即顺其手而进之，击其胸部，须用自然力（即内劲），所谓手到劲发全不费力也。

（4）粘连绵随，不丢不顶。

浅释：与敌相接即以手臂将其粘着连在一起，要柔绵，随其左右进退，切不可离开（不丢）而又不用力抵抗（不顶）。

（5）进手时用螺旋力。

浅释：与敌手相接时，倘若进攻，不可直捣，要手臂旋进去（螺旋力），此为打破之法，即打中带破法。

（6）得势时须用垫步以进之。

浅释：得势时即化开敌人的攻势，或是制住敌人的进攻而垫步以进攻，即前足进后足随，切不可上后足，否则易被敌人乘机而攻。垫步即拳谱所说："脚打踩意不落空（前足），消息全凭后脚蹬。"

（7）不得已退却时须以手掩护全身。

浅释：退却时须以手掩护。拳谱云："手是两扇门，全凭脚打人。"故以手掩护，如将门封闭，使敌人不得攻入。

（8）两手用力要齐，不可偏重。

浅释：双手偏重一边会使身体不平衡，易被敌击倒。

（9）两肩胯宜活。

浅释：两肩胯宜放松，使其灵活，否则发力时看似有力，实则轻浮。

（10）以己之中节接彼之梢节，打彼之根节。

浅释：与敌相接时，用己之中节接敌之梢节，因梢节没有中节的横力大，再以螺旋力击其根节，则敌易被击倒。

（11）敌手来时，稍一接触即用螺旋力顺其手而进之。

浅释：与"（10）"用法同。

（12）敌指我中时我即变中。

浅释：敌指我中时，我即以各种姿势改变重心的位置，使敌找不到我的重心，达到防守的目的。即使被敌击中，也不至被击倒。

（13）勿局部动作。

浅释：不论前进还是后退，都要整体动作（整劲），不可局部动作。

（14）圈愈小愈妙。

浅释：圈即是划破，也就是螺旋力，只在自己臂上划动，而不见其形。

（15）腿部须裹胯，用后重法。

浅释：裹胯即收臀之意。后重即单重之法，前（足）虚后（足）实。

（16）左手失败即速进右手。

浅释：倘左手被制或被划开，即速进右手，免被敌乘隙而攻入。

（17）两肘不离肋，两手不离心。

浅释：此是注重防守前身之弱点，两手不离前胸，两肘不离两肋。

（18）与敌接触宜设法走里圈。

浅释：与敌搭手，要将手设法转到敌手里侧，这样易指中、易进攻。

（19）通体关节皆成钝角。以锐角向敌。

浅释：周身各关节要有弯度，但不能有死弯（锐角）。要以锐角（如肘部）指向敌人之中。

（20）各种姿势都要三尖相对。

浅释：各种姿势都要手尖、鼻尖、足尖上下成一直线，使上、中、下三处成一整体，此即三尖相照。

注：指中、守中、变中里的"中"，即身体中线及重心。

中者，重心也，万物皆有重心。如欲推物或掷物，若不得其重心，定觉吃力。例如，踢球踢不到其中心，虽用力甚猛，球却踢不远。故对敌时宜打其中，此即为指敌之中，打到敌之重心，敌易跌倒。而我之中宜注意保护防守，用三尖相照之法守之，使敌难以攻入，这就是守中。变中则是敌指我之中时，我设法改变己中的位置，使敌不易攻入。

12 月 30 日

向上乘功夫进展主要是注意松通空，多向佛求学，对理解"空"字是有大益的。上乘功夫就是性命双修而得的。

1999 年

12 月 6 日　杂记

1. 六催和六合

（1）六催即肩催肘、肘催手、胯催膝、膝催足。此即拳谱所说的"蛹动"和"行如槐虫"，就是说行动时，以根节催中节，再以中节催梢节。拳谱说"头为梢节，胸为中节，丹田为根节"，"肩为根节，肘为中节，手为梢节"，"胯为根节，膝为中节，足为梢节"。三三为九，故称九节。

（2）六合即拳谱中所讲的内三合（心与意合、意与气合、气与力合）、外三合（肩与胯合、肘与膝合、手与足合）。内外亦须合一。

注：①内即意，外即形，拳谱说"形意合一"，即是六合。

②练习中体会出肩应为肩胛骨，胯应为髋，即胯骨。脊柱由尾闾直到大椎，是一竖直骨柱。肩胛骨左右成横形，与脊柱成一"十"字，称为上十字。下边胯骨也是左右成横形，与脊柱也成一"十"字，称为下

十字。发力时上下齐动，故有双十字发力之说。

③所说的合，并非膝、肘等垂直相合，而是在行进时起落一齐，上下成为一动无不动、一静无不静之势。

④所说的心，此处似应为大脑。脑为一身之总司令，意为总指挥。拳谱说：心意一动，气即发出，催动形体而发出力来。气即丹田气，又称为内气或内劲，能贯全体。拳谱说：言力者，必先言气。气为力之君，力为气之臣，故俗曰气力。形体为力之表现，亦为意、气、力的载体，故须合而为一也。

2. 上法先上身，脚手齐到才为真

此处所讲的身即脊椎骨、肩胛骨及胯骨相合而成，上即是向前进攻，就是说向前进攻时要以身发动手和脚，做到脚与手动作一致，即是脚手起落要齐。拳谱说："脚到手不到枉然，手到脚不到亦枉然。"

我曾见有人练拳时以足跟击地，咚咚有声，看着有力，而失去手到劲发之情。

注：①足之踩力，是前足之足趾扣如抓物。前足掌着地，将落实时，后足足趾和前掌蹬地使前足滚擦半步再落实，如踩毒蝎等物，双足一齐落实。

②手落时看似无力，而到敌身时以丹田发动身手落实而成一整体劲，故将敌崩出或使其跌倒（详见《形意六合拳论》第十章"内动法"）。此处所谓之劲，即内劲。

2000 年

"一念动时皆是火，万源俱寂才是真。"

"以静为主，放松为辅，无念为行动。"

7 月 14 日

关于四把拳，郭老师称为"提按劲之练法"。

我体会到前辈所作的拳经、拳谱皆是从练习中总结出的理论，故非常正确。而后人有的练不到身上，只成为口头禅，有的以自己认为正确的心得为真传而否定前辈，有的将自己体会出的真传视如珍宝而不肯传人等，故使武术日失其真。前辈曾说：习武如牛毛，成功者凤毛麟角，今之更甚。

11 月 2 日

制胜在手，进退在脚，而主力在于腰。丹田气是发力之源。可以喻丹田气为电源，腰为电门，腰一发力，气即随之而至，内劲遂成。此劲是由丹田及腰催动手足而成，故称内劲。拳谱说："内劲又捷又灵……手到劲发全不费力也。"

12 月 4 日

我以为前辈所说的"练"结合自己的体悟才能有所得，否则以出力长力而练，绝无所得。

拳术中"九"字之体会。

拳谱说："天有九天，星有九野……三三共九节而作拳术。"请参阅《拳意述真》原文。

拳谱说："身有阴阳之分，伸者为阳曲者为阴，内为阴外为阳，内三合是阴，外三合是阳，心意为阴，形体为阳，内外相合亦称形意相合或阴阳相合。"因所发之力是由丹田及腰催动手足而成，故称内劲。拳谱说："内劲又捷又灵，能使日月无光而不见其形，手到劲发全不费力也。"浊气浊力发出之劲，表面看着勇猛，落实则轻浮而无沉重之劲，与人比手露其形而不灵，故易失败。

头、手、足三节中亦各有三节，故成九节。九节中亦有九弯以示阴阳。曲者为阴，直者为阳，而各关节又是相连的。所以说阴中有阳，阳中有阴，相连相合。拳谱说"阴阳相合得之难"，是说把周身的曲直练成混元一体是很难的。

九弯是指手足之八弯[①]与舌弯。

（1）手弯：手指扣，虎口圆，大小二指钩根。

（2）腕弯：是腕关节下垂而成。

（3）肘弯：是肘下垂而成。

（4）肩窝弯：是肩下沉外撑而成。

由手指到肩是直中有弯、弯中有直，亦为阳中有阴、阴中有阳，相连而成手臂。

如手指，伸者为阳，手腕弯曲为阴，手指到手腕为阳中阴；手腕为阴，小臂为阳，手腕到小臂是阴中阳。由小臂到肩部都是阴中阳、阳中阴，相合而成为一条手臂。

（5）腿部：脚趾为阳，扣则为阴，脚腕为阴，小腿为阳，膝窝为阴，大腿为阳，胯窝为阴，其连成一气，阳中阴、阴中阳而成为阴阳相合。

（6）头部：由头顶百会穴向前、向下连通三田，即上中下三田，下达会阴穴，是为正直以通内气。再由会阴穴连通尾闾穴及命门穴，由脊椎骨直上大椎穴、玉枕穴，直达百会穴，再向前、向下使身前面的任脉和身后面的督脉相贯通，如此周而复始，使内气前后贯通，即任督二脉贯通。所以由头到身躯必须成直线，以支撑身体，且易使任督二脉贯通。舌顶上腭成为一弯。所谓舌卷气舒直达丹田，并连接任督二脉使气贯全身。

九弯中，各弯处的弯度无处成死弯，和龙身之弯相同，皆为活弯，故使内气畅通无阻。拳谱说龙身即此意也。此中曲者为阴，直者为阳，必使阴阳相合，九九归一为正功。

---

① 手足之八弯，指手四弯和足四弯。手四弯指手弯、腕弯、肘弯、肩窝弯。足四弯指脚趾弯、脚腕弯、膝窝弯、胯窝弯。

……推手时以柔为进，待觉出对方何处僵硬时，即以手推或按该处，使抖力以击之，即可操胜券，此即善攻者攻其坚而不攻其瑕。

2001 年

贪、嗔、痴，此三者就是人的堕落之由，身入苦海之路，死而不悟，殊可悲也。

世人皆知佛法慈悲，能除一切苦，但认为其理论高深而难得醒悟，或浅尝辄止而无所得，还有的认为是迷信，而不知责己之不虔修也。把"世上无难事，就怕心不专"视为老生常谈，如此焉能有所得？

我对佛法坚信不疑，但由于没有深入学习亦无所得。

以前张善全老师常说，要明信不要迷信，要深入学习佛法的"愿得智慧真明了"。故张老师以现实事例而讲因果，使人易明了。而今亦有实例可鉴贪、嗔、痴之患。"贪"，报载有高级干部不思为人民服务，贪污受贿，以致身受国法；"嗔"，报载有搞对象者，因未得女友，忿而将女友火焚，而身受国法；"痴"，报载有受邪教毒害而自焚者是愚痴之至，是痴迷受害。以上所说事实表明贪、嗔、痴绝非迷信，必须时常以其警诚自己，可得善果。

三合剑是李存义老先生所传。在二十年前虽想传人，但无人做对刺练习，故将失传。此剑法虽不甚重要，但亦是师传之一。应留给练形意拳者一种剑法，所以要设法传下去。

想使身体健康，莫如锻炼武功。咱们的功法是以强心健身为主，其中含有技击之术，故更需以武德为主，注意修养。要有广阔的胸怀，办事公正，心中无私，少存得失之心，要尊长爱幼，结合功法的练习培养自己的道德。

练拳以神意为主，也就是形意合一。

动作到位能力整。打到敌身劲力透过敌身，故易将敌人击倒。例如，郭老师放人时就是力透敌身，重如泰山。也就是所说的"手打人迟而飘浮，腰打人速而沉重"。故郭老师以二指击人也是重如泰山。

大劈不开展，是没做到"手是两扇门，全凭脚打人"。

再校完于 2011 年 12 月 25 日 17 时 10 分

每校此稿时，便觉得遇恩师实我三生之幸也。细读深悟，更觉师之学识真实、胸怀豁达、道德高尚。师虽布衣，然难有与其比肩者。呜呼！良师难遇也！

思师难见兮，涕泪！感师之恩兮，难报！

2011 年 12 月 25 日 17 时 32 分

又校于 2011 年 12 月 27 日 10 时 54 分

刘长国（永泰）

又校于 2012 年 2 月 6 日 18 时 04 分

明师难遇今已遇，真法难得今已得。

只待苦练细体悟，道艺武艺成正果。

校后又文

永泰

第二篇 习武笔记

恩师曾对余言："笔记本内的很多内容抄录自专著和杂志，是为了取人之长、补己之短，学习之用，并帮助解释自己对拳谱不甚明了的内容。惜多未注明录自何书，而不得考查了。如你认为有可用者，则可设法修改，以备我们互相学习研讨之用。"

余从师学艺之初，师即嘱曰："'学拳易，明理难。'欲研习拳艺，宜博读精学，勤于参访，随记心得。一为备忘，二为与同道互研之资料，三为后学者参焉！"余遵嘱实行数十年，今思之，获益大矣！

随感随记，最能朴实真切表达其意，若待修辞成文，必成隔日残羹，本然之味差矣。

语言、文字虽为表述思想之工具，然亦可成思想表达之桎梏。故习艺有"只可意会不可言传"之妙，亦有"传艺与传意"之别。此亦言文字、语言传情表意之憾缺也。

故恩师数十年随感之录，珍贵之至可见也。

恩师笔记复印本，因年久老化而字迹模糊难辨，顺序前后颠倒，编辑整理其难可知。幸遇王开定诸君，不辞烦劳，打印整理。今册成之际，余代恩师向诸君仅呈谢忱！亦望有志研习拳艺者，珍视此笔记，详读细参，悟到文字背后之本意，或可有大益，亦不负恩师之苦心，整理编辑诸君之辛劳也。

永泰

2015 年 4 月 11 日

第一章　20世纪80年代

1984 年

练形意拳之人都讲求丹田气。拳谱说，丹田气是真一之气，此气是人性命之根、造化之源、生死之本，形意拳之基础。故各种动作皆以丹田为中心，每一姿势，都不能离开丹田（中心），如车轮之动转，也是辐条、瓦圈和轴皮不离车轴（中心）。拳术发力以丹田为根源，车轮动转也是以轴心为发力之源，故有中心论说明，录之于下。

天有天心，地有地心，万物皆有中心，人身一小天地也，故亦有中心。中心所在脐之下，两胯之上，所谓丹田者是也。此中心之气与天地之气为一，耳之听、目之视，暨一切之举动，皆此中心枢轴之力所致。例如车轮之辐辏于毂，涂油于轴心，则辐轮自随之而旋，又如影灯者，虽因烛火之力而回转，然亦由于中柱而不倾斜也。人身与天地同体，故自然契合，妙道若此。如枪刀剑拳之术，及音曲书画之诀，以至种种人所不经意之事，无非由脐下丹田所发之光辉，万事万物皆此一理而贯通者也。

拳术有"外三合""内三合"之说。先以外三合（手与足合、肘与膝合、肩与胯合）而言，其发力必须以丹田（中心）为主体，才能发出周身整体之劲（内劲）。手、足、肩、胯等，形体也，如何与丹田配合而做出行动来？必须与内三合（心与意合、意与气合、气与力合）结合为一体，方能做出各种姿势行动。故说外三合为形，内三合为精神（意），以精神发动形体而做出行动，内外（六合）合一。拳谱有一段“内外相见合一处”，说“意为媒引相配成”。由此可见，形体与精神（外内合一）是以意引导而成的，所以形意拳术是内外双修、体用兼备，故称形意拳。

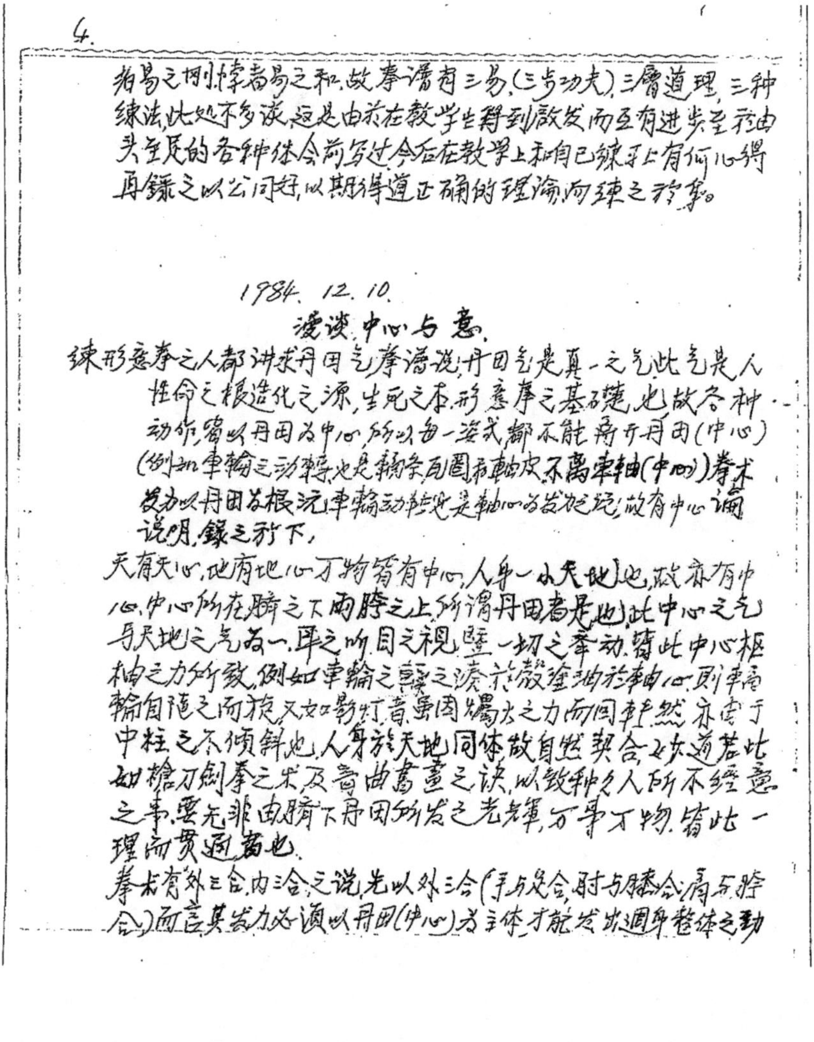

4.

拍易之刚，悖者易之和。故拳谱有三易（三步功夫）、三层道理、三种练法，此处不多谈。这是由于在教学上得到启发而至有进步，至于由头至足的各种体会前写过，今后在教学上和自己练习上有何心得再录之以公同好，以期得道正确的理论而练之于拳。

1984.12.10.

浅谈中心与意

练形意拳之人都讲求丹田气。拳谱说：丹田气是真一之气，此气是人性命之根，造化之源，生死之本，形意拳之基础也。故各种动作皆以丹田为中心，所以每一姿式都不能离开丹田（中心）（例如车轮之动转，也是辐条、瓦圈和轮皮，不离车轴（中心））。拳术发力以丹田为根源，车轮动转是轴心为发起点，故有中心论说明，录之于下。

天有天心，地有地心，万物皆有中心，人身一小天地也，故亦有中心。中心所在脐之下，两胯之上，所谓丹田者是也。此中心之气与天地之气为一。耳之听，目之视，暨一切之举动，皆此中心枢纽之力所致。例如车轮之辐条之凑于毂，毂抱于轴心，则车之轮自随之而旋。又如影灯、走马灯，因烛火之力而回转，然亦需于中柱之不倾斜也。人身于天地同体，故自然契合。小技道若此，如枪刀剑拳之术，及音曲书画之诀，以致种种人所不经意之事，要无非由脐下丹田所发之光辉，万事万物皆此一理而贯通者也。

拳术有外三合、内三合之说。先以外三合（手与足合、肘与膝合、肩与胯合）而言，其发力必须以丹田（中心）为主体，才能发出周身整体之劲

形意拳术是由精神（意）与形体（形）相合而成的。近来有的人过分追求形体的锻炼而忽略了精神的锻炼。要知二者不可偏重，而精神更是不可忽略的。意由形生，以意练形。拳谱说，“三意（心意、气意、力

意）不相连，必然艺儿浅"，以及"意之本源"之说都说明意之重要，录之于下。

"何谓意之本源，此之本源，恒遍乎十方，包藏十方世界国土，凡一切色相、声响、气味、感触等类，无不悉布于其中，其体之大也，弥含六合而无缺，其质之坚也，久经万古而不磨。巍巍乎莫瞻其顶，荡荡乎莫望其边。用则灵应无方，莫见乎隐；静则澄凝不动，莫显乎微。历垢不污，诚为纯洁纯真之净体；经尘不染，实是无质之真意。此真意虽无形象可见，其固能为一切形象之主体，唯一无二，后学者，若明了真意，需得名师口传心授也。"

僧人神秀说，"身是菩提树，心如明镜台。时时勤拂拭，勿使惹尘埃"，就是说要时时注意身心锻炼，不使染有杂念。形意拳术也是身心锻炼，精神高度集中，排除杂念而入静。都是使精神（意）与形体（形）相结合，而练习及使用本门功法，更不可使（意）掺入杂念，而使功法不纯。由此更见意之重要，因为有什么意就发出什么样的行动。例如道家的"动合无形"，虽从外面看着不动，也是以意发动的"内动法"。

拳术之意体会如下。

（1）"意动"。一切行动都是随着意而成的。如与人比手，是以意发动手足而制胜。"意动形随，意到形到"，如铁舟居士谈"剑与各器械同样之诀"。铁舟居士，以剑有名者也，尝语于人曰，击剑之法，不心于敌，不心于身，不心于剑，唯心于丹田。不思斩敌，亦不思斩于敌，万念胥捐，唯见敌剑将发时，奋然刺入，此为必胜之诀云。此也是意到形到之例也。拳谱说："固灵根而动心者，敌将也，武艺也。"

（2）"意静"。以意使精神高度集中而身心得以入静的状态，是动中求静之功法。拳谱说，"养灵根而静心者"，道艺也，修道也。

（内劲）手足肩膊等，形体也。如何与丹田配合而作出行动来，必须与内三合（心与意合，意与气合，气与力合）结合为一体，才能作出各种姿式行动。故说"外三合为形"内三合故"意则精神"以精神发动形体而作出行动。内外（六合）合一拳谱有一段"内外相见合一处"中说"意为媒引相配成"于此可见，形体与精神（外内合一）是以意引导而成的。所以形意拳术类内外双修体用兼备故祸形意拳。

形意拳术是以精神（意）形体（形）相合而成的，现来有的人过分追求"形"的锻炼而忽略了精神的锻炼。要知二者不可偏重而精神（意）更是不可忽略的。意由形生以意练形拳谱说三题（心意气意力意）不相连必然艺儿浅。意之本源都说明意之重要，录之于下。

何谓意之本源此之意源性编布十方虚藏十方世界国土凡一切色相声响气味感触等类无不悉布在其中，其体之大也弥含六合而无缺其愿之坚也久经亿古而不磨巍巍乎莫瞻其顶荡荡乎莫望其边用则灵应无方莫见乎隐静则澄凝不动莫违乎徵历埃不污诚为纯洁纯真之净体经尘不染实是无质之质意此真意无无形象可瞻其固然为一切形象之主伟师信一无二后学者若明瞭真意来雾得名师传心授也。

僧人神秀说身是菩提树心如明镜台时时勤拂拭莫使有尘埃也是时时注意身心锻炼不使空有虚念。形意拳术也是身心锻炼，精神高度集排除杂念而入静。都是使精神（意）与形体（形）相结合而练习使用本门功法更不可使意偏入孪气而便功法不纯，于此更见"意"之重要又因为有什么"艺花

（3）"意化"。用意将功法练得刚柔悉化，神形俱杳。拳谱说："拳无拳，意无意，无意之中是真意。"此境时，无形无象，无我无他，只有一神灵光发。如僧人六祖惠能说，"菩提本无树，明镜亦非台。本来无一物，何处惹尘埃"。此偈语合于拳术中之"拳无拳，意无意，无意之中是真意也"。

又如各种车辆，零件俱全，但不能自行开动，需人驾驶，故向左、右、前、后开动，都是以人之意志为转移的。至于拳术，也是以人之意志为转移，是以知意对拳术之重要也。

1985 年

武术是用实践的形式来表现理论的认识。在实践认识上升到理论认识后，对理论就会有深入骨髓的认识，然后产生一种更高级的实践形式，就能得心应手，运用自如。也就是"武术是用动作（形）来表现出对理论（意）的认识（领会），还得从实践（形）认识到理论，并有了深入骨髓的中（含藏式），一旦条件成熟，就能（形意合一）得心应手、运用自如"。

练功夫日子长了，再因内（意）和外（形）有了正确方法，渐渐相合，身体自然产生变化。所以说，"形意拳是变化人之气质的"，因为外部的姿势（质）练到运用圆活不滞了，内部的气练到舒展不拘了，身体就会感觉有所变化。如最初觉得身手有时酸、涨、麻等，再进一步练就渐渐消失了。这就是内部和外部的感觉。这感觉是练功夫的进展过程，而不是追求的目标，也不能用以评价功夫的好坏。如果一味追求感觉，就易把精神停留在那里，就会妨碍练功的进展，造成僵滞，违反"松静自然"的原则。练功要达到的最终境界是"空虚灵"。有了这个目标，一有感觉就任其自来自去，循序渐进达到"空虚灵"的境界，使周身通顺、气运平衡，感到心旷神怡、恬淡虚灵、飘飘欲仙。有的人不知产生这种感觉的原因，而把它当成衡量功夫的标准，一味追求感觉，经常如此就易出现偏差。最近有的人因出现偏差不敢练了，所以应当学点生理和物理知识，结合功法来分析一切、掌握一切。

　　早晨到旷场练武时，见路旁水沟中流水，因水浅而水流见底。流水过处，有的地方水流平稳，见不到流动；有些地方因有石子及砖头等，流水因之受阻而起波动，一望而知水正在流动。为了使水通畅，就用铣将石子砖头等铲开，水流通畅就没有障碍而不起波动。虽然看不见水流动，但其实水流平稳且力大，如果向水中投一小木片，看不出有何催力，木片即稳稳地向前流去，随着水流前进或转弯，因此想到了练拳时的感觉和自动。

　　练习二步柔劲时，由于精神高度集中，姿势柔和，当内气发劲时，易感酸疼麻涨等，再进一步感手臂等微动，此是功夫进步之表现。由其自来自消失，此情就像上述水流，遇到石子等阻碍，水流起波动，等阻碍消失，水流平稳。在拳术上，当内气发动到手臂上，也是因过去手臂没受过内气冲动，故有微动或手臂动摇等。待内气通畅后，手臂自然就不动摇了，而内气则畅通于手臂。有人不明此理，以为手臂不动摇了，功夫便失掉了。还有的臂部有微动，就一味追求，每日练习，如练崩拳，拳发出后即等手臂动摇，说不是故意的动，而是自动，其实还是他的意动，并非自动。若是自动，此情况早已消失而通畅了。

　　回忆 1938 年夏季早晨在宁园练习二步柔劲时，地广无人声而自己精神已高度集中，约半小时，觉得一切皆无，真是万虑皆空，无我无他，好似一切知觉都没有了，而练拳仍照样进行，应回转时就回转，步法非常之准确，而自己仍无所觉，一切行进都是自动，毫无意识指挥，如此往复。忽有同事者喊已到点了，上班去，我闻声后即停止动作，如梦初醒，此时身心愉快，有难以形容的美感。但以后专心之而不能如此自动，月余后忽又有同样的自动，专心求之仍不可得，仅有三次如此自动。值日寇侵略津沽而停止练习，自此生活困难不得练习。后虽恢复练习，但由于年事日增，又为了应付比赛及教学，好久未恢复柔劲练习，偶尔恢复也得不到以前那意纯静笃之境了。虽也有自动，但心中明了动作方向及姿势，不能把自己练得进入无知无识之境了。

7 月 30 日　　杂感随录

从不会到会，从长到短，从刚到柔，从柔到无。拳谱说，制胜在手法，出入在步法，发力在腰（丹田），内力充，外力缩。

初学时按照拳规去练，及至练顺，手足上下相合，即研究发力，只以周身力整而发出之力异于常人。其力的来源如上述。

从不会到会（刚劲），从长到短（刚柔相济），从短到柔（暗劲），从柔到无（化劲，无意之中是真意）。

不动之动，才是生生不已的真动。真气发动，畅行于全身，全无阻碍，故从外形看不动，而在体内融和畅通，所以不动之动才是生生不已之真动。

7 月 31 日　　漫谈六合

内三合：心与意合、意与气合、气与力合。外三合：手与足合、肘与膝合、肩与胯合。

1. 内三合

心与意合。就我多年学拳术的研究体会，拳理中所说的"心"，不好理解。心在体内是循环器官，专司血液循环，不存有各种意识，因而也不能结合意识做出各种动作，所以说"心不能与意相合，只有大脑含藏各种事物，一旦条件成熟，遇事就能配合意识反射出来，支配行动"。如说"让我想一想"，就用手拍着头而思考，没有拍着心去思考的。所以把"心"改为"大脑"，就较容易了解了。可以写作"心（大脑）与意合"，如此一望便知了。

意与气合。意是指挥气活动的，就是所说的"以意行气"，也就是说一切行都离不了气，而气又受意的指挥，所以说"意与气合"。

气与力合。拳谱说，气为力之君或气为力之本，故谈力者必先言气。然欲求力之足，必先求气之充，所以说"力为气的表现"。例如手提20斤重物，就必须运足20斤以上的气，才能用力提起，所以说"力为气的表现"，故气与力是不能分开的，这就是"气与力合"。

再说一个例子，如劈一难劈之木材，大脑认为得用全身力量才能劈开，"意识"即指挥气与力贯通全身，右臂用力才能劈开。这一过程，人是不学而会的，其实际就是"心（大脑）与意合（大脑反应）、意与气合（由意指挥气）、气与力合（气力相合，由力表现出来）"，这就是内三合的实例。还有外三合，相合（形）才能做出实际行动来。

2. 外三合

拳谱说，"手与足合、肘与膝合、肩与胯合"。初学拳时要以拳规法约束身体，使其不偏不倚，但并非以规法绳之使相对不差分毫，而是练习日久，自然形成相对之习惯，因而每一动作都是手到脚到、肘垂膝挺、肩沉胯坐之势，而动作还相合，成一动无不动、一静无不静之势，这就是外三合。

3. 内外相合

拳谱说，武技一道，有形者为架势，无形者为气力，架势者，所以运用气力也，无气力，则架势为无用，故气力为架势之本。所以气力和架势必须相合，就是内三合与外三合要相合。

内三合必须与外三合相合才能做出动作。而内外之所以相合，是由意支配的，因意在内、形在外，也是内外相合，是形意合一，所以叫作形意拳。拳谱说，"意为媒引相配成"，《意之本源》有"此真意虽无形象可见，其固能为一切形象之主体，唯一无二"，由此可见，内外相合，是由意支配的。

拳谱说，上法先上身，脚手齐到才为真。手与足合多一力。又，脚打踩意不落空，消息全凭后脚蹬。动作时，要六催，故手一伸，要肩催肘、肘催手，足一进，要胯催膝、膝催足。手、足、肘、膝、肩、胯各点都是遥遥相对，肩、肘、手在上，胯、膝、足在下。人的一身，下部是上部的根本，也像大树那样，腿脚为根，所以胯一动，肩也要随之，膝一进，肘也要随之，脚一迈，手也要随之，这样就上下相合成一整体，动作时就无前俯后仰、先后错乱的毛病。

这四肢之动，就是心意所主使，心的动向就是意识。意有多种，有来意去意、攻意守意的分别，都来源于心，发动于意，所以说心必须与意相合，否则，主宰者就无力指挥，手足耳目也不灵了。意之所发就是气，气是听意指挥，故必须相合。当进退闪展时，是以心意为主宰，以气运行，而气的表现就是力，力的表现就是四肢（形）。所以一遇敌，心意一动（意），手足相应（形），肩胯相合，肘膝随之，气自然发动，内外如一。故有"意动形随，意到形到"。形意合一，才能得心应手，所以此拳名为形意拳。

拳谱说，天地阴阳相合能下雨，拳术阴阳相合能打人。又说，阴阳相合得之难。伸者为阳，屈者为阴。所以形意拳术有龙身之说，即全身各关节都像龙身那样弯曲，是没有死弯的，所以"手一伸、足一进，都是阴阳相合的"。依据伸者为阳、屈者为阴之理，试举例说明：手掌一伸，掌为阳，腕为阴，小臂为阳，肘为阴，后臂为阳，肩掖为阴，连合一起为阳中阴（掌为阳，腕为阴）、阴中阳（腕为阴，小臂为阳）、阳中阴（小臂为阳，肘为阴）、阴中阳（肘为阴，后臂为阳）、阳中阴（后臂为阳，肩掖为阴），其他各部也以屈伸为阴阳。其他也照此类推。练拳时，手一伸，足一进，周身关节都有屈伸，而把手肩足胯腰脊背等都称为弓形，人体关节不同，弯度大小也不相同。五弓是，臂弓由手到肩，腿弓由足到胯，背弓由项到尾闾，腰弓由左胯到右胯，脊弓由左肩胛到右肩胛。臂弓和腿弓弯度较大，背弓、脊弓和腰弓弯度较小，发力时以背弓为主，以脊弓催肩胛发动肩（臂弓），以腰弓催胯骨发动胯（腿弓），上下一致形成一整体，也称为整劲。脊弓是由左肩胛到右肩胛，是横弓，它的正当中和背弓相搭成一个"十"字。下面腰弓由左胯到右胯，也是横弓，它的中间也和背弓搭成一个"十"字。由此，脊弓与腰弓由背弓连接，使上下一致，而使手足也成为一致，故有"脚手齐到才为真"之说。所以这力是由上下两个"十"字一起发动到手和脚，故也称为双十字发力，也就是拳谱说的力由脊发。

五弓之整力既合，还需要和头、眼、身、手、步之顶进相合。

（1）头为一身之总司令。拳谱说，欲进头先入，欲左头先侧，故前进时，前额向前顶。

（2）眼为一身之先锋。拳谱说，眼为心之苗，察敌情达之于心，然后能应敌变化取胜。

（3）身。拳谱说，上法须要先上身，脚手齐到才为真，就是以身（丹田）发动四肢。

（4）手。拳谱说，制胜在手，故捍蔽进攻都是手所为，打到敌身之时，手向前顶去。拳谱说，手比弩箭，直往前顶。

（5）步。拳谱说，进退在步法，脚踏中门抢他位，就是身进脚进，直抢敌人之位，也就是脚向前顶之意。

总之，所谓顶，就是前进的意思，头前顶，手前顶，足前顶，身前顶，故分为四顶。

五弓、四顶连成一气，成为一整体之劲，（形）自然与内三合（意）相合为一，所以说形意合，心意一动，形势自然合一，随之而到，得心应手。由必然用心意发动，意到形到，练到成自然，就达到不令而行之了。

灵窍，指人身上与内功修炼有关的一些窍位，重要的有九，再加上两对实用窍位，共计十三，各家名称不一。

命功之窍，位于脐下寸半之处，曰下丹田，曰龙宫，曰命蒂带，等等。

性功之窍，位于鼻直眼横交叉之处，曰总窍，曰玄关，曰上丹田。

其他如脑后之玉枕，头顶之百会，脑中之泥丸，背后之夹脊，两阴间之会阴，前胸膻中之上，后腰命门之下，两手之劳宫，两足之涌泉，共十三窍。练功时皆有功用和感应，为内功修炼之要窍。

综观以上所讲之窍，是隐于内者。

（录于《气功与科学》）

双目、双耳、双鼻孔、口、肛门、尿道，共九窍，是露于外者。

练功者，用练习入静之法，以封闭外九窍，使它的各个功能暂时停止发挥作用，暂免引入七情六欲，以免搅身心，使大脑不得静。外九窍停止活动而内九窍就顺其自然，在人身中流动，循着奇经八脉运行，也畅达于两手的劳宫和两足的涌泉，它的活动是内在的真气运行，这就使得大脑智慧，五脏六腑的功能增强，运动平衡，筋骨灵活，肌肉丰润，身心愉快，达到却病延年、快乐长寿之效果。形意拳内外双修，也是此意。

形意拳术，三步柔劲（暗劲）的功法也是此意。练习时，以意发动柔和姿势，更要使精神高度集中，以达到身心相合，练习日久，就达到意纯静笃之境。此时内观其心，心无其心，外观其形，形无其形。此时外灵窍已封闭，已无七情六欲搅害身心，内九窍就在真气发动之下，顺着奇经八脉和十四经络自然运行，畅达于全身及手之劳宫、足之涌泉，外九窍虽封闭，而真气催动四肢悠然自动，融融和和，畅行无阻，步法准确，无知无识，飘飘欲仙，其愉快非笔墨能形容，身临此境者才能知也。

9 月 12 日

形意拳术是内外双修之练法已如前述。凡是拳术都讲求力（或说劲），过去科学知识不够普及，所以讲拳者很少知道力学，现在一般人都有点科学知识，故对拳理也要求合于科学，力学也用以证明拳法的正确与否。我们练拳者应多学点科学知识，以提升自己对拳理的认识，改进拳法。古拳谱所讲有很多都是合于科学的，如对姿势的要求，不要前俯后仰、右倾右斜，要不偏不倚，合于力学则稳固，这都是讲姿势（形）的正确。如姿势偏倚歪斜，非但身形不稳，更会影响身体内部而易发生偏差，甚至引起五脏的不适而致病，故形意拳初学时必须把姿势调整对，才能与内部之气相合，也就是内外合一、形意合一才能得心应手。

老前辈所作之拳谱，都是内外功并论，尤其对身形更为重视。现将关于外形（姿势）的要求及内部"意识"的要求简单抄录如下，由于内容很多，只录提纲。

①三节；②身法八要；③步法之序；④手法之序；⑤上法和进法；⑥顾法和打法；⑦身法；⑧拳法；⑨头手之法，等等。

以上所录都是调整身形的法则和姿势（形）要求。从提纲来看，都是讲外形的。但其内容都是与内部（内功）相合而不能分离单论的，如六合、内三合与外三合的"合"，又如三性（眼、耳、心）调养法，又如形影之序，又如点法之序，又如聚气凝神。每一段所讲内容都是内外并重、互相关联的。拳术之理，也如习字之理。初学者必须练工楷，以明字体结构；及将笔法和字的结构都有成，就可以练行书了，虽然字不像楷书工整，但所差无几；待笔力流畅，再练草书，字体虽草，但仍不离楷书之原形。所以一般习字者，是以楷书、行书、草书三种为习字的准则。形意拳是以刚、柔、化三步功夫为准则而按步练习。现一般练形意拳者多没有这三种功夫。即有知者，也是传闻之学，至于如何练习，则未见过，所以多是练明劲的，因不知如何过渡到暗劲，故一味追求外力，最终由于用力过猛而伤耗体力。青少年犹可，中老年则不相宜，虽能练出力来，但很少合拳理者。有的因求力而致内疾，如激、挤、漏三种流弊（此处不谈）。李存义老先生说（《形意六合拳论》）："今世之学艺者，皆言创劲、崩劲、攻劲俱非也。殆粘（内）劲是也。创劲太直难以起落。攻劲太死难以变化，崩劲太促难以斩截。要皆言强劲露其形而不灵，唯内劲又捷又灵，能使日月无光而不见其形，手到劲发而不费力也，天地交泰，如大风一过而百草俱偃也……"一般能练出崩、攻、创已属少见，然俱非上乘内劲。故有的人知道气的作用大，而一般练气功者又极力宣扬气功或内功，但他们所练气功，只能强身健体。所谓气功师者，可以用气功给别人按摩治疗，如用他们的技艺来做攻防，是无效果的，其原因已如前述，是因为没有把形体（姿势）练好，或只练坐功和站功，即使能练出气来，也只是在自己体内，不能用以击敌。例如收音机机件若有不合适，虽接通电流也发不出音来，是以知物体（形）和气的关系是双方并重的，物体和气虽齐备，但还需有人开动才能发出音响，发出或停止得以人之意志为动意，具体到拳术也是如此。把形（姿势）练得正确，再结合内部之气，就能发出力来，而外形与内气，也是"以意识支配而做出各种行动"，所以拳谱说"意为媒引相配成"。由此可见，只追求外形而不注意内气有所偏差，只注意内气而忽略外形亦有所偏差，应当二者并重，否则难到上乘功夫。试举一例如下。

火车、轮船，外形坚强又有极大的力能带动很多物件，但本身不能发动，得依赖气发动，二者备俱仍需人去发动，而以人之意志发动和停止。火车无气等于废物，有气无车亦无所用，因物质与气都是由意形成的，故万物万事皆以意转移。拳术亦然，《意之本源》中说"此真意虽无形象可见，其固能为一切形象之主体，唯一无二……"。

拳谱说，"武技一道，有形者为架势，无形者为气力。架势者，所以运用气力也，无气力，则架势为无用，故气力为架势之本，然欲力之足必先求气之充，故气又为力之本"，故一味追求外力是舍本求末，青少年犹可，而老年人气衰，讲求外力，是以旧车装重载，难免不伤也。故今之练形意拳者，多注意柔顺练法，就是刚柔相济之法，待练到至顺，渐入柔动二步之练法，得经师传，此是养灵根而静心者修道也。虽然姿势之柔亦非无力，是其自然之力，此时若与敌人比试，而外静、内动，所发之力为内劲，意到形随，形意合一而制胜。若再练到至顺至柔而渐入化境，此时无所谓刚柔，是刚柔悉化。若遇敌入侵，心神一动，即将敌人打出。到此境者，实无多闻。故吾等练拳者不可追求外力，以免有所偏差，而要注意内外双修也。

9 月 20 日

额顶、项竖、脊阔、胸圆、肩沉肘垂、腕挺指扣、坐胯挺膝、手足腕挺、手足指（趾）扣、收臀开裆。

口微闭，齿微叩，舌顶上腭。目垂帘（微闭），耳不闻（内听），鼻无吸（呼吸深匀如停吸），心无息（大脑修养），意无意（静极真气发动）。

10 月 7 日　漫谈灵窍武道同源

气功家所讲的窍，是隐于内的，所以叫作"内功"。形意拳术所讲的窍是露于外者，如双目、双耳、双鼻孔、口、尿道和肛门，有九窍。形意拳的练法是内外双修，以气调和五脏及贯通奇经八脉，而这奇经八脉包括气功家所说的窍位，故形意拳是外练筋骨皮肉（外功），内练气功（内功），形意拳也叫内家拳，即此意也。故形意拳的练法，是内外两个九窍同时并练，如耳听八方、眼观六路，口鼻呼吸，提肛和收阴，等等。内部精神高度集中，真气就渐渐贯通奇经八脉（内九窍），日久形体与内部合一，是用动中求静、静中求动两种循环方法自然练成的，是一气贯通的。

拳术所讲之气，不是呼吸之气，是先天真一之气，又是元气、正气、内气、内劲，等等，亦是人性命之根、造化之源、生死之本、形意拳之基础也。

初练拳时，要顺拳之规律，把姿势和形体练得极和顺，此是刚柔相济，呼吸纯任自然，深匀而不觉鼻孔气出入，目视手而不旁视，不为其他所吸引，耳也不听其他声，收臀肛自提起，元裆阴自收，意守丹田，此时姿势越练越柔顺，渐渐入于静的状态。这是因为外九窍形如有而不使用，有如被封闭住，而达到静的状态，由于是用动作练成的入静，所以叫作"动中求静"。姿势导引，静极而动，外九窍封闭了所有的七情六欲，以及当时的一切干扰，因而内中真气发动，循着奇经八脉，畅贯全身，也就贯通内九窍和手足的窍位，这种动从外面是看不出来的，因为是由入静而得到的动，所以叫作"静中求动"。道家的"开合无形"，也是由打坐入定而得的大小周天，也是静中求动之法。一般练气功的也是用站功、坐功或其他卧功等求得入静。有的人练气功，由于内气发动，有时催动手足动摇，以为是功夫到来，就一味追求现象，因而产生偏差，手舞足蹈或大声喊叫，不能制止，是不明静极而动的道理，不知如何处理之故。

形意拳术之动中求静，不是求得静止，而是求得外面的姿势柔顺，使精神入静，内部真气发动，畅达四肢，此时神意发动，四肢仍继续练拳而不用意指挥，手足自动，所谓不令而行之，即拳谱所说"拳无拳，意无意，无意之中是真意"。再举例如下。

1938年夏季在宁园晨练时，由于地静、自身心静，忽而入静，所练之钻掌仍继续进行，应进自进，立于自转，自身已毫无感觉，身心已空，外九窍已封闭，内九窍之动也无感觉。如此约半小时之久，忽闻有人喊"别练了，到上班时间了"，随即自动停止练习，恢复感觉，此时心中的愉快非笔墨能形容。回忆此情是动中求静，外九窍自然封闭，静中求动，真心之气发动内九窍，动极而复静，姿势练至柔至顺，而使心意入静，姿势随真气而动，故身（外形）、心（内心，意）俱已入静，所以叫"拳无拳，意无意，无意之中是真意"，至此境已是"无形无象，无声无息"，万法皆空之象。但也是从无到有（开始时形与意识不能合一，得练习多日方能"身心合一"而入静，使身手足轻灵，形意合一而自动），从有到无（由于身心合一，意动形随，渐渐心意也入静，就无意识了，因而入于无形无象之感），就无所谓内九窍和外九窍了。道家功夫虽说是开合无形的内功，但也是从有形象（打坐）入静后渐渐入定，而到无形无象之感，所以说"武道同源"。非但道家如此，其他所谓内功者也不能离开"形意"二字，没有身体如何分内外，没有形式和动作哪能练功（如站、坐、卧、行等），无意识如何发动练功，所以说"形意"二字是包罗万象的。

10月18日　关于气的一点见闻

今之练功夫者，都知气是很重要的，故多称所练功夫为练气功。形意拳也是练气功之一，如拳谱所说，"有养气和练气二种"，除此之外还有很多都是讲气功的调息（一呼一吸叫作息）、息调、净息等，其他很多讲气者不一一举例了，都知道气对人生之重要性。例如一个人一天不吃饭，不会立即饿死，若是把呼吸器官堵住，用不了多长时间，就会窒息而亡。其他动物也是如此。对于气的知识，因对科学没有深入的学习，仅以肤浅的见闻录之如下。

故人都知道人生以气为主，所以道家和所谓神仙等都自称"练气士"。道家有很多经卷讲气功，说是炼丹。现在一般人多自称练气功，形意拳术也是以练气功为主的，说丹田气是真一之气，是人生性命之根、造化之源、生死之本、形意拳之基础也。武术家能掌握此气才能达到上乘功夫，过去老前辈都是以气功胜人，但对于气的来源及如何练能练出气来并运用都未说明。拳谱虽有"养气""练气"二则，但也都未说明练法如何。郭汉之老师说，人生原有先天气，练拳是吸收氧气，配合水谷之气，也可以补先天之气，但不是一练就成，得练得正确，才能渐渐生效。故须勤练，调整形体，结合内部心意，要合而为一，才能气贯全身、得心应手。这也只是说拳练得正确，形意合一、得心应手，而对气的来龙去脉仍未讲解要领。看来这气还没有解释明白，孟子也说"难言也"。但近来科学发达，关于气，有待科学家和武术家研究揭示。这气是无形的物质，对人生有大益也。

10月31日 找差距、差不点（差不多）

最近练习，感到步子小，所以腿裆成"人"字形，应当放大步使裆成"元"字形，所以叫元裆。在练习时，也曾意识到收臀元裆，但每次练习，放大步时觉得身有点颠动，或足落地时有声震动，故步子时大时小，因此丹田和带脉在回收时感觉发胀，发出时不觉晃动，丹田时有起伏。40年前与人比力时，如觉丹田起伏不平，就觉力不整，更觉吃力，因此就将腿脚略为变动，去找丹田适合，而对方虽力大，亦不能拔动，更是谈笑自若而有整力。今练时感到不适合丹田，也觉脊胀痛，今晨因天凉园内人少而静，精神忽然似乎听到"找差距、差不点"（静声出语），继续练习，用心体察，又觉精神上似乎练了这些年，不可乱来，免走弯路。在练完劈拳收式时，恢复三体式，不觉间，前足向前迈出约一足长，而站定觉得既稳又舒畅，就想到步子少迈一点，在练习时步子也应多迈一点，随即练习上步时，以丹田催胯、膝、足前进，落实时较前步子再远迈约一足之长，初练时觉得勉强，功夫稍大，觉得丹田和带脉得到开放而舒适，收式后脊背也发空轻松，休息后写字时也觉得丹田充足，呼吸自如，身心愉快。这几日丹田中的起伏已平复，想是足部少迈了一点，而使丹田气不得畅通，手足因而起伏。由此看来，外部姿势之合，才能与内部之气合而为一，故形意拳是内外双修，必须内外合一，也说形意合一，而姿势更不可不讲求也。

11月9日

拳谱说，有三层呼吸。现只谈第一层，即说明外形与内气之相关练法。外形与内气是不可分离的。第一层练拳之呼吸，将舌卷回，顶住上腭，口似开非开、似合非合，任其自然，不着意于呼吸，因手足动作合于规矩是为调息之法则，亦即炼精化气之功夫也。由此看来，外形合于规矩，是调息之法则。这也说明，外形得加以锻炼，使之合于规矩，才能得到气功，不注重外形或外形练得不合规矩，是得不到气功的。也说明，只讲气功不重外形，等于一般练气功的，只能保健和治疗，在攻防上起作用不大，虽有内气，也放不到手足，使用不灵，甚至终生不能练出气功来。拳谱说，静坐功夫以呼吸调息，练拳术以手足动作调息（初步）。起落进退皆合规矩，动作亦极和顺，内外神形相合，谓之息调（二步）。以身体动作旋转纵横，往来无有停滞，一气流行，循环无端，谓之净息，亦谓之脱胎神化也（三步）。

1986 年

1 月 15 日

拳谱说与人较勇，不可出手即露四相，还要注意八忌。

1. 四相

（1）挥拳高举突头而下，拳即高举，是腋必空。

（2）或长拳冲入，手臂伸直无余，且拳之收入，又迟缓停滞，手直则钝，不伤则折。

（3）既无高步桩法，长身直立，如僵之碑，直立则后虚，一动即跌。

（4）怒气腾涨，进退甚猛，血气上升，手足无主，怒则心昏，自动不知，何能胜人？

2. 八忌

（1）出手高举两肋空。

（2）绝力使来少虚空。

（3）力猛变迟伤折快。

（4）臂法直身无返弓。

（5）身无桩法如竿立。

（6）相击易跌一身空。

（7）怒腾气升血冲脑。

（8）心智变动不机警。

1 月 29 日

正确的理论和方法。

正确的理论是事物发展变化或消亡的因果关系，也就是事物组织形成和发展变化的客观规律。

正确的方法是根据客观规律制定出来的处理这一切事物的手段。无理无法是空谈。知法不明理是光知然而不知其所以然。生命即性命，性即精神，命即气质，神即生命的主宰，气是生命活动的能源，神与气是生命之根本。

气是人的本质，精神属于气质。拳谱说：神藏气内。人体是由形与气组成，精神是人体的属性，它是形体和气血的产物，反过来又支配着形体和气血的运动变化。

人的生命由形体气质和精神意识组成。它们互相联系、互相作用，维持着生命的存在和发展。

形即人的形态，它包括液态和固态两个方面。液态主要有精血和脑髓，固态主要有筋骨和肌肉。它们组成了人的躯干、四肢、百骸、脏腑、器官等。

气即人的生机活力，是运动的能源。气以"中气"为宗，以营卫两气为主，丹田为根，遍布周身，是生命的根本。

神——精神，是人类特有的属性，即"理性"，以脑为中心，通过神经系统的感应支配着一切活动。神是性的体现，性有秉性和习性，所以神有元神和识神两个方面。元神根源于秉性，是生理本能的自然感应。对内为神志，它制约着内脏器官的生化功能，调节着整体运动的平衡；对外为灵感，可以不通过感官、不接触物体而产生感应作用，并能不经思考而本能地做出反应。识神根源于习性，它是以对客观事物的反应为依据，通过理性思维加工后产生的主观意识，用之于外为心情，感受和应付着外在的一切变化，用之于内为意念，可进行分析、思考、计划和运筹，是行动的先驱。

秉性是习性之本，所以人们的习性不能离开自己的秉性。秉性决定习性，而习性又能改变秉性。经过长期磨炼，习性可以改变秉性，故有"习性成自然"之说。识神根源于元神，元神与识神有密切的关系，元神增加，识神就减少，识神用事，元神就退位。识神运用不当，如心情激动，意念妄用，就影响元神的正常活动，必然造成内脏功能紊乱，机体运动失衡而罹致疾病。必须克制识神，以减少妄想杂念，保持心平意静，以增加元神的活动来维持整体功能的协调平衡。

形、气、神互相依存、互相约制，维持着生命。形是生命的基础，气由形的精血产生，神由固形的脑髓形成。气与神如没有形为基础，就无所依存，所以形伤则气散神衰，形健则气聚神旺。气是生命活动的能源，形体运动、血液运行、精神运用，都是以气为动力，如果没有气推动，形与神的运动都要停止，生命即逝去。

神是生命的主宰，形与气的一切运动变化都受神的统制，如果神志不清，必造成内脏功能紊乱，气血运行失衡，心意不宁，则形体涣散，行动失常，如能神清意静，主宰中定，形与气的运动变化才能保持正常。形、气、神三者不可偏废，必须保持畅调平衡，如一方偏盛或偏衰，其他两方必然固之而产生病变。大多数疾病都是不惜精神、乱用心思（如七情六欲无度、妄想杂念不停）或主观意识不能适应客观情况的变化，因而耗精伤气，身体受损所致。这也就是有的人不能够享尽天年的根本原因。返本还元是减少识神的七情六欲、妄想杂念，用收心定意的办法，使识神与元神相配合，并有意加强元神的功能，发挥生命主宰的作用来协调内外的平衡。通过锻炼，减少识神的妄动，使识神的理智与元神的自然本能相结合，即在有意（识神）无意（元神）之中保持主宰中定，来调和气血运化、协调机体功能，使意气相合、神形统一，必能得到祛病延年之功。

心与意合，意与神合，神与空合，炼精化气，炼气化神，炼神还虚，从有到无，这是有层次、有步骤的一条练功路线。

心意本是一体，但由于人的妄心外用，杂念不停，使心驰意乱，心意分离，识神不能中定，运动失去主宰，形乱意散，机体功能运化失衡，成为致病的内在根源。故要收心定念，使心与意念保持意静，在意静的情况下调形顺气，达到治病的目的。

意静的目的是主宰全面平衡运动，故意静既不是思想静止于局部，也不是片面的只知内而不知外，或只知外而不知内，而是思想清清楚楚，照顾到整体，对人身体内外无所不知但又什么都没想。意静就是使意识处于有意无意之中，把握机体气血运动的全面平衡，它贯穿于练功的始终。

形体是生命的基础，意与气都不能离开形体而存在。形是人体的生理自然形态，如形不正（歪头、耸肩、挺胸、扭腰），就会违背生理自然，造成气运散乱，血行不畅。

3月12日　杂感随记

（1）收臀突间带脉通，丹田无意自动荡。这是在练习时，以意收臀，不使尾闾外突，不可用力，丹田因之忽起忽落自己动荡，好似内中呼吸一样，而带脉鼓起由两肋下向腰（尾闾）冲动，似有前后连成、左右相通之情。是否已前后连成一圈，尚未体察出。

（2）牵到会阴过尾闾，直冲夹脊到昆仑，这是督脉上冲。在练三体式和仰卧时，有时感觉到上冲脊背、项部胀痛（很微），随即松肩胛外撑，也是用意而行。

（3）横使肩胛两边撑，胛撑肩沉肘催手，胯坐膝挺足趾扣，轻松自然劲力整（练习时以意发动，练熟后成自然就不再用意了）。

（4）日久外形三合一（上中下、头手足），内外相合意配成。

（5）有形有象皆是假（假意），无形无象才是真（真意）。假是指意而言，是以意发动形体，功夫浅者有时不能达到意的愿望，故意虽想到，而形不能随意之愿望得心应手，故说是假；真意是久练成自然、得心应手，遇敌来心中一动，伸手就将敌人打倒。此时以假引真，是说从有意（假意）到无意（真意），就是先从有意识的练习开始。心中既无防范，又不知用何法去打，心神一动即将敌打倒，所谓无意之中是真意也。真意是把所练功夫的成果积累于"含藏式"中，一旦遇敌，即条件反射，自动而出。故不待命令而行之，所以叫真意。

〔7月18日〕 蛇行、蛹动

此处所谈的蛇行，是指像蛇一样行动，不是说"蛇形拳"。蛇也是一般软体动物中之虫类，因它比一般虫类长，所以有人叫它"长虫"。《少林拳谱》说：蛇拳练气，气之吞吐抑扬，以沉静柔实为主。如蛇之气，节节灵通，其未着物也，若甚无力者。一与物遇则气之收敛胜于勇夫。练拳时动作也要像蛇那样柔若无骨，柔顺而不僵滞，虽柔而不可懈，神气节节灵通，贯于手足，倘与对方接触则内气由内到手，威力无穷。

蛹动，是说六催（肩催肘、肘催手、胯催膝、膝催足），也就是手一发动，由肩到肘再到手，足一迈步，由胯到膝再到足。这也是从根节到梢节，使内气节节到手足，发挥内劲威力，因其前进是节节发动，像蛹那样动，故称蛹动。这种动法从外面是看不出来的，更与以手足带动身体前进者不同。以手足带动身体者，力虽猛，而落实到人身，是浊力，浮而不实，没有以身催动，更不能使内气到手足而发出内劲来。拳谱说，要皆言强劲露其形而不灵，唯内劲又捷又灵，能使日月无光而不见形，手到劲发全不费力也。故观先辈老师和人比手，只见手一按或一划，对方即被击倒，未见用力。被击者与先辈之手一接触，即如被泰山压下，又如触电一般被崩起，跌出丈外。盖先辈老师已练到内外如一，得心应手，不令而行之，一旦悉化，无所谓之劲矣。

5月17日　漫谈无极式和蛇行蛹动

无极式，凡内家拳都以此式为基础，形意拳术每一趟拳都是先站无极式，到三体式，再开始练各拳。拳谱说"道自虚无生一气，便从一气产阴阳，阴阳再合成三体，三体重生万物张"，也就是说形意各拳是从无产生的。所以在练拳时"先站无极式"，待觉有气感（此气是先天真一之气，非呼吸之气，拳谱说"此一气是人生命之源，形意拳术之基础也"），然后"以意行气"催动四肢前进，像蛇运动时虽快而看不见脚动（说是蛇无足），是气催动前进。在催动四肢前进时，要像蛹那样节节前进，就是六催（前已谈过），则内气即能到手，久练成自然，气自贯全身，一举手一投足，气就不令而行之，即到手足，功夫再深，内气能发放于外用，用以自卫击人。综合起来是"站出气感，再以意行气，发动四肢（六催）节节前进"。久练成自然，就不用意了，就是"无意之中是真意"也。从无到有，再从有到无，久练条件成熟，遇事自动而出。

8月28日　硬打硬进无遮拦

拳谱说，"气连心意随时用，硬打硬进无遮拦"。当敌人攻来时，其劲力必然强大，而我也不避其强，顺其手硬打硬进。但我不是盲目硬进，因为我一接敌手，即顺其前进，因前进时我即以暗横（螺旋力）前进（不明此理者是看不出来的），敌手被划斜，一触即发，进攻其发出的僵硬之臂及身，复以身内之暗劲（丹田力）催向对方。例如，宋世荣先生对敌时，只见先生用手一划，敌即跌出二丈余，虽然先生轻轻一划，而行动中也含有暗横，由于速度快且先生功夫已成自然，故只见轻轻一划，敌人即跌出二丈余，看是手到劲发全不费力。这需有高超之功夫，全身功力自然而

第二篇　习武笔记

发，此非一般人能做到。师叔郭亚之先生与身高力大之马某比手，马凭其身高力大向前猛冲，当二人相撞时，马某即被击出跌倒，旁观者只见二人相撞，马某也莫知其理，而郭亚之先生的右目被马某肩（撞）得青肿了。这也是郭亚之先生功夫深奥，形成硬打硬进之攻坚战。还有老师郭汉之先生说，"我和别人比手时，最希望对方打来，就在此时胜他"。我亲见老师与李某比手，对方一出手，刚一接触，即被老师击倒。事后李某对我说，你的老师是瞅冷子。实非瞅冷子，是李某不知此理。这三个例子都说明，硬打硬进攻其坚，手到劲发，因系内劲（见"内动法"），全不费力。郭老师常说，"平日练习，虽看不出手脚用力，而是丹田用力，因而练成丹田气与手足相合，故每一发力都是丹田气与手足相合而成自然之力"。

劲力起于腰，发之于脚，达于手掌。

起者，前进也；起之于腰者，即以丹田（前）和尾闾（后）向前冲去；发之于脚者，当是以前脚踩、后脚蹬；达于手掌者，即周身之整力达于手掌，一与敌接触，即以周天整力，以手放到敌身，使力如弹在对方身上爆炸，故被击者只觉身子一抖，即周身散乱无主而被击倒。

8月30日 三心归田、五气朝元

三心者，顶心、手心、足心是也，归田是三心合一，而归于丹田，这样方能五气（两手心、两足心和顶心共五心，而各有各的气，所以叫作五气）朝元。朝元者，即这五气朝向丹田，与丹田气相通。朝者，即朝见真主；元者，即丹田之元气，也说是真一之气，先天气、正气、内劲等。此处所说五气与丹田相合，故每一发力，即以丹田前冲，而气即达于全身和手足，由于是内气发动之劲，所以叫内劲。

开始练习时，姿势要柔顺而不滞，气要舒展而不拘，以意行气，以气运形。要先站无极式，使精神集中而心静，再由三体式而进行各拳练习，以意贯通三心（顶心、手心、足心），使之与丹田气相通，不可用力，而要以"意纯"，不可有杂念。俗话说，"不可三心二意"而走神。

要一心一意锻炼，而功夫也不是一二日能练成的，还得有专心、恒心、意纯，才能得之于身心，用时方能得心应手。

三心动作如揉球。三心者，如前述。揉球者，即前进时手心如有球，以掌根推动手指握住，掌心空而丹田气达于手掌，足如蹬球，即足跟向前蹬球，足趾扣住，这样丹田气能达于足，顶如滚球，是顶心有球下压，以督脉前催而任脉下引使球转动而下落。这样以意引导，久之自然三心和丹田相通。

9月6日　漫谈发力、活步练法

1. 发力练法

（1）丹田（前）和腰（尾闾）一同前催（起之于腰）。

（2）胯下坐，催膝（胯与髋骨相连处要展开成半圆形）。

（3）挺膝，下压足跟（使足跟筋由下向上崩起至腰间），足跟似落未落时被迫向前滚进半步，然后全足落实（发之于脚）。

（4）肩胛催肩（要松），使肩窝舒开成半圆形，使后臂催向肘。

（5）肘垂。肘下垂使后臂和前臂成一半圆弓形，使力达于手掌。

（6）腕挺指扣。手腕擎住不使摇动，手指略屈扣着，力即达于手掌。

（7）头项至尾闾略成一弓形，因而使督脉上冲，力由脊发。

（8）三弓合一。背弓、臂弓、腿弓练成合一。

2. 活步练法

（1）腰似陀螺（腰为中心）。前进后退、左右旋转都像陀螺，重心正直而不倾斜。

（2）腿似钻。腿脚前进时灵活，而落地时如入地三尺。

（3）手似弩箭。手臂前进时既快而又不摇晃。

（4）眼似电。眼有神光，威力发出，使人望而生畏。

1987 年

形意拳术有六合之理论，而六合又有内外之分。心与意合、意与气合、气与力合为内三合，手与足合、肘与膝合、肩与胯合为外三合，共为六合。把六合练到合而为一体，从而达到周身平衡，一动无不动，一静无不静，故言六合者皆以此为主，而附有其他，如左手与右足相合，左肘与右膝相合，左肩与右胯相合，右之与左亦然。又头与手合、手与身合、身与步合，是为外合；心与眼合、肝与筋合、脾与肉合、肺与身合、肾与骨合，是为内合。还有人说"五脏（心、肝、脾、肺、肾）加丹田亦为六合"。又头、手、足相合（外包括头、眼、身、手、步），精、气、神相合（内包括心、神、意、气、力）。

总观以上所论，不外乎用形意拳之规矩把身体内意外形练成一整体，一举手、一迈步都自然有六合之势，所以《形意拳谱》说，"形意是诚一者也"，内练"气意力"，外壮"筋骨皮肉"，故为"内外双修"之拳术。

我对气功是见闻之知，但形意拳二步暗劲功夫多和道家（现在称气功）之理相同，而郭老师传授多注意丹田和站功，并用站功治好多人。后将站功改成"自然气功"，专教病人，效果甚佳。我将丹田练得既坚强而又能发力，故和同学比手，觉丹田一动，同学即被我击出去而我不觉费力，所以更注意丹田。我常请教学佛学道的友人，但他们对丹田都不能谈出它的形状和作用。至今各杂志也在争论丹田位置，有的说脐下几寸，有的说就在肚脐内，至于有何作用，都未谈到。今杂志中都谈上中下三个丹田，也是只谈位置，没有人谈出自己心得，反不如我在练拳中得到的有用，因此我在自身查找，还查看生理、解剖，也未查出丹田的形状，即查无实物。为何实用比手时觉有物发动，多是先出动而后觉，并非有意发动？事后细查，除小腹比一般人大外，按之无物。而在练站功时，有时竟自动自作呼吸，若无实物，为何自动呢？真是百思不得。1981年10月21日在北京论坛上也未得实况，故随意写点自己的看法，重录于后。

丹田丹田，实在难言，真气宝库，人生根源，卷之似团，发之似弹。

"有实无"，是说丹田有时"自动"，好似有实物，但按之揉之，却找不出实物，故说"有实无"。

"无实有"，是说丹田按之无物，而常有"自动""自呼吸"之情况，与人较力或比手时，只要丹田中之物一动，即将人打出，故说"无实有"。

若说有，拿不出物来，就是解剖也拿不出东西来，真是百思而不得其理，故按自己的情况写出"有实无""无实有"，以待有机会请教。

10月11日　拾零偶记

"火"指神，即意念。"金"指肾中的精气。四字诀：撮、抵、闭、吸（撮提谷道、舌抵上腭、目闭上视、鼻中吸气）。

"遗精"是充盈起来的先天精气化为浊精泄出体外，"矢气"是精气过谷道时化为浊气排泄出体外。

神为火，呼吸之气为风。起巽风，运坤火。橐籥，即往来之呼吸。进阳火（武火，即用急重的、以吸为主的呼吸），退阴符（文火，即轻微的、以呼为主的呼吸）。勿忘勿助，忘即不及，助即太过。"六不"，不可执于无为、不可形于有作、不可泥于存想、不可枯坐灰心、不可盲于瞎练。

"走火"，火是用意，走火是指运用意念过于强烈，急躁冒进而出现副作用。"入魔"是指在练功时对出现的幻影信以为真，而导致神昏错乱、躁狂疯癫的严重副作用。走火入魔产生的主要原因，就是在杂念尚未完全消除的情况下强制入静，而在入静过程中，一些杂念又涌现出来，化为各种幻影。也有部分幻影与不纯正的思想意识、不正常的欲望有关，这在功法中称为"炼己不纯"，它既是一个意念掌握问题，又是一个品德修养问题。

"和合四象"，含"眼光"、凝"耳韵"、调"鼻息"、缄"舌气"。

"五气朝天"，眼不视而魂在肝，耳不闻而精在肾，舌不声而神在心，鼻不香而魄在肺，四肢不动而意在脾。由于魂在肝而不从眼漏，魄在肺而不从鼻漏，神在心而不从口漏，精在肾而不从耳漏，意在脾而不从四肢孔窍漏，故无漏。精神内敛，避免外界干扰，称之为无漏，可使精、神、魂、魄、意各安其位（五脏之气又称五芽）。

10 月 27 日

拳谱说，"大凡人之初生，性无不善，体无不健，根无不固，纯是先天（元神），以后知识一开（识神用事），灵窍一闭，先后天不合，阴阳不交，皆是后天（识神）用事。故血气行，正气衰弱，以致身体筋骨不能健壮。识神用事，元神就减弱而退位，如运用不当，就会心情激动，意念妄用，影响元神正常活动，造成内脏紊乱，机体运动失衡，发生偏盛偏衰之情而罹致疾病，故必须克制识神，减少妄念，保持心平意静，以增元神的活动，来维持整体功能的协调平衡，使五脏之气无偏衰偏盛之情，因而身体日渐强健，精神饱满，再加以锻炼，渐反先天之本能，也就是元神增加，识神减少，以发展人之精气神，维护生命存在和发展"。生命就是性命，性即精神，命即物质，神是生命的主宰，气是生命活动的能源，二者是生命的根本。

拳谱说，"神藏气内"，故气是人之本质，精神属于气质，人体由形与气组成，精气是人体的属性，它是形体和气血的产物，又反过来支配形体和气血的运动变化，故人的生命是由形体、气血和精神、意识所组成。它们互相联系、互相作用，所以拳术有"炼精化气、炼气化神、炼神还虚"三种功法。

形、气、神互相依赖、互相约制，维持生命的存在。形是生命的基础，气由形的精血产生（炼精化气），神由形的脑髓形成，炼气化神，气与神如没有形为基础，就无所依存，故都不能离开形体而存在。

神是生命的主宰，形与气的一切运动变化都由神统制。如果神志不清，必造成内脏功能紊乱，气血运行失衡，心意不宁，则形体涣散，行动失常。神清意静，主宰中定，形与气的运动变化才能调和气血运化正常，使神气相合、神形统一，才能心与意合、意与神合、神与空合（炼神还虚）。

元神可以产生透视、遥视等人体特异功能，佛道家都强调要慧而不用，就是不能满足于这一点点的智慧而无限使用。过多地使用甚至会缩短寿命。《自然辩证法》一书中写道，人的思维仅仅是一种天赋的能力，必须加以发展和锻炼。过去我读过一篇课文——《伤仲永》，大意说仲永天赋才学，只是应用而不知学习锻炼，致使才学逐年衰退，以致失去才能。其义就是以上所述的识神用事，无限使用天赋才能，致使元神衰退，而不知锻炼发展元神先天之本能，致使天赋才能伤尽而失去才学，故一般有天赋才能者及已练出一些成绩者，应当更加努力学习，以使才能巩固和前进发展，否则只知使用而不锻炼和发展，将老本吃完，也就失去一切才能了。

1989 年

行步如槐虫。年岁较大之人，多数是身体上重下轻，行动时身形不稳，所以一滑一碰都易跌倒。我近来感觉行动时常有身形飘恍之情，经用心体察，最大缺点是两足无力，如无根之木，即不磕碰，也觉身形不稳。在练拳时想起拳谱说"行步如槐虫"，看槐虫行动时，先是后部向前移动，抓住树枝，此时后部已到前部，而当中（腰）自然弓起，催前部（即前足）迈进，如此（前后足交替）前进，而不致坠地。用手捉虫时，亦觉它双足有力地抓住树枝，虽有大风，树枝动摇，也不易坠落。故先辈拳师采取各物之特长，作为练习之参考，结合人身之本能，久练成习，自然体稳，甚至推搡不动，稳如泰山，这样才能"脚打踩意不落空（前足），消息全凭后脚蹬"。

"脚打踩意不落空（前足），消息全凭后脚蹬"。在练习时，前脚向前迈进，后脚必须抓地，待前脚将落时，后脚用力向地蹬下，催前脚向前滚进半步而落实，正结合"行步如槐虫"之情形。

与人比手时，看敌人行动的姿势，度量其体之中心（重心），然后前足向其中心冲进，足向前滚进半步，抓地，敌必被迫而跌倒，前进之足未落空，故说"脚打踩意不落空""发之于脚"。

三心归田。三心即手心、足心、顶心。足心上提，两足即能抓地而使身稳。手心回抽，而使手指有力。顶心向下而使颈项竖直。这样三心与丹田相通，而内气自达三心，即可通督任脉及带脉等八脉。手心易通，足心次之，都不甚难，而顶心难通，一般练气者称顶心为"天门"也，说是不易开通。

塌腰、收臀、提肛。腰向内向下塌，而与带脉和丹田相通，气（内劲）自达四肢，所以说"腰为主宰"，有"劲起之于腰"之说。收臀，即臀不外凸，如此而身有向前冲力。提肛，即肛门上提，使气不下陷。拳谱说，"提起肛门，气贯四梢"，但都不可强求。初练时以意行之，不可用力强求，觉有成效时，即要抛除意念听其自然。此三者是一贯相连的，腰塌臀自收，臀收肛自提。切记不可强用力，以免发出浊力而有害也。

学会基本功和各种套路后，要时常练习，还得用心体察己身的不足之处，这样日久各处就会发生变化，如项、肩、胯、腰、腿、手、足、膝、肋等处。这是由练而生的感觉，而不是看书和听来的。看书和听来的，是前辈的经验，看后和听后是得之于心，而未得之于身，是为先知而后得。故在练习阶段，尚未练到身上，实用时不能得心应手，是功下得少之故，还得努力练习，以期得之于心（知）身（用），这才是"知行合一"。我有二友人，练习多年，知道很多拳理，及实用时不能随心之所欲，故常说拳术之理多系骗人，不能深信，还说老师不传真功夫，这就与初练而求速效者，及练习多年未得之于身者相同。故一般练拳者，有的半途而废，有的只会套路（各种拳的套路及兵器的套路等），有的身体强而又年轻有力，及至年稍长，即不能实用了，皆是未能以身体察拳理而究其深奥。故练拳术必须以实练证理论，习拳者多是由博而约，深悟拳理，得之于身心，体用兼备，方能有成。

我在年轻时，练习很勤，又经老师指导，练得内劲，与人试手常有伤人之事。老师指示，不得为虚荣心而伤人，但我的经验少，不知如何用力。中年时老师又常告诫，动手伤人是不道德的，而还有不利于己的，故当以为戒。常见老师和人比手，只一按，对方即跌倒而无所伤，和我们讲拳时，也是轻轻一按，学生即被崩起，又被拉住。因此，我给此力起了个名称叫"太平劲"，练了多年。给人讲力时，有时发得好，有时发不好，因此想，还是自身有不到之处。最近体察，是外部上中下还不合一，故内劲不能在不用意发动下而自出之。近几年项部一动即咯咯作响，也不觉疼，已有三四年了。近来夜间躺下后，翻身和起床，腰部即觉大筋酸疼，白天一切动作皆不影响，后渐向上至两肩，如此多日，即不再疼了。但项部两边大筋发紧，越来越紧绷，甚至回头时也觉绷紧而不得转，这是因其和腰背之筋相连，因而后背挺而有力。头与肩相连之筋也觉绷起，沉肩时后臂上起，坠肘时前臂上挺腕下塌，觉此臂挺而有力，由于后臂上挺，从腋下通往肋下至带脉之筋亦被绷直，是肋与臂相通。练习时以腰下坐成胯催膝、膝催足之势，足将落时，向前滚进半足，如此外形成一整体，而在将动作时丹田自然发动四肢。练成习惯时，自然成脚手齐到，如觉脚发得近，其劲觉小，若手快脚慢定是力小，故有"起之于腰，发之于脚"之说，也即"手是两扇门，全凭脚打人（或夺人）"。故俗话说，"好功夫腰腿灵活"，足见腰腿之重要也。手要五指分开，屈扣，掌心后抽，足趾也如手一样，足心上提，足趾抓地。

11 月 10 日　录自拾零

忘形以养气，忘气以养神，忘神以养虚。只此"忘"之一字，则是无物也。

静功要诀：圆、松、展、合、静；另一总诀：自然。

圆：姿势要圆，圆能使身体端正，整体一致。

松：体要松，体松气自顺，周身筋骨肌肉全部自然松开，气遍周身而不少滞。

展：劲要展，劲展能使神势外延。

合：动作要合，合即动作的一致，是功夫的体现。

静：意要静，意静则神明。

（总诀）自然：法归自然，自然就是规律地运动。理、法、窍是练气功的三要素。

明理不知法，全是空头话。知法不懂窍，真功未得到。无窍想练功，到老一场空。

"窍"不同于"诀"，它不是人们的创造发明，而是生理自然的客观存在，是意、气、形的运动中心。任何物体的运动都有一个运动的核心，一个整体之中都分有各部，各部的活动虽然各有其核心，但都服从于整体总核心的主宰。所谓主窍，就是人体运动的总核心。

人是由意、气、形三者组成，三者各有其活动中心，而意是生命的主宰，是整体运动的总核心，所以意、窍就是练功的主宰，把握了这个主窍，就能够掌握其他各窍，带动整体进行正常运动。

窍的存在不能离形，窍的运动不能离气，窍的运用不能离意，意、气、形是练窍的基础。

12月12日　冲力

凡一切向上或向前进等事，都是用冲力方能得到预想的成功。例如，跳高跳远，都是从远处疾跑，借着冲力向上跳或向远处跳，才能得好成绩。在拳术上也是借着冲力将敌人打倒，有欲前先后、欲左先右，因为离对方稍远易做出冲力，能发出较大的力来。这种冲劲能看出来，所以叫作明劲。若是二人之手已接在一起，互相顶住，就不易发出冲力来，而形意拳之第二步功夫暗劲，即内劲，就是在二人互相顶住时，也能由内部发出冲力，且较明劲的力还大。俗说丹田力，是以意发动丹田，由腰下坐力催胯、膝、足，向上催肩、肘、手，以内部的丹田气冲向四肢而前进，没被看出用力即将对方击倒，对方只觉压力甚重而被迫跌倒。再如火车等机动车辆，也是以内部的气发出冲力而前进。练拳术者，也是以意行气，催到周身，由腰发动四肢，故拳谱说，"腰为主宰，起之于腰，发之于脚，用之于手"。练习日久，成熟后已成自然，就能得心应手，也就无所谓用意发动，自能应手而发出冲力，即拳谱所说"无意之中是真意"，也就成为自然之力。

第二章　20世纪90年代

1990 年

1 月 2 日

（身）色身为假我，法身为真我；（心）元神为真我，识神为假我；（意）妄意为假我，真意为真我。

后又"精、气、神，皆假也"，唯先天之元精、元气、元神乃谓之真。三者返元，谓之全真。真者本无生灭，假者用尽则死。

忘我、忘人、忘物、忘形，是谓之静。

1 月 10 日

端拱无为是谓之静，心君泰然是谓之静，忘我、忘人、忘物、忘形是谓之静，毋意、毋必、毋固、毋我是谓之静。盖四大不动则身静，六门不启则心静，七情不生则意静，心不动则神静，身不动则气静，意不动则精静。静者，如止水不波，如停镜自明。诀曰：身心清静，神气和合，混混沌沌，窈窈冥冥，不知天之为盖，地之为舆，不知己之有身，身之有道，此之谓虚极静笃。行功至此时，则一阳将复矣。

10 月 13 日　去京

脚的滚进半步或半足，是在落实时以足跟向前滚进，而后落实，并与手落实。同时更要擎住，并非前推，如碰敌身，也是擎住，以身力进击（所谓身力，即以丹田和腰催动肩胯发动手足并进）。

1. 外松柔与内虚空通

凡练拳时，不宜使用浊气浊力，以免将身练成强滞。看似有力，而落在别人身上，也不过是发出之力的一半，其一半在己身上。因己身已被浊力所捆，发不出全力（内力），虽看着有力，但打不出弹力来使人害怕。若是能使用内力，只见轻轻一按或一划，对方即被崩起而倒，其身有如触电一样发抖而倒，看着虽柔，其威力很大，是意、气、力相合而发的。

练习时，外面的形体各部由头至足都要松柔，松至如无骨而不懈，内中也是由头至足要空虚而灵通，行动练拳时要以意发动丹田，气贯全身，催动手足做出各样动作，柔和灵通，身心愉快，精神活泼，练习日久，由勉强（有意发动）到自然（无意发动，自然行动自如），其快乐之情非言语能形容。

《拳意述真》中载有"刚柔悉化，无声无臭……所以有其虚空灵通之全体，方有神化不测之妙用。故因此拳是内外一气，动静一源，体用一道，所以静为本体、动为作用也"。

近日练拳时，常有思想杂念，劲力不整，以致形意不合。因思一法以制之，随用以下方法试练之，练习日久，即觉意与气合、气与力合。再试力时，以手一按，对方即被崩起，但击出不远。因想起拳谱说"脚踏中门抢他位"之理，随即略上半步，即发出威力。又想出一练法，也列于下。

练习时，由第一项所说练习，而在前脚将要落实时，以后脚蹬地，催使前脚向前滚进半步或一步，同时两手两足一齐落实，手要按，脚要踩，以丹田气发动使之落实，也就是"起之于腰（丹田），发之于脚，用之于手"，内外齐整，一起落实，就使对方惊恐而倒。

此上所说都先是用意练习，久后练成自然相合，不再用意就能得心应手，也就是所谓内外如一，自然而成者也。

咱们的功法就是由有意到无意，练成自然而来，即所谓"无意之中是真意"。

别人发功，遍地乱跑乱跳，还有的双手用力揉丹田及扭腰晃头摆尾，都是外动。咱们的功法和他们不同，是"内动外随"。例如：内外之合就是"以内三合而发动外三合"，此言不明传。郭老师时常教我们以丹田发力，主要练的是丹田，尤其二步功夫，更是手足不用力，而以丹田送之，是丹田用力。郭老师所教学生都有丹田力，其程度不一。

对于内动法，不专传习，因有人求速效，用意过度易使上部头晕或下部气留，反而无益。所以总是说听其自然，这是千真万确不偏之法。

如练拳法和其他静功，主要以座钟为例。先将身体松静，然后用意发动，所想的如站桩时一样，注意某一地方，不管气到与否，稍一用意即停止意念，听其自然。这和座钟一样，上好发条（站好姿势），用手一拨钟摆（意念一动），以后随其自动（随内气自行走动）。如钟走动不久就停，应察看是否放得不正或前后不平，试加修正再拨摆，发动如此不知要修正多少次，才能正常走动（练功亦然，一日不通，第二日再练，也要反复多时才能贯通。每日锻炼，即如座钟摆放修正，不可急于求成）。咱们功法的最高目的是"自然"，所以站桩也叫作自然气功。

《拳意述真》一书所言，皆是先辈从实践所得，绝非深奥空谈，不令人知。后人练习，如有心得，再细查书中所讲，自然能对上号而有悟，此又非一般空谈好高骛远而不坚持练习者所能明了。《拳意述真》可称之为"拳术圣经"，不深入锻炼如何能懂而有悟，故"实践出真知"实系良言。

2.（拳术）行步如槐虫

古人留下的拳术口诀，皆是从实践中得来之真理，并从各物之动作，体察其特长，结合人身之所能，采用为拳术，如十二形拳等。其他部位之动作，如手、足等，也都借各物之特长用作练习之行动。今举一例，如足部动作，拳谱说，"脚打踩意不落空（前脚），消息全凭后脚蹬"（这只说两足的行动，主要还得配合全身）。又说"行步如槐虫"，槐虫在树枝上行动时，总是后足先靠近前足，然后催动前足向前进，同时全身弯成弓形，也用以催动前足前进，落实后即复成原形。虽是前后足前进，但也借弓身之力催动全身前进，所以一切动作都是全部力量。在练拳时，头、肩、肘、手、胯、膝、足都得与丹田配合练成一整体，才算上乘功夫，但对于各部的要求也要讲明，此处单讲两足之要领。"脚打踩意不落空"，是前脚在前进时，要向对方之中门迈进，也就是"脚踏中门抢他位"之意。故前脚一定要踏准方向而进，不落空，前进时是以后脚催动的，但主要还是丹田气所发动，手足动作之整，借丹田气发动而有力，有气为力之君，力为气之表现，如槐虫之前进，虽是前后足之力，如腰弓不放如何能进？故槐虫之前进，也以腰弓伸缩而催动前后足。故吾人学它前进时弓腰（人之丹田）及后足催动前足而进之式，叫作行步如槐虫。

练拳时有四项应注意。一般人都是手比较灵活且快，故学拳术或器械都是手的动作学得快，甚至有人以手为主。如学套路，动作都是手的活动，以脚步配合，虽学而练不到精处，于是半途废者有之。有人因此说"老师教上不教下"，其实并非如此。老师教时也教步法，只是他自己体悟不到，不留心练法，只一心想多学会些套路，所以有的人练了多年还得不到要领，更不知从己身上求。

所以"悟"字在学习上很重要。以练剑为例，如所学的套路已有四五趟，而练出来总是不好，自己也不满意，虽下了多年功夫，仍是不到精彩处。看似练得纯熟，却不如师兄练的手眼身法步精神意念足，而老师传授剑法时是一起教的，为何成了两样？此情不解，我亦不解。他们询问老师，老师答"他（师兄）练得整"。只得一"整"字，如何能"整"，得自己去悟。我看到师弟们练剑及一般人练习，得出四项注意，顺序练到身上自然好看。内行和外行之人，看到都说好，而好在何处，都未见友人谈出。现将四项列下，供学习参考，并请教明师给以指导。

（1）手法。无论学习拳术还是兵器，都是从手上招法起，哪招哪式都是先看手的动作而做出招法的命名，所以一般人都是学会招法即以为成功。及至熟练后，仍不精彩，更谈不到用法了。此皆是只有手法而无其他各法之弊，也是由悟不到练习的目的所致，故说，"只有手法而无其他（足、身、神）各部功"。

（2）步法（也包括足）。现学习拳术和兵器，随地都是老师，有的人学了数月，自己还不明白要领就随处教人。没有拳术的基本功，步法散乱，也不知如何行进，只知招法，故此等人练出，就有人说"此是外行，手不是手，脚不是脚，等于瞎练"，只是活动身体而已，称不得练武术者。有的人是经师所传的，腿脚上有点功夫，练起来比较像练武者，但只是以快速而哗众取宠，如叫他慢练，就不受看了。此等人是只练手法和腿法，而不知身法和神气。

（3）身法。有的人经师传练起来，手足动作也很利索，看起来很好看，动转如舞台艺术，身法也灵敏。如果慢练，就看不出其所练的目的，更不知道用法。此为只知手法、步法、身法（已属难得），而不知神气和用法。

（4）神气。身、手、步三法练得纯熟，行动起来非常好看，一般人看到都说好。就是慢练，不论高低或一招一式地练，也都觉好，但一般只知好，而不知其好的原因。如行家一看，即看出其手、步、身和神气俱佳。武术也和书画一样，主要得有种神气。我的老师教习字画时说

"下笔如有神"，拳谱也说"形意拳术之道，无他，神气二者而已"，由此可见"神气"为主宰。练气功者也讲神气。

故练拳及器械得悟此四项道理，才能练到好处，不可忽略也。

11 月 14 日

3. 再谈肩胯

练拳时要应用六催（肩催肘、肘催手、胯催膝、膝催足）。为了做到一致，得用丹田和后腰催动肩和胯。

以劈拳为例，开式前，先站无极式，是为调整精气神合一，所以要用意念，考察从头至足，外部的松柔，内部的虚空，然后再开式成为三体式。

劈拳。左手抓回放于丹田，再伸出，同时身体下蹲，再迈右腿，右手由下向上、向前劈出，成右三体式。在进步时要注意同时松肩、松胯，催动手、足，以丹田气催动，同时落实，主要不可用力，渐渐练成自然，故每一动作皆含六催。

以上所谈内空虚、外松柔与六催，练时都得结合起来，主要用意发动，不可用力。

12 月 22 日

4. 垫步、松腰、坐胯、沉肩、舒胛、挺腕、手足指（趾）扣、足蹬催与手擎催

形意拳的特点，虽是一招一式，但每一动作都有或大或小的垫步与跟步、坐胯与沉肩，在练习时由不习惯而练成自然习惯。如五行拳中，各式都是这样。以劈拳为例说明，开式（三体式）后，前手和前足撤回时，两手放于腹前，两肩应自然下沉（用意不用力），前足（左）靠近后

足（右）时，两膝下坐。再上左步伸右手时，肩与胯仍需沉坐，上左腿前进时必须松胯，顺着催动膝和足，同时松肩，顺着催动肘和手。在将落实时后足顺着蹬催前进而跟随，当手足将落实时，随着后足催力，前足滚进半足，与手同时落实。前足要踩实，手要擎住（但都不是用力，而是以意命其落实），这是外形的动作，要齐。而所以发动动作，还是大脑以意发动丹田和腰，主动催手足四肢前进。故每一动作，虽见于四肢，实系内外一整体，所以叫作"齐"，内外相合就是齐整，所以发力必须齐整，而后才能做出有力来。

12月26日 三心归田

拳谱说，顶心、手心、足心，三心要并，"顶心往下，足心往上，手心往回"，三者所以使气会于一处。盖顶心不往下，则上之气不能入于丹田；足心不往上，则下之气不能收于丹田；手心不往回，则外之气不能缩于丹田。故必三心一并，而气始可归于一也。郭老师常说"三心归田"，即此意也。

近日练习又有体会，就是以上所写的三心归田，记录于下。近一、二年间，每日练完，或坐或卧，手总是自然卷握如空拳，习而不察。前曾于发力时，觉足在似落未落之时，以胯之前催滚半足而落实，其力较大，试之证实。最近又在练习时，觉得足前滚半足时，足心往上抽，手心向回抽，顶心如何尚未体会到。回想以前郭老师以二指将我按倒时，也是觉得老师手心回抽，脚向前伸（可能是滚进半足），头部没觉到。郭老师说过，尾闾正直，头向上顶，这也可能是三心归田，这也是三心一并，气归于一心也。所以形意拳虽不强调气功，实所练和所用者皆是气也。足心向上，足趾自然扣，身体自然稳，体育运动员凡是平足者，都弹跳不高，也就是足心不能上提。扣球推球无力，是手心不回抽力小，顶心不下压项部无力，身体易晃，影响速度。故拳术"虽和体操与球类不同，但身体关节有些相同之处"。手心回抽，手指自然扣，掌心空而手指自然弯曲，顶心往下还没体会好。

12 月 27 日　各处相互连贯

练拳时，身体各项要求都要合成一致，实不易做到，但实际都是自然有连贯，如头、手、足、身、神的各个要领，也都是自然相通的。练习时虽觉有相连，由于习而不察，且不够用心而忽略了。近来用心体察，才有所体会。实际都是以前读过的拳谱中所写的，而今以实练体察，而觉有所体会。现分为五部分写出，这是由练习而产生的合于要领，如果执着追求每项，则易将拳劲练散，更易出流弊。所以说不可强求，听其自然，用心去符合各要领，觉而后知才是真得。

（1）手。练习年久，从肩到手，自然形成"三催"（与足三催合为六催），肩催肘、肘催手，其劲发自肩胛，沉肩、垂肘、塌腕（挺腕），手心回抽，手指自扣成空掌（三心归田之一）。当以肩胛催肩和肘，再催到手，则得用意指引，不得用力强求，以免呆滞或出偏，故说"欲速则不达，求深反浅"。由于日常工作多用手，故手比其他部分灵活。

（2）足，也说是"步"。拳谱说，"手是两扇门，全凭脚打人"，此言不可误解。以为用脚踢，实是向敌进攻，第一脚步得稳、准，所以拳谱说"脚打踩意不落空（前脚），消息全凭后脚蹬"。又有"足打七分，手打三分""起之于腰，发之于脚"等，都是说脚之重要。故由腰发起到胯，胯催膝、膝催足。还有各种步法，及行步如槐虫，若练成，自含其动作中矣。

（3）身。拳谱说，"上法先上身，脚手齐到才为真"。拳谱也说"身为百骸总机关"，使器乎，而所以使器者身，手使器迟而柔，身使器速而刚。故在练习时，总以腰发动手足，如此既速且有力，进退旋转灵活迅速。

（4）头。拳谱说，"头为一身之总司令"，头到哪里身心到哪里，故欲进头先入，欲转头先回，欲偏头先侧，欲停头先住。练习时，宜竖项，头自上顶，在手足动作时，头才能不动。如头动摇，则周身力散，如推重载车，更是头顶项竖，才能力贯全身而力整。和人较力时，如被推动，只要头顶项竖，腰自然有力，虽被推出而不致跌倒。小儿体壮者皆头项自然有力，老人亦是头项有力者而腰不猫（方言，"猫腰"意为弯腰），故人望之无不称其体强，故老人猫腰、儿童体弱，皆从头项看出。是亦习而不察，故练时应注意。

（5）眼。拳谱说，"眼为一身总指挥"。目之所注，气力集焉，所谓目的是也。与人较勇，相持之际，虚实谁肯示人，而心机一动，目即泄焉，神即泄露，易为敌所乘，故要心神镇定。铁舟居士尝语于人曰，击剑之法，不心于敌，不心于身，不心于剑，唯心于丹田。不思斩敌，亦不思斩于敌，万念胥捐，唯见敌剑将发时，奋然刺入，此为必胜之诀云，其他各种器械亦是同样之诀。如此神不外泄，使敌难测虚实。此实为神意合一，故眼即是神。

1991 年

拳谱说，"意为媒引相配成"，就是内外总纲及各部要项。初练时，要以意念引导形体练习，要用意，不可用力，更不可急于速成，需练到成熟，自然而具备各项要领，还得统一。至此境况就要抛弃一切意念，而以神意练之。所谓自无（意）而有（意），自有（意）而无（意）。拳谱说："拳无拳，意无意，无意之中是真意。有形有意皆是假，无形无意才是真。"有人问过郭汉之老先生："您常胜人，善用哪一招？"老先生回答："哪有招，见什么就用什么打，没工夫想招。"所以说，练到不会练拳了，见什么招来打，自然就以什么招法迎敌，无所谓招。

心（大脑和意），是指人体中各个系统功能的总和，包括整个精神意识活动。练心，就是训练整个意识系统的功能，包括体内意识和体外意识（大脑和意）。

第六意识（眼、耳、口、鼻、身、意）是下意识，第七意识（引入）是高意识，第八意识（含藏）是神经系统发展过程中积累的全部经验教训、聪明才智的信息储存。第六、七、八意识的训练在气功中非常重要，这是气功与其他锻炼截然不同的一点。

身（内丹田气）。它修炼的对象不是筋骨皮肉等，而是肉眼看不到的人体内的分子结构、电子结构。

人由于先天或环境的影响，体内某些物质分子结构、电子结构的排列不规则。练身，就是让身体在高层次上得到锻炼，即通过练功使身体的分子结构、原子结构、电子结构等有序化，让身体很快地消除混乱。人之未学时，手足动作运用无有规则而不能齐正，所教授者不过将人之不虑而知、不觉而能、平常所用之形式入于规矩之中，四肢动作而不散乱者也。

1月24日　再漫论身体各部要领

（内）虚空灵通，是体内要把"杂念与浊气和各处有碍气血流通之滞碍之气和病块"用真气消化排出体外，而使气血畅通，周身灵通无阻，真气贯于全身。

（外）松柔圆活，是外部筋骨皮肉要松展柔和、圆活而不滞，内气自然贯通而达成内外相合、形意合一。

《拳意述真》说，刚柔悉化，无声无臭……所以有其虚空灵通之全体，方有神化不测之妙用。

11月1日　再谈提、按、催三劲和松、挺、踩

近来年迈，讲手时做劈拳示范，往往觉得手（梢节）轻而被对方顶

起，是以很难将对方劈远。经体察，其病在掌根没有向下沉，以致劲落对方身上无泰山压顶之力，下肢膝盖不弯致没有崩弹力，也影响足的踩力，但有时自然出现整劲，唯不是得心应手，故在练习时注意下列几点。

提：就是垂肘，也就有"挎力"，但是要注意在使用时不单独提住，还要擎住，不得上下左右摆动，要勇往直进。

按：就是沉掌根，五指分开，这样就力贯梢节，掌落人身时，对方就觉得好似泰山压顶，想以身或手迎顶，岂知还有提、催二力向前挺进，故被迫而跌倒或崩出。

催：就是沉肩，也就是松肩，使用时，肩必松沉而催肘，肘垂而催手，手掌沉而推向对方。

这样就使肩、肘、手合为一体，既有冲力，又有沉重力。郭老师说肩为电门，如果不松不沉，则内力不能到手。

以上只是说上肢的三节（肩为根节、肘为中节、手为梢节），还得有下部的胯、膝、足三节（胯为根节、膝为中节、足为梢节）。在进攻时，下部更为重要，所以有"手是两扇门，全凭脚打人"之说，但不是以足踢人，而是在进攻时前足和后足之动作引领手攻入，故有"脚打踩意不落空（前足）"，就是脚前进时迈的方向要准确。拳谱所说"脚踏中门抢他位"就是此意，"消息全凭后脚蹬"，这就使全身之力进入对方身上。

松：松胯，胯要松才能动转灵活。

挺：膝弯，就是膝要弯曲，挺而不摇，既灵活而又使身稳。

踩：足趾扣，这样才能使身体稳如泰山，全身之力放到对方身上。

这样松胯，腰力能到两胯下，推膝、足前进，主要还得丹田发力，气才能贯通。在练习时应注意各节，日久成自然，就要放弃意念，听其自然而无往不利。

11 月 11 日

练拳时忽觉两膝裹怀，膝尖应向里扣，身体就觉得稳了，两足的大趾后边脚掌应踩地，这样足固定，膝挺住，就与腰和丹田气相通。大拇指后边的掌根下沉，手腕自有挺力。沉肘，肘尖外侧略向外撑，小臂自有挺力。肩下沉，两腋要圆，才能气力到手。胯须下坐方能使气催膝、催足而进步和稳定。

以上情况在练时要用意不用力，注意内侧阴脉，由大拇指少商穴，顺臂部至肩窝穴，再由肩窝下，顺两肋下至胯上，与手肘相通，然后再顺大腿里侧向下至膝盖里侧，顺下至足跟里侧，再由内侧至大趾。在站桩练习时，体会周身是否有浊气、浊力，以及僵滞之处，这些都要化去。最好在站桩时用意体验，待成自然，再练各动作，也就自然成功了。

不论练哪趟拳，在垫步时要"坐胯（裹胯），膝内侧向里扣（合膝），迈大步，以足大趾后边脚掌抓地（踩意），这样使身稳有弹力（后足蹬），再松前胯，屈膝，足踩，这就使全身重力放出而有弹力，再配合肩沉肘垂，挺腕沉掌根，再以丹田气催动四肢前进，放到对方身上，就好似泰山压顶，必被迫而崩出"。

11 月 17 日

每天练习就按"裹胯""合膝"踩蹬足，"沉肩"垂肘沉掌根要领，是用意不用力。夜晚睡觉忽在似醒未醒之时，觉得后背由头至足如背一大铁锅，至晨醒来，即觉背后挺直而舒服，想是脉已贯通。

12 月 27 日　关于弓、圆、龙身等漫谈

弓、圆和龙身等名词虽异，实为一事。我的体会是，弓是弯而没有死弯，其形成半圆，龙身是身体如龙一样，龙的周身没有死弯。人身的弯（龙身）也不能做成死弯，以人身各关节而言，头和腰成为一弓即为龙，是脊骨略弯而不显露。肩圆、肘圆、手掌圆；胯圆、膝圆、足掌圆（扣）；裆圆；背脊圆。因为各处都成圆形，所以叫作"龙身"。

以上所说是以弓、圆、龙身三者来形容各处关节都成圆形，并无死

折弯，所以丹田气能畅达各处而无阻。反之，无论何处有折弯，气都难畅达，故形意拳以"松""静"二字为主要。"松"能使各关节成圆，"静"能使精内敛，因为内外合一，气贯全身。内坚五脏，外壮筋骨皮肉，可祛病延年，复有击技之能。

38　　　　1991.12.27.
关于弓圆龙身等漫谈
弓圆和龙身等各词虽异导实为一事我的体会是"弓"是弯而没有死弯其型成半圆龙身者是身体如龙一样的灵活画中的龙可以看出周身没有死弯。人身的弯(龙身)也是不能作成死弯以人身各关节而言"弓弛腰成为一弓即无龙是脊骨略弯而不显露。(二)肩需圆肘圆，手掌圆。(三)胯圆膝圆，足掌圆(扣)(四)腕圆。(五)背胛圆，因为各处都成圆形所以叫做龙身。
以上所说"是以"弓圆龙三者来形容各处关节都成圆形并无死折弯因为丹田气就能畅达各处而无阻。反之无论何处有折弯"气就难畅达故形意拳以松静二字为主要"松能使各关节成圆。静能使精内敛，因为内外合一气贯全身内坚五脏外壮筋骨皮肉达到祛病延年复有技击之能。"

1992 年

7 月 19 日

　　一日在似醒未醒之状，梦见和郭老师一起练拳，二人都是赤裸上身，故易看出身上动作。郭老师指出我未将肩内尖放出去，随即用手将我肩尖揉按命其前伸，如此左右各三次，我即按此法送肩练习，觉和肩胛及后腰相通。醒时约在夜间两点半，因此忆及偶尔梦见先师和前辈都是在夜间两点至三点之间，且醒后都记忆清楚，可能那时是丑时，也是人头脑清净之时，其理还不甚明白，有待知者指教。次日练时，即如此练习，数日间即觉肩松自然与腰相通，又想胯也应与肩相合，即收臀坐胯催动

梁氏形意拳

168

膝足前进，如此练习，即觉手足轻松，动作齐整，将达自然相。

1992.7.19. 录于宣化

一日在似醒未醒之状梦和郭老师一起练拳二人都是赤裸上身故易看出身上动作。郭老师指示我未将肩向尖敛出去随即用手将我肩关擦按命牵前伸如此左右各三次我即按此法送肩练习觉和肩胛骨及右腰相通醒时约在夜间两点半因此忆及偶而梦见先师和前辈时都是在夜间两点至三点之间且都是记忆清楚可能是那时是丑时也是人头脑清净之时其理还不甚明白有待知者指教次日练时即此练习数日间即觉肩松自然与腰相通又相胯也应与肩相和即收臀坐胯椎动膝足前进如此练习即觉手足轻松,动作齐整,将达自然相.

8 月 16 日

人由少易壮，由壮易老，身体各器官固有之本能也消失殆尽，此乃人生之规律。出现耳聋眼花、鬓落齿脱、手足失灵，一切皆不能随心所欲，失去人生幸福。我因习于人生之规律，也没有设法求得抗早衰之法，身体亦现衰老之相。始回忆老师常说练此拳有"易筋易骨洗髓，返先天之本能"的功效，练之得当能使身体转弱为强，祛病延年。故老师享年99岁，忆及老师97岁时与一中年人比手将其连跌二次，未见用力，只用手一划，彼即跌倒，可见此拳之功力。

我今亦思抵制再衰落，回想一点拳理，用意练习，虽不能转弱为强，亦可转弱为常，因之随笔抄录，但多是自己回忆杜撰，词不达意，然此非注释拳理，只是作为备忘而已。录之于下。

听视失灵因念杂，神不守舍失精华；

妄思杂念需除尽，空而不空心神定。

耳聋眼花、思想迟钝，皆因痴心妄想、杂念太多，致使脑力衰弱健忘、思想不灵，要把一切妄想杂念从头脑中驱除净尽，万念皆空，识神退位，元神返出，入主脑中用事，就是空而不空，心神安定。

　　髪为血之余，血亏发自脱；

　　调气血养足，面润发重生。

　　发是血之余（四梢之一），血亏则头发易脱落，需要把气调好，把血养足，使发落重生，颜面滋润如桃李。

　　口干舌燥是燥火，皆因体弱肾水亏；

　　滋润补肾增口水，舌润口清火自除。

　　口干舌燥是燥火，体弱是肾水不足所致，需要滋阴补足肾水，使口水增多而滋润口舌，燥火自消失。

　　牙为骨梢，骨损齿脱；

　　易骨转强，齿落重生。

　　牙为骨梢（四梢之一），骨损则牙齿易脱落，故要练习易骨功法，以增强骨气，则齿落可以重生。

　　鼻入精英新氧气，通入肺中火自熄；

　　呼出浊气清肺热，喘咳痰涎永除祸。

　　由鼻吸入清新氧气通到肺里，肺火自然熄灭，同时呼出浊气，清除肺热，就将喘、咳、痰等病清除，永远根除病祸。

　　心病多用清凉剂，平肝更需先顺气；

　　健脾养胃节饮食，养生锻炼相配成。

　　中医治疗心病多用清心之药，肝病必须平肝顺气，要健脾胃就得调节饮食，更要锻炼与养生之法互相配合，才能得到健康。

　　三体练成上中下，头和手足一气化；

　　内外三合成一体，三心归田要自然。

　　人体上中下各部，头手足的动作要练成一致，内外三合更要动作一致，三心（顶心、手心、足心）要练成自然，与丹田相通。

　　七情六欲存脑中，驱除务尽使脑空；

　　新宿疾病皆化去，却疾延年返先功。

七情六欲存在于人的头脑里，就产生一切妄想杂念。要设法驱除尽净，使脑中空静、杂念不生，这就使新老疾病一扫空，恢复健康，返回先天固有之本能。

9月3日　对暗圈又一回忆和体会

肩胯之暗圈已将成熟，而手臂和胯足之间的暗圈尚未习成。早晨练时又感丹田和眼球的动转，因每一式落实要略停，待丹田动转完毕后，再继续动作，每一式落实时都感觉丹田内动，故需稍停。又，眼必须看手，每式落实时目光更要看手，这是因感觉眼球也随动作而转，现稍有感觉，尚待练习证明。因此，回忆在我练习收式时，老师总是看我目光上翻，随即指示在收式立正后，"目平视一定地方，然后目光向下到地，后即引至身上，再向上翻，高到天时，向前、向原目光所平视之目标落下，正好是一个整圈"，此圈是否为引导督任脉贯通或所说的大小周天，当时因七七事变而停止练习，也就忘了。今重新练习而有感觉，回忆起来，还得下功夫练才有可能证明是否这样。注意，所说的目平视之目标最好是树或木桩，墙也可以。

若以上所谈完全正确，则周身皆有暗圈，倘能将各暗圈全部放开，则全身舒畅，得到通关矣。

9月21日　漫谈 ○（圈）对于拳之作用

○（圈）者，拳谱称为"无极"，亦称为道，故有"道自虚无生一气"，这一气（无极生有极）是人性命之根、造化之源、生死之本，是形意拳之基础也。故知形意拳之基础是由○所生，形意拳之动作中都含有○，其中有明圈和暗圈之别。

明圈，即动作各姿势有明显之圆形，其中包括整圈、半圈、竖圈、横圈。

整圈即一正圆圈，如开式中，两手分别由左右从下向上划弧至头前，成一整圈，后下落至腹前，其他皆类此。

半圈即动作前进攻或防守时，由下向上（如钻拳），或由上向下（如劈拳），皆是半圈即停止，如车轮之急刹停，因而使身体力整，故威力甚大。而完成进击后，收回时仍划弧而回原位，亦是成一整圈。崩拳虽是直进，但由肩到手亦略成弓形（半圈），所以说崩挑劈砸，故凡是直进者皆有此半圈，因为动作如车轮直进，故亦称为竖圈。

横圈是前进时由左向右或由右向左，亦划半圈前进，此即螺旋力也，在枪法中最为明显，即拳谱所说"起横不见横"之意也。

暗圈。身之各部，皆有暗圈，如手之前进翻拧，就使臂部有起、钻、横（即螺旋力），进击时落翻顺亦由手之暗圈而成螺旋力。

肩之暗圈在肩胛骨与肩之间，由上向下、向前催动，肩催肘、肘催手之"三催"，再由下而上引起后腰与丹田之催动。

腰背和头之暗圈。因腰力上冲脊背，再冲项顶，也成弓形暗圈（因脊骨并非垂直，而是略有弓形），由头到胸至于丹田亦略有弓形之暗圈，这是贯通督任脉。

足之暗圈。如前足跟将落时，足心如踩一圆球，使足向前滚进半步而落实，后足亦然。

倘能将全身之圈都自然发动达成一气，则身体自然成一整体，气贯全身。拳谱说，"混元一气吾道成"，即此意也。

注：圈者，都包括螺旋力，故说"起横不见横"也。

心不动名曰炼精，身不动名曰炼气，念不动名曰炼神，必先寡欲以养精，寡言以养气，少思以养神，迫至还精补脑，则精自不泄矣。心息相依，忘言守中，则气自不散矣，形神俱妙，与道合真，则神自不扰矣。

1992. 9. 21.　　63

漫谈"O"(圈)对于拳之作用

"O"(圈)者拳谱称为"无极"亦称为道，故有道自虚无而生一气，这一气(无极生有极)这一气是人性命之根、造化之源、生死之本，形意拳之基础也。故知形意拳之基础是由"O"所生，所以形意拳之动作中都含有"O"(圆形)，其中有"明圈"和"暗圈"之别。

"明圈"即动作各姿式有明显之圈形，其中包括"半圈、整圈、横圈、竖圈"之分。

(整圈)即一个元圈，如开式中，两手分别由左右由下向上划弧至两手在头前時成一整圈，同時下落腹前，其他皆类此。

(半圈)即动作前进攻或防時，由下向上如钻拳，或由上向下如劈拳，皆是半圈即行止，如車輪之急煞車，因而使身体力整，故威力甚大，而完全成步进后，收回時仍划弧而回原位，亦是成一整圈。崩拳虽是直进，但也由于從肩到手亦略弓形圈，所以说崩、挑、劈说，故凡是直进者皆有此半圈，因为动作如車輪直进，故亦称为竖圈。

(横圈)是前进時由左向右或由右向左，亦划半圈前进，此即螺旋力也，枪法中最为明显。拳谱说"起横不见横"之意也。

"暗圈"身之各部皆有暗圈，如手之前进翻拧就使臂部有起钻横(亦即螺旋力)，进出時"翻落顺"亦由手之暗圈而成螺旋力。

(肩之暗圈)在肩胛骨与肩之间，由上向下向前催动肩催肘肘催手之三催，再由下而上，引起后腰与丹田之催动。

(腰背和头之暗圈)因腰力上冲脊背再冲项顶，也成弓形暗圈(因脊骨并非垂直而略有弓形)，由头到胸而至于丹田亦略有弓形之暗圈，这是贯通督任脉。

(足之暗圈)如前足根将落時，足心如踩一元球，使足向前滚进半步而落实，后足亦然。

1993年

9月16日　随笔散记

拳中之内劲，是将人散乱于外之神气，用拳中之规矩、手足身体之动作，顺中用逆，缩回丹田之内，与丹田之元气相交，自无而有，自微而著，自虚而实，皆是渐渐积蓄而成。

1994 年

蛇行，是一节节向前催动；蛹动，也是节节向前催动；行步如槐虫，也是后足抓稳，弓腰驱前足前进。

故拳术有"蛇行、蛹动和行步如槐虫"之说法，其意是以后催前而进，合于"消息全凭后脚蹬"之理，也合于"起之于腰，发之于脚，达于手梢"之法。

近因年老体衰，行动时常现不稳之状，经体察是行动时失去上述之情，因上体快过足部，足未到而身先行，也是上下不合之故。所以最近在练拳和行步时，注意以腰催膝，再稳后足始上身。这样使"后足催身和前足前进，既稳而又觉有力"，合于"消息全凭后足蹬"之理，也可变手快脚慢之习性，以达成"脚手齐到才为真"之说，再配合前足将落实时前滚半步，即觉周身整齐、气达四肢。

功夫的意念力能使手指变长和复原，及以剑指发气使对方于心有所感觉，这是老师当面带功而做出的，也是本人的信心和意念相辅而做出的。

因之回忆形意拳也是以意发动形体而做出各种动作，故有"意到形到，意动形随，形意合一"，练到此境，才能得心应手。

回忆旧事二则。郭老师和人比手，方一接触，对方即被击倒，对方不明其理，背地说郭老师是"瞅冷子"，其实对方是不明意的作用。老师先以进步接桥（搭跳板）看好距离，待对方将动之际，即以意到形到而将其打倒，并非乘其不备而击之，何能认为是"瞅冷子"？

郭云深老先生以"半步崩拳打天下"，是以意（暗示）对方别动，制住对方而击之，此也是意念之力，故有感而记之。

> 47
>
> 1994.9.20. 随感杂录
> 1. 蛇行是一节节的向前催动 (2) 蠕动也是节节
> 向前催动 3. 行步如槐虫，也是后足抓稳，3腰驱前足前进。
> 故拳术有"蛇行蠕动和行步如槐虫"之说法其意是以
> 后催前而进合于"消息全凭后足"之理，也合于起之于腰
> 发之于脚达于手稍之法。
> 近因年老体衰，行动时常现不稳之情经体察足行动时失去
> 上述之情因上体快过足部，足未到而身先行，也是上下不合
> 之故最近在练拳和行步时，注意以腰催膝再稳后足始上
> 身这样使"后足催身和前足前进，既稳而又觉有力合于消息
> 后足蹬"之法，也可变手快脚慢之习性，以达成脚手齐到是
> 为真之说，再配合前足下落实时前滚半步即觉遍身整
> 齐气达四肢。
>
> 1994.12.16. 对意念力的初步认识及回忆
> 中功的"意念力"能使手指变长及复原和以剑指发气使对方身心有所
> 感觉这是老师当面劳力而作出的也是本人的信心和意念相需作出的。
> 因之回忆形意拳也是以意发动形体而作出各种动作，故有
> "意到形到、意动形随，形意合一"，练到此境才能得心应手回忆二
> 事之一则 郭老师与人比手方一接触对方即被击倒，对方不明其理
> 背地说 郭老师是"瞅冷子"，其实对方是不明"意的作用，是师先以"进
> 步踩挡(搭跳板)看好距离待其将动之际即以"意到形到"而将其
> 打倒，不是乘其不备而击之何能谓为是瞅冷子。
> 郭云深先生以半步崩拳打天下是以"意"暗示对方别动制住
> 对方而击之此也是"意念"之力故有感而记之。

1995 年

4月5日　意、意识、意念力、无意之中是真意

形意拳术练习形，即形体，也就是所做的各种姿势，再以意来指导

动作，如意想练崩拳或练虎形，所以叫作形意拳。如高级老师练成了形意合一，得到了形意合一，做到了得心应手，就是所说的意动形随、意到形到。有人问郭老先生说："你总胜人，有什么绝招啊？"郭老先生笑答曰："哪有绝招，只是见敌人打来，随式打去，即将敌人打出去。"我当时不明白，以为老师有秘招或秘功夫不肯传人，虽用心体察，终不得其解。后又见拳谱登载，车毅斋老先生的友人想试老先生的功夫，一日老先生正在洗脸时，友人突以足踢老先生后腰，还未踢到，友人即被碰回而跌出丈外。老先生只觉有物将碰到后腰，回头一看，友人已跌出丈外。友人不明其理，视先生为"邪数"。先生告友人曰，"此即'拳无拳，意无意，无意之中是真意'"。此为高级功夫，而后人多不解此理，认为是神奇功能。（因为超过了意到形到，已将意化去而练入神也。）

（1）以意练功。老师教拳时多注意"意"字。练二步功夫时，要多用意而不可用力。"以意行气，以气运行，以期达到形意合一"，这种练法符合"有意练功"之言。

（2）意念力。拳术说"用意不用力"，以意引导拳术中各种动作，久练成熟，形意合一，得心应手，做到"意到形到"，就是上面谈到的郭老先生所言，既无绝招，而又不知用力，只是心念一动，伸手即将敌人打出，说明这就是意念发出的内力，所以叫作"意念力"。这意念力用在其他事上有何作用，因未做过试验，就不得而知了。

车老先生说"此乃拳术中无意中抖擞之神威也"，至此拳术，无形无相，无我无他，只有一神之灵光，奥妙不测耳。

此拳（形意拳）以静为主，以松、柔、通、空、虚、灵为动作之目标。

拳谱说，静为本体，动为作用。静者，因其未动，故不占时间，所以称为本体。动者，则占时间又占空间，故称为作用。松者，若气之无形，亦不占空间。通者，是不松不通，故松而后能通，才能气贯全身而无一死角，将身中之浊气、病气及一切不洁之气物排出而空。拳谱说，内观其心，心无其心，心空也，外观其身，身无其身，身空也。古人所谓"空而不空，不空而空"，是谓真空。虽空乃至诚至实也，是把身心练如明镜，如忽然有人来击，即被照见，即随彼意而应之。空者，虚也。拳谱说，炼神还虚，至神形俱杳，与道合真。拳谱谓之"拳无拳，意无意，无意之中是真意，至此拳术，无形无相，无我无他，只有一神之灵光，奥妙不测耳"。《拳意述真》说："阴阳混成，刚柔悉化，无声无臭……所以有其虚空灵通之全体，方有神化不测之妙用。故因此拳是内外一气，动静一源，体用一道，所以静为本体，动为作用也。"虚者，灵也，腹内之气，意在积蓄虚实之神，故虚其心而灵性不昧也。

8 月 27 日　拳验

阴阳互变，物极必反，阴中有阳，阳中有阴，动中求静，静极而复动。初步练法是明劲，即刚劲。练习日久，渐觉身强有力。拳谱说，练至六阳纯全，刚健之至，是人体阳性练成刚强，易物极必反。遂改练二步柔劲，是由练阳性物质转变练内部阴性物质（气）。我初练柔劲，以为如此柔和，不合"出力长力"之说，而老师说，此种功夫是最硬之功夫。初不了解，后来与同学做试验，我将左右两手平伸，上面各坐一十岁儿童，非但能撑住而不下落，且能谈笑自若。仍不明白为何有如此之力，郭老师告之，如能练到至柔，则有更大之威力。经老师讲解，及阅读书报杂志等，始渐明了，是阳刚之力转变为阴柔之内劲，也就是说"阴阳互变，物极必反"。例如，气与水皆为至柔之物，如水放入瓶中，则为长形或圆形，放入盘中则为扁形；待至积水为江河大海，能负载重之行船，一旦发威，其力能摧倒树木垣墙，此即积量而变质，故能发出如此威力。拳术之理，盖也是由量变而为质变，故此拳是变化人之气质。

形意拳的练法，是先站无极式，就是在练功之前，要有满体松弛的静止的准备。其方法是，以立正姿势，使全身的部位完全适合力学的支点的定则。各处关节保持天然的微弯，然后再自上而下，从头部到颈部，再到肩部、胸部、两手、腹部、臀部、大腿、两膝、两足，依次觉察，肩是否有不自然、不适意的紧张的部分，如有，即时放松下来，耳目也不可注意外界的一切，只是注意全身各部松弛，更要注意呼吸的自然，以期达到"无思无虑"之境。故说，"混沌一气，阴阳未判，虚实未分，所以叫'无极式'"。

手如弩箭身比弓，前踩后蹬莫放松，丹田催动全身进，意为媒引相配成。

将这四句分别讲解如下。

（1）手如弩箭身比弓。手如弩箭，是手发出时，既快且直而不晃动，要挺住，不可动摇；身比弓，是说周身各部像弓那样。眼和前脚是准星，眼到哪里足即奔到哪里，如射箭时前手握紧弓臂的中间，也是不可动摇，眼看手指和所射的目标，放弦后仍不可动摇。肩胛与胯和后脚，如同弓弦，后脚一蹬即催动胯和膝、足，肩胛下沉催动手和臂，一同前进，如同射箭时，弓弦一放，即崩动弩箭发出。

（2）前踩后蹬莫放松。足肩胯手全身前进时，前足奔向目标，以足趾抓地，准确踩住（即脚打踩意不落空）。同时后足也是足趾抓地一蹬（即消息全凭后脚蹬）而前进。

（3）丹田催动全身进。由丹田催动手足落实，就像弓放弦后一样，周身不能动，如汽车之急刹，全部机件都已封闭，而仍有惯性力前冲，但车已成为一整体，一碰物，物即被崩出，而不致被碾在轮下，即使碰到车旁也能被崩出，在拳术上这叫作整劲。故手一触及敌身，即将敌人崩倒或崩出。郭老师说，和人比手就是被敌人打上也不妨事。这种踩蹬冲力能将敌人碰出，而打人者反成为挨打者。前辈车毅斋和孙禄堂都能在不同情况下将人崩出或崩倒。

（4）意为媒引相配成。此种练法可单独研习，日久能使头、眼、身、手、步自然相合，得心应手。千万注意，不可用力，只要用意，不可忘了"意为媒引相配成"。

忆起年幼时常听人说"卧如弓、坐如钟、立如松、行如流水"，是形容人精力旺盛。所以，睡眠要以侧卧为主，不可将手腿伸直。听说学戏的，以及专门习武者，多是要求睡眠时不仰卧，以防遗失真阳，后来又听人说"仰卧易泄真气"，这些都是传说，不知确否。

形意拳术有五弓之力，谓之龙身，因龙身的弯没有死弯。一有死弯则气不易通过，所以练时要求放松，分述如下。

形意拳术分为三体，即头、手、足，亦即上、中、下，三体式一站即成五弓（姿势另论）。

（1）"头弓"，即由头至腹，略成弯弓之式（弯度极微，人之脊骨本不是笔直的，故虽有弯度亦不易看出）。

（2）"两手弯弓"，两手不论伸或屈，都是由手至肩成一弯弓形。

（3）"两足弯弓"，两足不论哪一足迈出，哪一足后坐，都是由足至胯成一弓形。

头一、手二、足二，合一起为五，而皆有弯度，故称"五弓"，又因无死弯，故称"龙身"。

1996年

1 月 8 日　见闻

回忆过去有人说，"练拳不练功，久后一场空"。形意拳有各种功法，如站功、揉动功。各种桩法也都属于站功，如无极式、三体式、混元桩等。这些练法虽说是辅助拳法，实际是拳术中的主要基础。回忆以前看过一本《少林拳术秘诀》，其中有各种桩法，且举例说明。有一人，原为寡力之夫，因练站桩年久而成为大力之人，能举起七八百斤之重物。还有人能站在危崖上而身稳不致坠下。其他例子就不一一说明了，总之各种功法是重要而不可忽视的。记得郭老师传我一种功法，简单却累，我给起一个名称为"依墙功"。其法是（左式），以左手按墙上，右足蹬地，身体斜倚墙上，离墙斜度要大，姿势较高，左足由后向右足靠拢，足背搭在右足上。初练时，姿势较高，渐渐下落，姿势较低，离墙斜度也渐小，左式练累了，略放松臂和腿，再换右式练习。此式虽简单，练起来却既费功夫又累。郭老师年轻时下过大功夫练此式，说是练到姿势低于一米，站立自如时，如和别人比手，手一按敌身，对方即被崩倒或打出。我家中无地方，而武术馆中同学皆全力学习拳术及器械等，故我未下功夫练习，不能体会老师所讲的功力。

12 月 25 日　拳验：脊背圆与腰圆

脊背圆，也就是拔背，是将两肩胛骨向左右外撑，而使脊背中间突出成圆形，如龟背。有的人认为不好看，其实也没什么难看的。如果真能做到脊背圆，则肩力自能到手，颈项也自能竖起，两肩也自然下沉，内力自然到手，即所谓"力由脊发"。两肩胛骨向左右拔，则前胸自然内含而不挺出，也使胸部开放而不被挤，开胸顺气，气自能下达丹田。

腰圆，拳谱说"腰为主宰"，是说以腰带动手足动作，所以腰为动作的主力。如推车、担重物等，都是以腰为主宰，走路也是如此。拳谱说，"起之于腰，发之于脚"，故在用力时，要挺腰或撑腰，后腰也要向左右撑开，而中间自然也会突出。这不易实现。尚云祥先生身有此形。后腰成圆腰，但此情况很难做到，即带脉贯通，和丹田相连贯，俗称"肚大腰圆"，身强力大。腰圆，两胯也松开，形成裹胯，而肛也自上提，此情非短期能成，需经过体悟及多年勤练，才能略有所成。此情况非语言能表达出，更需自己勤练参悟，或有所得。

1997 年

3 月 7 日　拳验：前足滚进半步与"上法先上身，脚手齐到才为真""起之于腰，发之于脚"

前些日子，有一位老朋友拉着我给另一位朋友看看他练的拳有何缺点。我当时即捧他年岁大而姿势低，很好。他说请你看看有哪些不足之处。友人遂做一个搂膝拗步之式，搂膝时只用手指搂，推时也是手指平身前按，这样的姿势双手均无实力。我就试做此式，前手沉腕下压，后手向前推。双手的手指均应扣着，方能与掌根相连而有力。后手放到友人身上，向前一按，即觉身有点前倾，前足被迫滚进半步，友人当时即被崩起而后退。幸而我这些年与人谈手法，总是先拉住对方之手，而后再推按，已成自然之习惯，当时即用手将友人拉住。因之想到，前足滚进半步，是被身迫近的，这就是"上法先上身，脚手齐到才为真"，是练习日久而自然形成的。当时来不及下令而行，身有点向前倾，是腰催身前进（起之于腰），脚被迫向前滚进半步（发之于脚），两手沉腕扣指（力达手梢），这是周身的整劲，更是平常练习成熟而自成。当时是无法命令身手足齐整发出的，故必须常练习方成自然的得心应手。

（注：如前进时，前足不滚进半步或半足，劲力不能全部放至对方身上，还有一部分存在自身中，则不能算是整劲。）

3月15日　漫谈形意拳之松、通、空

梁兴华祖师教人练拳时，以静为主体，以柔为动作，以至柔为极致，以松、通、空为练习总则，盖周身关节及筋、骨、皮、肉与身内之五脏都"轻松开放"，将虚灵之真气贯通全身，即所言"松而后能通"。真气既通，才能疏导、排出身内浊气、浊力，由风、寒、暑、湿、燥、火入侵而成的宿疾才能尽皆排出身外，造成虚空而真气流通，是"通而后空""空非顽空"。拳谱说："内观其心，心无其心，心空也。外观其身，身无其身，身空也。身心俱空，才是真空。"又说："有虚空灵通之全体，方有神化不测之妙用。"故"静为本体，动为作用，妙用为神"。拳谱云，"拳无拳，意无意，无意之中是真意"。至此拳术，无形无相，无我无他，只有一神之灵光，奥妙不测耳。达到此境实非易事，更非人人皆能达，因此，前辈说，"练拳者如牛毛，而成功者如凤毛麟角"。例如我之前提过的车毅斋先生之事迹，先生说："此乃拳术无意中抖擞之神力也，至哉，信乎？"郭汉之老师初教我练二步暗劲（柔劲）功夫，我心中认为出力才能长力，此柔和之练法哪能长力。老师告余曰，此功夫是最硬而最有力之法。心想老师向不肯传此功法，今难得老师传授，如何不信呢？遂用心下功夫练习。两三个月的时间，觉得周身酸懒，如练重功而过力似的，又如方从浴池出来，周身懒洋洋无力，却觉得舒服。和同学比手，同学常被我捋住不能脱出。因此悟得，初练柔劲功夫觉得身体酸懒，想是拳谱所说"换劲之情"，乃使弱者转为强、拙者化为灵也。拳谱说，"拳中之内劲，是将人散乱于外之神气，用拳中之规矩、手足身体之动作，顺中用逆，缩回丹田之内，与丹田之元气相交，自无而有，自微而著，自虚而实，皆是渐渐积蓄而成"。《形意六合拳论》说："……内劲

又捷又灵，能使日月无光而不见其形，手到劲发而不费力也。"

梁师祖说过，能将拳术练到至柔，即可到"无意之中是真意"之境。此言实难明了，又因自己功力尚浅，百思不能解释，遂阅读有关书籍，亦未得其解。因之想到先从至柔方面探讨，因自己的功力很浅，是得不到其理的。若是从物体上解释，或可有所得。查至柔之物，很多我不识之物理之学，只以肤浅之理试述之。今仅以水和气而言之，二物皆是至柔之物也。先以水而言，如将水放入瓶中，即为长形，若放之盘中，即成扁形。一点水无作用，一杯水可以解渴，一盆水可以洗涤衣服等，若汇集成江湖河流，"其力甚大，能浮起载重之舟，若以手掬之，仍为至柔之物也。因汇集成河海，是积少成多，而量变矣，量变有如此之大力，但遇飓风激起巨浪，其力更大，能摧毁墙垣、树林。若以手掬之，仍为至柔之物也"。是至柔之物由量变而达到最为坚强而有大力之物质矣，是为质变也。

人之生命亦不能离气。故古今之养生家、武术家、医学家等，都讲人生以气为主。孟子曰，"我善养吾浩然之气"。倘将呼吸器官堵塞，不数分钟即窒息而亡。《少林拳谱》说，"言力者必先言气，故气为力之君，力为气之臣"。有一人，原为寡力之夫，因练气功，能举起数百斤重物，看来如气能调顺，训练得法，将有无穷之力也。但因我功夫尚浅，对于至柔之理仍不能正解明了，望有识之士给以指教说明。

3月24日　静、柔与动静

"静为本体，静中求动"。拳谱说，"大抵人神好清而心扰之，人心好静而欲乱之"。杂念耸动，神不得安，故有人设法消除杂念，用数数法使精神专一而消杂念。还有用一念而消百念，更有的练站功、卧功和坐功而使精神入静。不论练何种功法，皆以入静为主要，因心不静、神不守舍，只不过是活动手足而已，哪能谈到内外双修、静中求动。"静极而动"是内气发动，故动作姿势要柔和平静。拳谱说，"运用圆活而不滞，气要舒展，而不可拘，是动极而复静，是从动作中而得到静"。故动作由柔而奔向至柔，才算上乘功法。

静为本体自身求，动为作用需至柔。

动静本为一源体，身形应当似水流。

3 月 25 日

读佛经两首偈子，偶有感想，遂借用以解拳理。

（1）身如菩提树（形体），意犹明镜台（内意）。时时勤拂拭，不使惹尘埃（使内无七情六欲惑搅，外无风寒暑湿燥火入侵）。指常常练习，扫除七情六欲及外部病因的入侵。

（2）菩提本无树（身无其身，身空也），明镜亦非台（心无其心，心空也）。本来无一物（身心皆空也），何处惹尘埃（身心既空，哪里有七情六欲之入侵）？

4 月 29 日　拳验：滚踩

以前练习，无意中得到：前足将落实时，向前滚进半足再落实，可使向前冲进有力。最近又感到腰酸、腿酸、足趾与鞋头摩擦微疼，体察到是功夫有进展而身体承受不了。

（1）腰。有一天忽觉后腰从中间裂开，中间有一立柱，两边各一小球，是在睡眠将醒、似梦非梦时，醒后即觉腰酸。

（2）大腿。从胯到膝盖，肌肉酸疼，而胯窝更疼。

（3）小腿。从膝盖到足踝，膝盖骨上肌肉微疼，是所谓迎面骨上肌肉发达突起。

（4）足趾。行步时足趾抓地落实，使足趾弯曲而高，故和鞋头摩擦而微疼，但足落地而有力，支撑身体不晃。

经体察，是使身体下重而稳固，但因此行步较慢，仍觉得腰腿有点酸疼，随即做局部活动，且觉舒服。平时坐在沙发上很是舒服而不愿站起来，站起来还有点酸。

9 月 12 日

拳谱云，"大动不如小动，小动不如不动，不动之动，才是生生不息之真动"。以下用水来比喻动法。

（1）大动。水本柔和流质之物，一点水见不到有多大作用，一杯水可以解渴，一盆水可以洗漱，若汇集成河海，由量变而成质变，可以力浮万斤，一遇大风则浊浪排空，行船其中则易倾覆，需有熟知水性及操作有经验之人掌握行船，方能平稳无险。是则大动不如小动之平稳，修道者称之为"武火"，在拳术为"明劲"。这在练习时都应请明师指导，万不可自作聪明，认为出力长力，便浑身使出浊气、浊力，不按师传，久而被浊气所困，易出流弊。

（2）小动。船行江海，遇有微风，则起微波，行船顺流而下，船身虽微波动，但无倾覆之虞，稳步前进，平顺达到目的。修道者称之为"文火"，在拳术为"暗劲"（柔劲）。这也请明师指导及解释拳理，亦不可因不明道理而轻视。拳谱说，"柔非无力也"，是自然之力。

本人初学柔劲时，亦认为不出力不能长力，及练到月余时即觉周身无力，好似操重而过力，但身心很舒服。老师看出情况，告余曰，此为拳法换劲，化去身中之浊气和浊力，练出身中之内劲（内气）。故此种练法，是硬而有力之劲法，待练到至柔，则其力不可限量矣。

（3）不动之动。这才是生生不息之动。江湖河海之水，性本平稳，不遇风吹，平如镜面，看不出流动，其实质本为流动之体，顺着地形缓缓流动而平稳无波浪，看似不动，实为畅行无阻的暗流。如在水面上放一落叶、羽毛或小船，则悠然而随之顺流而下。拳术谓之柔顺之极，是柔劲之终、化劲之始也。修道者谓之"丹熟"，拳术谓之"化劲"。"拳无拳，意无意，无意之中是真意"，亦称为"炼神返虚"。

与人揉散手时要注意以下要领。

（1）以手指敌人胸部中间。

（2）手不能指时用腕与肘指。

（3）遇刚则柔而刚紧随其后。

（4）粘连绵随，不丢不顶。

（5）进手时用螺旋力。

（6）得势时须用垫步以进之。

（7）不得已而退时须以手掩护，全身退却。

（8）两手用力要齐，不可偏重。

（9）两肩两胯宜活。

（10）以己之中节接彼之梢节，打彼之根节。

（11）敌手来时，稍一接触即用螺旋力顺其手而进之。

（12）敌人紧指中时，须用姿势变中。

（13）勿局部动作。

（14）圈愈小愈妙。

（15）腿部须裹胯，用后重法。

（16）如左手失败，快进右手。

（17）两肘不离肋，两手不离心。

（18）与敌接触总宜设法走里圈。

（19）通体关节皆成钝角，以锐角向敌。

（20）各种姿势总要三尖相对。

注：守中、指中、变中的"中"，即身体的中线。圈即暗横、开寸离尺。

中者，重心也。凡物皆有重心，如欲推物、掷物等，不得其重心，定觉吃力。例如踢球，不善踢者，虽用力甚猛，而球踢不远。我心欲左而踢成前方，欲低而踢高，此皆未踢中球之重心所致。若善踢者，则欲左即左，欲右即右，无不随心所欲。盖习之日久，发球必中球之重心，是以能随心之所欲。拳术亦然。对敌时，宜打敌人之中，则敌人自跌矣。我之中，宜加意防守，勿为敌人乘入。而以己之三尖，紧指敌人之中，伺隙而攻之。若敌人亦按指中之法攻我，我则以变中之法对之，即不易为敌人所乘也。

10 月 14—17 日

我练形意拳术多年，对身体都有益处。现年八十八岁高龄，仍每日早晨到花园锻炼。但因已入老年，随着年纪增长，身体自然亏损，已渐失先天带来之本能，出现发落、齿脱、耳聋、眼花、手足动作不灵、行动迟缓等衰老现象。老师常说，"练此种拳术，可以延年益寿，返先天之本能"。我近些年体会，除年高尚能运动外，其他本能仍尚未找回。因思除功法尚未练好外，亦未注意到如何保护先天之本能，故尚有气难达或迟达之处，均未注意，因而还未达返先天之本能的情况。这也和做卫生不彻底，留有死角、仍有积尘相同。又想起古语有"流水不腐、户枢不蠹"之言，试以手按摩动作不到之处，助其筋肉活动以达气血流畅、滋润其处，或可渐渐返回以前失去的先天带来之本能。因年老气血已尽，恐难收预想之情，但我相信如能持之恒久，久去做，亦能有延缓之效果，今已试做，且观进展。

有感及说明随录于下。

欲健身心法不难，五行四梢要动全。

气血缓迟按摩助，久练才能益寿年。

动功需把五行练，静功本是坐卧站。

内外功夫不偏废，方能混元一气现。

拳谱有"五行""四梢"之论。五行者，金、水、木、火、土也，此是按相生排列。"内五行"，即是肺、肾、肝、心、脾，此是五行隐于内者，为"五脏"。"外五行"是鼻、耳、目、舌、人中，此五行著于外，为"五官"。内外相通是鼻通肺、耳通肾、目通肝、舌通心、人中通脾，都与五行相通。拳谱说，练五行拳能"坚实其内，整饬其外"。所以说，"形意拳是内外双修、体用兼备之练法，能却病延年"。又有四梢之说，"发为血梢、牙为骨梢、舌为肉梢、爪（指甲）为筋梢"。

我练习多年，感觉"五官"和"四梢"运动量较少，故内气或真气、丹田气达到"五官"及"四梢"较少或迟缓，故想在练静功时用按摩法以补充之。"五官为鼻、耳、目、舌、人中"，而面部为十二经阳脉（即手足之六阳脉）之起点及终点。手之三阳脉由手至头，足之三阳脉由头至足，故头部称为"六阳魁首"。试用按摩以助真气畅通其处，以滋润面部，使面部清秀，而迟现衰老之象（练法另谈）。"四梢"也以按摩助其部位真气通畅，手之三阴由胸至手，足之三阴由足至胸，各起点、终点也以按摩助其通畅。如此"五官""四梢"与"十二经"一起在周身通畅，而又内外相通，日久可能"内外合一，混元一气，身心自强而异于常人矣"。

10 月 30 日　五脏、十二时辰与十二经之关系

子时，足少阳胆经。丑时，足厥阴肝经。寅时，手太阴肺经。

卯时，手阳明大肠经。辰时，足阳明胃经。巳时，足太阴脾经。

午时，手少阴心经。未时，手太阳小肠经。申时，足太阳膀胱经。

酉时，足少阴肾经。戌时，手厥阴心包经。亥时，手少阳三焦经。

五脏与拳术之关系

大指属金，通肺经，肺与大肠相表里，主白色，外应于鼻，劈拳是也。

二指属木，通肝经，与胆相表里，主蓝色，外应于目，崩拳是也。

中指属土，通脾经，与胃相表里，主黄色，外应于唇，横拳是也。

四指属水，通肾经，与膀胱相表里，主黑色，外应于耳，钻拳是也。

小指属火，通心经，与小肠相表里，主红色，外应于舌，炮拳是也。

另有心包经，与三焦经，共称十二经，和十二时相通。

拾遗

一

内丹形状由液体变固体。静为本体，动为作用。有虚空灵通之全体，方有神化不测之妙用。内外一气，动静一源，体用一道。变化人之气质，以复其初。拳所用之劲，是将形气神（神即意也）合住。元神可以产生透视、遥视等人体特异功能。佛道家都强调要"慧而不用"，就是不能只满足于这一点小小的智慧而无限使用，过多使用甚至会减短寿命。《自然辩证法》一书写道，人的思维仅仅是一种天赋的能力，必须加以发展和锻炼。幼读《伤仲永》，大意是仲永天赋才学，只是应用而不知学习锻炼，致使才学逐年衰退以致失去才能。

二

前进时，注意腿的冲力与脚的滚进和足趾踩扣，这是对"手是两扇门，全凭脚打人"的体会。

这两句话在字面上讲是以手封挡，而用脚去踢打，很多人这样理解。郭老师教我比手和同其他武术家比手时，向未见其以脚踢人，都是刚一接触即被老师击倒。郭老师常教我们说，敌我一接触，他若打来就顺其手而攻之，他若要抬腿即迅速进攻，此时敌人想变化已不可能，故有放胆即成功之说，但得即时而进，不是盲目冒进。

第三篇　五行掌法

五行掌是动中求静的体育疗法之一，取材于形意拳的第二步练法。这种练法，动作柔顺，呼吸自然，长期练习可以达到内坚五脏、外壮筋骨皮肉的作用，尤其对于年老体弱者及慢性病患者的健康具有良好的促进效果。

　　去年我一老友，身患关节炎和胃病，久治未愈，遂请我治疗，我双管齐下，一面施以按摩疗法，一面教其练习五行掌。数月之后，老友便痊愈了。后又有多人求习此法，均有功效。

　　最近友人要求我把五行掌的练法整理成册作为学习资料，供大家研习，以便达到内外双修、体用兼备之效。但限于个人水平，词不达意，勉力写成，请同好指正以期改进。

杨立德

一九六四年五月

五行掌是形意拳二步功夫，亦为养生妙法，多为秘传，世人鲜知。吾师杨立德先生得传于郭汉之老先生，郭老先生得传于师祖梁兴华老先生。梁老先生乃清末翰林，其法得传于何人未知。

　　我因青年时患肺结核之症而求医于吾师。承蒙吾师错爱，传我五行掌法，使我得以痊愈。

　　后又患心脏间歇之症，我遂用炮掌之法辅以"呵"字之呼吸，不数日即愈。至此方知五行掌法之妙也。

　　以我练习之体会，深知五行掌不但是养生治病之妙法，亦有练武筑基之功能。有志于此者一试便知。

　　五行掌历代口传心授，从无书行世。吾师为不使先辈所传湮没，于一九六四年作《五行掌》一书。惜当时未有图照，曾在好友及学生们内部流传。今年老师又命我重新整理，配齐照片，再行成册，以示后学。此亦武界一大幸事也。

后学　刘长国

于　拳石书屋

一九八六年五月

第一章　总说

一、我的练习经过

我自幼体弱多病。每当用力跑跳即发头晕之症，而且胆小，夜晚不敢出门，苦闷异常。虽经医药治疗，仍未能达到健康之况。有位刘老师告诉我，药物虽能治病，但不能使身体强健，必须注意运动。于是我就学习球类及武术等运动项目。经锻炼，身体较前有好转，但仍未能达到身强体壮。后来开始学习五行掌。初学时总疑惑，如此柔和缓慢的运动，怎能强身长力？但习练数月之后，即觉身心愉快、精神饱满、皮肤滋润，食欲增加，体力也明显增强，与同学较力时便有所感觉。两臂与同学相碰时，同学之臂被碰红，而我臂如常。至此，方知我之气血较前充足，身体已转弱为强矣！

自此，遂勤习不断。再经老师时常指点，功夫大进。练习中时有周身爽快、飘飘欲仙之感，舒适异常。自此方知五行掌确有内坚五脏、外强筋骨皮肉的功效，实乃却病延年、健体长寿之技也。

二、五行掌功理浅说

五行掌是动中求静的体育疗法之一。简单谈一下什么是动中求静。

动是指人在练功时外部的动，如弯腿屈肘、前进后退等。五行掌的动作要求柔和舒畅、圆和不滞、自然而动。通过这样的动作调和呼吸，排除杂念，逐渐使呼吸平和深匀，心静如水，以达到机体放松、大脑安宁的状态，由动的练习得到了静的休养。这就是一般所谓的动中求静之法。

由于从动的练习中得到了静的休养，所以人体各部功能得到加强，如大脑皮质对于身体各器官的调节作用加强，肺部吸氧排碳功能增强，胃肠蠕动增快，消化液增多，等等。这样就会促进血液循环，使消化吸收良好、新陈代谢正常，从而达到治愈疾病和强身健体的作用。

三、五行掌之特点

（1）姿势简单，易学易记。

（2）动作不用浊力，轻松舒畅，呼吸纯任自然，练后身心愉快。

（3）动中求静，扫除杂念，休养脑力。

（4）符合中医原理，久练能调和阴阳，增长五脏元气。

（5）动作柔和，无蹿蹦跳跃之动作，男女老弱均能练习。

（6）套路可长可短，场地大小均可练习。

四、五行论

五行者，金、水、木、火、土。根据考证，五行之说最早见于《周书·洪范》，是古人用来说明事物之间的相互关系的。五行之间相互联系又相互制约。相互联系叫作相生，相互制约叫作相克。相生的关系是：金生水、水生木、木生火、火生土、土生金。如此循环，生生化化无有终时。相克是：金克木、木克土、土克水、水克火、火克金。如此相互制约，循环不已。

五、五行掌名称之意义

五行掌由五个掌法组成，分别叫作劈掌、钻掌、崩掌、炮掌、横掌。五行掌与五行及人体的配属关系是：劈掌之形似斧，性属金，在人身内属肺，外通于口；钻掌之形似电，性属水，在人身内属肾，外通于耳；崩掌之形似箭，性属木，在人身内属肝，外通于目；炮掌之形似炮，性属火，在人身内属心，外通于舌；横掌之形似弹，性属土，在人身内属脾，外通于人中。

各掌之间的生克关系是：劈生钻、钻生崩、崩生炮、炮生横、横生劈；劈克崩、崩克横、横克钻、钻克炮、炮克劈。五行掌取相生的关系，以为平时练习之理；取相克的关系，以为对手破解之用。

从以上可以看出五行掌是以五行学说来说明其内外双修、体用兼备之理的。此点也正是五行掌名称之由来。

六、身体各部要领

五行掌，形式简单，而姿势一站（指三体式而言），各项要领具备，由头到足都有说法。

兹将先辈老师拳经录于此。

（1）身，前俯后仰，其势不劲，左侧右倚，皆身之病。正而似斜，斜而似正。

（2）肩，头欲上顶，肩须下垂，左肩前伸，右肩自遂，身力到手，肩之所为。

（3）肱，左肱前伸，右肱在胁，似曲不曲，似直不直，曲则不远，直则力小。

（4）手，右手在胁，左手齐心，后者微塌，前者力伸，两手皆复，用力宜均。

（5）指，五指各分，其形似钩，虎口圆开，似刚似柔，力须到指，不可强求。

（6）股，左股在前，右股后撑，似直不直，似弓不弓，虽有支绌，每见鸡行。

（7）足，左足直出，倚侧皆病，右足似斜，前踵对胫，二尺距离（此是一般而言，可根据身体高矮而定），足趾扣定。

（8）舌，舌为肉梢，卷则气降，目张发立，丹心愈壮，肌肉如铁，内坚腑脏。

（9）肛，提起肛门，气贯四梢，两腰缭绕，臀部内交，低则势散，故宜稍高。

另有老拳谱八字诀，亦为先辈练拳之要领，兹列后供学习参考。

（1）三顶：头上顶有冲天之雄；手外顶有推山之功；舌上顶有吼狮吞象之容。

（2）三扣：肩扣则气力到肘；掌扣则气力到手；手足扣则周身气力厚。

（3）三圆：脊背圆则力催身；前胸圆则两肱力全；虎口圆则勇猛外宣。

（4）三毒：眼毒如觑兔之饥鹰；心毒如怒狸之攫鼠；手毒如捕羊之饿虎。

（5）三抱：丹心抱气，气不外散；胆量抱身，临变不变；两肱抱肋，出入不乱。

（6）三垂：气垂则降丹田；肩垂则催肘前；肘垂则两肱自圆。

（7）三屈：两肱宜屈，屈则力富；两股宜屈，屈则力凑；手腕宜屈，屈则力厚。

（8）三挺：挺颈则精气贯顶；挺腰则力达四梢；挺膝则气舒神怡。

七、四梢论

人身中有血肉筋骨，而血肉筋骨之末谓之梢。发为血梢，舌为肉梢，甲（手足指甲）为筋梢，牙为骨梢。四梢的荣枯润燥，显示着人体的盛衰情况。身体强健则发荣、舌润、甲韧、牙坚，身体衰老则发枯、舌燥、甲脆、牙落。练习五行掌能使人体元精足、气血充，故能使四梢由衰而变盛。四梢盛则在用力时，可使四梢变其常态，而令人惊畏。

此点先辈有拳经传焉，今录后供学习参考。

（1）血梢：怒气填膺，竖发冲冠，血输连转，敌胆自寒。毛发虽微，摧敌何难。

（2）肉梢：舌卷气降，虽山已撼，内坚比铁，精神勇敢。一舌之威，落魄丧胆。

（3）筋梢：虎威鹰猛，以爪为锋，手攫足踏，气力兼雄。爪之所到，皆可奏功。

（4）骨梢：有勇在骨，切齿则发，敌肉可食，眦裂目突。唯牙之功，令人恍惚。

第二章 分论

第一节 引言

五行掌姿势简单，易学易记，因此有人便觉得套路简单，无甚可学可练，浅尝辄止，半途而废。殊不知此掌法形式虽简，但其内涵之广之深，非深谙此法者而不能知。此法是先辈老师依据人法天、天法道、道法自然之旨，体会人体诚于中、形于外的道理，用内外双修、体用兼备的方法创造的。常练此法者，能内坚五脏、外壮筋骨，积养元气，返还先天。弱者易之强，柔者易之刚，悖者易之和，是功法中之上乘也，故望后学者勿轻之。久习此法，自知其可贵之处，切切！珍之！！

第二节 起势

1. 无极式

拳谱曰，无极者，空空静静，虚若无一物也。身体正面向前方，两手下垂，两足成 60°。（图 3-2-1）

图 3-2-1

要领：合唇叩齿，舌顶上腭。头自然上顶，下颌微向后收。垂肩、松膝、松腰胯，全身均须放松，心中空静，排除杂念，神态宁静谦和。

以上要求应贯穿练习过程的始终，不可稍有懈怠。无极式虽简，却是练功中的一步大法，习者切勿轻视。

2. 两仪式

拳谱曰，由虚无生一气，由一气生两仪（即阴阳，伸者为阳，屈者为阴）。

（1）由前式（无极式），两手分别由左右慢慢向上举，手心朝下，高与肩齐。（图3-2-2）

（2）两手手心翻转朝上，再慢慢向上举过头，两手心相对，由上经胸前向下落至小腹处，手心翻转向上，同时两腿微屈。（图3-2-3）

（3）右手从胸前向前伸出，手心向上，高与肩齐，目视右手。（图3-2-4）

3. 三体式

拳谱曰，道自虚无生一气，便从一气产阴阳，阴阳再合成三体，三体重生万物张。

由前式，左手由肋下向前向上钻，到与右手相齐时，两手同时翻成手心向下，

图 3-2-2

图 3-2-3

左手向前向下落，高与肩齐，同时右手向下落，放于右肋下，同时左脚向前迈出成左式前三后七（指两脚重心的分配）步，即三体式，目视前手。（图3-2-5）

要领：此式是各掌的基础，方法皆出于此。前面所说的九要八法的要求，在此式中都要体现出来。另外，还须做到吊裆、收臀、含胸、实腹、合膝、裹胯，体态松静自然，勿用拙力。

图 3-2-4

第三节　劈掌

1. 起势

即三体式。

2. 右式

（1）由三体式，左手由前向下落，收至小腹时，两手手心同时翻转向上，左脚收回，与右脚靠拢，成左丁字步，目视前方。（图3-2-6）

（2）左手由下向上，经胸前向前伸出，高与肩齐，手心向上，同时左脚向前迈出，脚尖微向外撇，目视左手。（图3-2-7）

（3）右手由下向上向前钻，与左手相

图 3-2-5

图 3-2-6

齐时，两手手心同时翻转向下，右手向下按（如劈物状），到高与肩齐时停止，左手向下落于左肋下，右脚向前迈出，成右三体式，两膝微屈，目视右手。（图3-2-8）

图 3-2-7

图 3-2-8

3. 左式

（1）由前式，右手由前向下落，收至小腹前时，两手手心同时翻转向上，右脚收回，与左脚靠拢，成右丁字步，目视前方。（图3-2-9）

（2）右手由下向上，经胸前向前伸出，高与肩齐，手心向上，同时右脚向前迈出，脚尖微向外撇，目视右手。（图3-2-10）

图 3-2-9

图 3-2-10

（3）左手由下向上向前钻，与右手相齐时，两手手心同时翻转向下，左手向下按（如劈物状），至高与肩齐时停止，右手向下落于右肋下，左脚向前迈出，成左三体式，两膝微屈，目视左手。（图3-2-11）

劈掌的练法是右式和左式循环练习，如场地大可以多练，场地小可以少练。下面以练至左式做回转式。

图 3-2-11

4.回转式

（1）接上式，左手下落，收至小腹时，两手手心同时翻转向上，左脚尖向右扣，身体随之向后转，同时右脚收回，成右丁字步，目视前方。（图3-2-12）

（2）右手由下向上，经胸前向前伸出，高与肩齐，手心向上，同时右脚向前迈出，脚尖微向外撇，目视右手。（图3-2-13）

图 3-2-12

图 3-2-13

图 3-2-14

（3）左手由下向上向前钻，与右手相齐时，两手手心同时翻转向下，左手向下按（如劈物状），至高与肩齐时停止，右手向下落于右肋下，左脚向前迈出，成左三体式，两膝微屈，目视左手。（图3-2-14）

5. 收势

（1）接上式，左手收至腹前，两手皆是手心向下，目视前方。（图3-2-15）

（2）右脚上前，与左脚靠拢，两手下垂，变为无极式，目视前方。（图3-2-16）

图 3-2-15

图 3-2-16

据《黄帝内经》之说，肺主人体上下表里之气，并能辅助心脏协调脏腑的正常生理活动。所以，肺功能失常会出现咳逆、气喘、胸胁胀满、气短等症，也会引起痰饮、水肿、自汗、盗汗等现象。

拳谱说，劈掌性属金，在人身内属肺。故经常练习劈掌，能使肺气宣通，避免因肺功能失常而引起的各种疾患。肺主一身之皮毛，肺气宣通，日久，人之皮肤毛发也会因肺功能加强而润泽光亮，愈增加人之光彩。

第四节 钻掌

1. 起势

即三体式。

2. 右式

（1）接三体式，左手手心翻转向上，左脚尖微向外撇，目视左手。（图 3-2-17）

（2）右手手心翻转向上，由下向上向前钻，高与口齐，同时左手手心翻转向下，再向下落于左肋下，右脚向前迈出，成右三体式，两膝微屈，目视右手。（图 3-2-18）

图 3-2-17

图 3-2-18

3. 左式

（1）右脚尖向外撇，左手手心翻转向上，目视右手。（图 3-2-19）

（2）左手由下向上向前钻，高与口齐，手心向上，同时右手手心翻转向下，再向下落于右肋下，左脚向前迈出，成左三体式，两膝微屈，

目视左手。（图3-2-20）

钻掌的练法也是右式和左式循环练习，与劈掌同，以练至左式做回转式。

图 3-2-19　　　　　　　　　　　　图 3-2-20

4.回转式

（1）接上式，左手收至左耳处再下放至小腹，两手手心皆翻转向上，同时左脚收回，与右脚靠拢，脚尖向里扣，目视前方。（图3-2-21）

（2）身体由右向后转，同时右手从右肋下穿，手心向下，随着转体，手心翻转向上并向前伸出，高与肩齐，同时右脚向前迈出，脚尖向外撇，目视前方。（图3-2-22）

图 3-2-21　　　　　　　　　　　　图 3-2-22

（3）左手由下向上向前钻，高与口齐，手心向上，同时右手手心翻转向下，下落于右肋下，左脚向前迈出，成左三体式，两膝微屈，目视左手。（图3-2-23）

5. 收势

（1）左手收回，放于腹前，两手手心翻转向下，目视前方。（图3-2-24）

（2）右脚上步，两手下垂，变为无极式，目视前方。（图3-2-25）

图3-2-23

图3-2-24

图3-2-25

据《黄帝内经》之说，肾之功能，藏精、主骨、生髓，是为人体先天之本，肾气亏损会有腰背酸楚、骨弱无力、精神疲惫、头昏健忘等症状。

拳谱说：钻掌性属水，在人身内属肾。经常练习钻掌，能使精足气满。精足气满则人精力旺盛、灵敏多智、筋骨强劲、动作有力，日久自能气畅周天而得健康长寿之体。

第五节　崩掌

1. 起势

即三体式。

2. 右式

（1）左手手心翻转向上，右手虎口向上，目视前方。（图 3-2-26）

（2）左手收于左肋下，手心向上，右手向前伸，虎口向上，高与肋齐，同时左脚向前迈出一步，右脚相随，两脚相距约半尺，成左上三体式，目视右手。（图 3-2-27）

图 3-2-26

图 3-2-27

3. 左式

（1）右手手心翻转向上，左手虎口向上，目视前方。（图 3-2-28）

（2）右手收于右肋下，手心向上，左手向前伸，虎口向上，高与肋齐，同时左脚向前迈出一步，右脚相随，两脚相距约半尺，成左三体式，目视左手。（图 3-2-29）

图 3-2-28

图 3-2-29

崩掌的练法是左式和右式循环练习。无论左式还是右式，皆是左足在前，故回转时左式和右式都是一样的练法。

4. 回转式

（1）前手收回并放于腹前，两手手心同时翻转向内，放于腹前，左脚向右脚外侧迈出，脚尖向内扣，目视前方。（图 3-2-30）

（2）身体向后转，两手随着转体同时向前伸出，右手前伸至高于肩部，左手前伸至胸前，两手皆为手心向上，同时右脚抬起，脚尖向外撇，向前做蹬状，目视右手。（图 3-2-31）

图 3-2-30

图 3-2-31

（3）右脚下落，脚尖向外撇，身体向下坐，右脚前蹚，身体坐于左腿上，同时两手手心皆翻转向下，右手下落于右肋下，左手向前伸出，高与肩齐，目视左手。（图3-2-32）

（4）右足转正，身体向上恢复原高度，同时左手手心翻转向上，右手翻成虎口向上，左脚向前迈出一步，右脚相随，两脚相距约半尺，成三体式，同时左手收于肋下，手心向上，右手向前伸出，虎口向上，目视右手。（图3-2-33）

图3-2-32

图3-2-33

5. 收势

图3-2-34

（1）右脚向右后撤退一步，同时右手手心翻转向上，左手翻成虎口向上，目视右手。（图3-2-34）

（2）左脚向后撤退一步，同时左手向前伸出，虎口向上，右手收于右肋下，目视左手。（图3-2-35）

（3）右脚向前迈顺，恢复右三体式，右手翻成虎口向上，向前打出，左手手心翻转向上，收于左肋下，目视右手。（图

3-2-36）

（4）右手收至腹前，两手手心皆翻转向下，目视前方。（图3-2-37）左脚上前，与右脚靠拢，两手下垂，变为无极式，目视前方。（图3-2-38）

图 3-2-35

图 3-2-36

图 3-2-37

图 3-2-38

据《黄帝内经》之说，肝主全身血液的储藏与调节，以及全身筋骨关节的运动。人的精神情志的好坏，也与肝功能有密切的关系。如人体出现性躁善怒、恐惧胆怯、多梦易惊、卧寐不宁、动作迟钝、爪甲脆裂枯而不光等症状，即是因肝功能失调而引起。

图 3-2-39

图 3-2-40

图 3-2-41

拳谱曰，崩掌性属木，在人身内属肝，所以练习崩掌可使肝气条达而平和，因而能避免因肝气郁滞或肝阳上亢引起的各种疾患。

第六节　炮掌

1. 起势

即三体式。

2. 右式

（1）右手向前伸出，与左手相齐，两手手心皆向下，同时右脚上前，与左脚靠拢，成右虚步。（图 3-2-39）

（2）右脚向右前方迈出，左脚相随，成左虚步，两手同时收于腹前，手心皆向上，目视前方。（图 3-2-40）

（3）身体半面向左转，同时左脚向左前方迈出，成左虚步。两手同时向上提起，与心脏相齐时，左手向上钻，高与额角齐，手心翻向外，右手翻成虎口向上并向前打出，低于心脏，目视右手。（图 3-2-41）

3. 左式

（1）左脚向前稍移，右脚相随，成右虚步，两手同时下落于腹前，手心皆向上，目视前方。（图 3-2-42）

（2）身体半面向右转，同时右脚向右前方迈出，成右虚步。两手同时向上提起，与心脏相齐时，右手向上钻，高与额角齐，手心翻向外，左手翻成虎口向上并向前打出，低于心脏，目视左手。（图 3-2-43）

炮掌也是右式和左式循环练习。下面以练至左式做回转式。

图 3-2-42

图 3-2-43

4. 回转式

（1）右脚向左脚外侧扣步，脚尖向左后方，身体随之向后转，左脚随着转体提起，向右脚靠拢，成左虚步，两手同时下落于腹前，手心皆向上，目视前方。（图 3-2-44）

（2）身体略向左转，同时左脚向左前方迈出，成左虚步。两手同时向上提起，与心脏相齐时，左手向上钻，高与额角齐，手心翻向外，右手翻成虎口向上并向前打出，低于心脏，目视右手。（图 3-2-45）

图 3-2-44

图 3-2-45

图 3-2-46

5. 收势

（1）左脚向前方迈顺，同时左手下落，向前劈下，手心向下，右手收于右肋下，成三体式。（图 3-2-46）

（2）左手与右手同时收于腹前，手心皆向下。（图 3-2-47）右脚向前与左脚靠拢，两手下垂，两腿伸直，变成无极式，目视前方。（图 3-2-48）

图 3-2-47

图 3-2-48

据《黄帝内经》之说，心是人体十二脏腑的主宰，是情志思维活动的中枢，主血脉循环，故为人体生命活动的中心。五脏六腑必须在心的主宰下相互协调而维持正常的生命活动。故心发生病变，其他脏腑的生理功能也会受到影响。心之有疾，就会出现心悸惊惕、神志失常等症，甚或危及生命。

拳谱曰，炮掌性属火，在人身内属心。故经常练习炮掌可使心之功能增强，血脉通畅。各脏腑的生理活动相互协调统一，身体自然强壮而无疾患，人之面色也会红润有光泽，奕奕有神。

第七节　横掌

1. 起势

即三体式。

2. 右式

（1）右脚向左脚靠拢，成右丁字步，两手不变，目视左手。（图3-2-49）

（2）右脚向右前方迈出，左脚跟随，向右脚靠拢，成左丁字步，左手向右横拦，变成手心向上，右手不变，目视左手。（图3-2-50）

（3）左脚向左前方迈出，成左三体式，同时身体半面向左转，右手随着转体由左肘下穿出，手心翻转向上，高与

图 3-2-49

鼻齐，左手手心翻转向下，收于腹旁，目视右手。（图 3-2-51）

图 3-2-50

图 3-2-51

3. 左式

（1）左脚稍向前移动，右脚跟随，向左脚靠拢，成右丁字步，两手不变，目视右手。（图 3-2-52）

（2）右脚向右前方迈出，成右三体式，同时身体半面向右转，左手随着转体由右肘下穿出，手心翻转向上，高与鼻齐，右手手心翻转向下，收于腹旁，目视左手。（图 3-2-53）

图 3-2-52

图 3-2-53

横掌也是左式和右式循环练习。下面以练
至左式做回转式。

4. 回转式 [1]

（1）右脚向左脚外侧扣步，足尖向内，两
手不变，目视左手。（图3-2-54）

（2）身体向后转，同时左脚向右脚靠拢，
成左丁字步，目视左手。（图3-2-55）

（3）身体稍向左转，同时左脚向左前方
迈出，成左三体式。右手随着转体由左肘下穿
出，手心翻转向上，高与鼻齐，左手手心翻转向下，收于腹旁，目视右
手。（图3-2-56）

图 3-2-54

图 3-2-55

图 3-2-56

5. 收势

（1）左脚向前迈顺，左手由下向上钻，高与右手相平时，两手手心

---

[1] 刘长国注：钻掌转身手势与此不同，只得任之，并不妨碍功效。

图 3-2-57

均向下，左手向前劈下，高与肩齐，右手收于腹旁，成三体式。（图 3-2-57）

（2）左手收于腹旁，目视前方。（图 3-2-58）

（3）右脚上前，与左脚靠拢，两手下垂，变成无极式，目视前方。（图 3-2-59）

据《黄帝内经》说，脾之功能有运化水谷精微、运化水湿及统摄血液等。脾之功能失调就会出现四肢痿弱、肌肉消瘦、水肿痰饮、大便溏泄及便血、崩漏诸出血症候等。

拳谱曰，横掌性属土，在人身内属脾。故经常练习横掌，能加强脾的运化和统摄功能，使身体营养状态得到改善，而肌肉丰满、口唇荣华。

图 3-2-58

图 3-2-59

第四篇 形意枪法

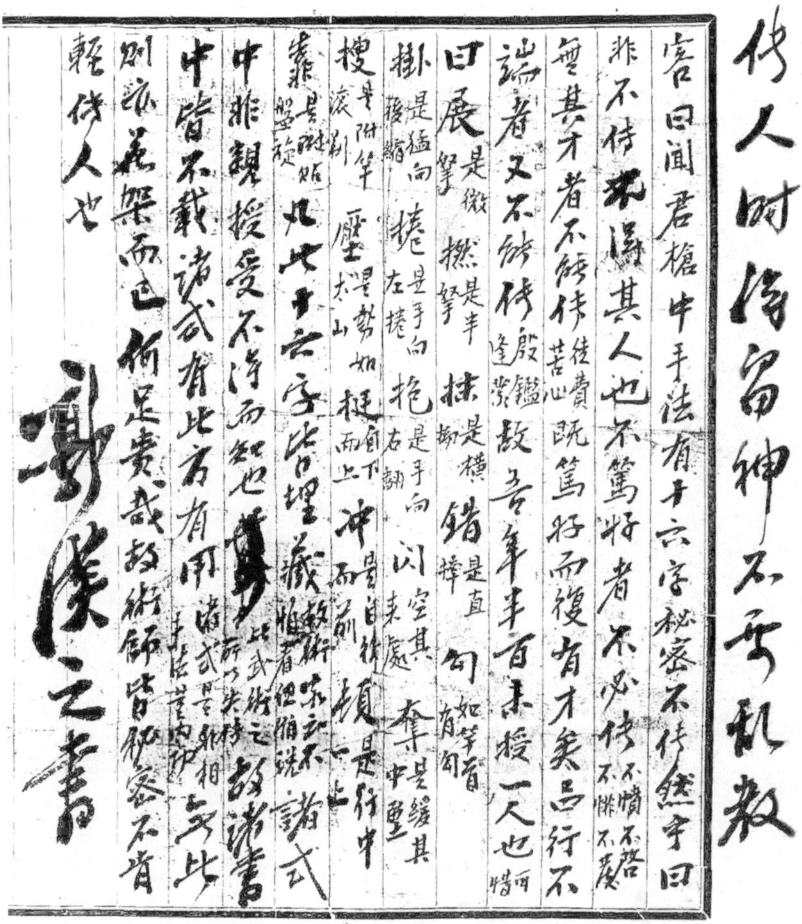

郭汉之先生论枪手迹

余幼年体弱多病，虽问医求药，仍未得健康之体。后拜师郭汉之先生习形意拳，数月后疾病全无，身体转弱为强，拳术健身之功用信不谬矣。遂更勤习精研，故得郭师厚爱，不但传余形意拳法，更将珍秘不传的形意枪法亲授之。形意拳本据枪法而创，习形意拳而不懂枪法，是不知形意拳也。

郭师晚年常嘱余枪法不可失传，应速择人而教之。余奉师命，虽多年黾勉而行之，但因种种原因，未能使枪法广为流传。

今郭师作古，余亦老矣。为保师传，嘱弟子刘长国，据余习枪笔记及所存古枪谱，整理为《形意枪法》出版，公诸同好，广传于世，以不负先师之望。

余学识谫陋，枪艺平平，不能尽述先师之教。尚望同道予以指正，俾枪法不失其真也。

杨立德

一九九一年六月一日

杨立德先生自幼拜师郭汉之先生学习形意拳。杨先生为人忠厚、勤奋好学，深得郭先生厚爱。由于郭先生的精心传授和杨先生自己的潜心钻研，杨先生对形意拳理论的研究达到了很高的造诣，功夫之深，为当前所不多见。杨先生尤善枪法，有丰富的实刺经验，我曾多次听郭汉之先生对他的枪法称赞不已。《形意枪法》记述了杨先生多年研究形意枪法的心得，是一份宝贵的资料，值得认真研究。

　　形意枪法招数极为简单，讲求应用于实刺，其精髓是劲、圈、术的完美结合。所谓劲，是指内劲，形意枪内劲的练法，可见本书第四篇第一章的"桩功"。所谓圈，是指枪圈，武术家常说"枪怕摇头棍怕点"，这里所说的摇头就是指枪圈。所谓术，就是枪法中的招数，形意枪的招数主要是五行枪，即劈、钻、崩、炮、横五枪，其他招数由此变化产生。形意枪法认为，内劲、枪圈是体，招数为用，招数必须以内劲枪圈为基础，而内劲枪圈通过招数的形式表现出来，高超的枪法必然是劲、圈、术的完美统一。

　　因为杨先生所习形意枪法的特点是结合实刺，故没有实刺经验的习枪者难免对此感到陌生。爱好枪法的读者最好结合实际对刺加深对该部分内容的理解。

弟子：段英俊

1981 年 1 月于北京

第一章　桩功

武术不同于其他体育运动。武术能够通过特定的手段使人体内元气充足，从而引发出人体的潜能，达到强身、御侮的双重目的。"元气是性命之根，造化之源，生死之本，形意拳之基础。"人体中元气衰则百病生，元气散则性命亡。

练武术的要旨是把心意形体与元气协调统一起来，产生强大的内劲，并运用于强身、御侮。如果练武术而不知练气，纵然练得拳术精通、兵刃谙熟，终为花拳绣腿的"舞术"而已。用什么方法才能练得元气充足而产生强大的内劲呢？主要是桩功。形意桩功包括静中求动和动中求静两种功法。

静中求动，静是指形体不动、意念不乱，动是指元气的萌动。静中求动之功，就是以入静的手段达到元气充足的功法。

动中求静，动是指形体的动作，静指神态恬然、气息平和。动中求静之功，就是以松柔缓慢的动作，求得神态恬然、气息平和的状态。在这种状态下，使元气与心意、形体协调统一，产生内劲。

本章介绍的是梁氏形意拳中的两种桩功，即静中求动的二十四桩功和动中求静的十二揉动功。

练这两种桩功的原则是松、静、柔、整、顺其自然。松是精神放松不紧张，意念放松不执着，肌体放松不僵滞；静是心中平静不躁乱；柔是动作柔缓、舒展飘逸，不用拙力；整是心、意、气、身、手、足，一动俱动，一静俱静；顺其自然是要顺乎事物的内在规律，如练功要循序渐进，不能急于求成，练功过程中出现元气萌动等现象时不能刻意追求，要听其自动等。

桩功练到有一定基础后，再练枪术，可得事半功倍的效果。所以习形意枪法者，应以桩功为始。

第一节　二十四桩功各论

1. 无极式

两腿并拢，两脚如立正式，两手下垂，五指自然分开，手掌微屈，放于大腿两侧。顶舌、竖项、垂肩、松膝、松腰。呼吸自然，精神内守，排除杂念。目似睁似闭。（图4-1-1）

图 4-1-1

顶舌：即舌尖自然顶住龈交穴内侧，可以增加津液，并能接通任督二脉。

竖项：即下颌微向后收，不可用力，使百会与会阴两穴的连线与地面垂直，这样可使项直头正，脊柱自然竖直。

垂肩：即松肩，可以使胸部放松，易于气降丹田。

松膝：即膝不可用力挺直，应略有前屈之意，这样有利于腰胯的放松。

松腰：随着舌顶、肩垂、膝松及臀部略有下坐之意，腰自然松弛下来。

此桩意在体态虚无，为引动真气做准备，是练好以下各桩的基础。此桩练好再练其他各桩，可以收到事半功倍之效。

2. 握拳式

接上式，双手轻轻握拳，不可用力。肩力徐徐到手，不可强求。其

他均如前式。（图 4-1-2）

此桩要注意肩部的放松。

图 4-1-2

3. 下按式

接上式，双手张开放于腿侧，手心
向下，手指向前。肘部微屈，身体随着向
下微蹲，呼吸自然，目视前方。以神意体
察周身各部，不使有发滞处。（图 4-1-3）

此桩姿势自然造成上身松、下身紧
的状态，因此要特别注意下半身的放松。
随着身体的下蹲，意和气要随之分别放
到涌泉穴和劳宫穴。

要有以意气下按之意，此桩意在
降气。

图 4-1-3

图 4-1-4

4. 无极式

接上式，身体起立复原，两手自然下垂，全身放松，神态自若，恢复无极式。目如垂帘，似睁似闭。（图 4-1-4）

以上四桩意在达到体松意静状态，是练习以下各桩的基础。

5. 抱球式

接上式，双手上抬，平放于胸前，高与肩平，手心向内，其意如抱一气球，若用力气球便被挤破，不用力即落下。目似睁似闭，看两手中间。两腿微屈。呼吸自然，意守丹田。（图 4-1-5）

练此桩注意松肩。双手由无极式上抬时用意而不用力。此式可调理肺气，使呼吸柔细深匀而气自然下降丹田。

图 4-1-5

6. 左手下降式

接上式，左手下落于腹前，仍如抱球状，右手不动。（图4-1-6）

7. 右手下降式

接上式，左手上提至胸前，如抱球状，右手下落于腹前，仍如抱球状，两腿不变。（图4-1-7）

以上两式的左右升降可加强肺部吸气排碳的功能，久练易通任脉，使呼吸异常畅通。

图4-1-6

图4-1-7

8. 十字桩

接上式，双手还原至抱球式，再由胸前上举过头，分别向左右下落至

图 4-1-8

与肩平，手心向下，两腿直立，体形成"十"字状。目视前方。（图 4-1-8）

练此桩时腰部及脊背有畅通感。当精神入静时即觉身似悬空，飘飘欲仙，并可使气贯双臂双手。

9. 大字桩

接上式，双手不变。左脚向左开半步，两腿微屈，体形成"大"字状。目视前方。（图 4-1-9）

此桩继十字桩后，能使胯部舒畅，精神入静，真气运行贯通八脉，周身融融和和，舒适异常。

图 4-1-9

10. 双心相通

接上式，两腿不变，双手分别由左右向上举过头，两手心相对。目视前方。（图 4-1-10）

此桩是引气上升达于劳宫穴。两手间似有气相通。此时颈部有明显的放松感，头部似与身分开且有悬空之状，督脉有上冲感。站此桩时应注意眼不可上视，否则易致头晕。

11. 气降丹田

接上式，双手由上合拢，手心相合，由上下落于腹前，两手分开，手心向下，手指相对。目视前方。（图4-1-11）

图4-1-10

此式是使气由任脉下降至丹田，进而达于涌泉穴。此时气旺神足、体态松静，静候以下桩法的练习。

以上各桩是双重练法，即重心在二足之间，偏重于养生。

图4-1-11

12. 左步穿掌式

接上式，上左脚，成左虚步，同时左手前伸，手心向上，高与肩平，

肘微屈。右手向后放于腰际，手心向下，手指向前。目视左手。（图4-1-12）

13. 右步穿掌式

接上式，上右脚，成右虚步，同时右手前伸，手心向上，高与肩平，肘微屈。左手向后放于腰际，手心向下，手指向前。目视右手。（图4-1-13）

此二式可调理脾胃、贯通带脉。

图 4-1-12

图 4-1-13

14. 左步鹰捉式

接上式，上左脚，两脚靠拢。两手同时收于腹前，手心向下。然后上左脚成左虚步，同时右手向前向下按，如抓物状。左手不动。目视右手。（图4-1-14）

图 4-1-14

15. 右步鹰捉式

接上式，上右脚，成右虚步，同时左手向前向下按，手心向下，如抓物状。右手收于腹前，手心向下。目视左手。（图 4-1-15）

此二式意在通任脉、抑心火、滋肾水。

图 4-1-15

图 4-1-16

16. 左步独立式

接上式，上左脚，右腿提起放于左腿前。同时右手上举过头，手心向上，手指向左，如托物状。左手下按，放于腹前，手心向下，手指向右。目视前方。（图4-1-16）

17. 右步独立式

接上式，右脚前迈，左腿提起放于右腿前。同时左手上举过头，手心向上，手指向右。右手下按，放于腹前，手心向下，手指向左。目视前方。（图4-1-17）

此二式最能调理脾胃、松腰利肾。

图 4-1-17

18. 左扑步式

接上式，左腿由上下落，两腿靠拢。同时两手同放腹前，手心向下，手指相对。左脚向左前方伸出，成左扑步，右腿屈于右胯下。同时左手向左脚处伸直，手心向下。右手高举过头，手心向上，手指向左。目视左手。（图4-1-18）

图 4-1-18

19. 右扑步式

接上式，左脚收回，两腿靠拢。同时两手收于腹前，手心向下，手指相对。右脚向右前方伸出，成右扑步，左腿屈于左胯下。同时右手向右脚处伸直，手心向下。左手高举过头，手心向上，手指向右。目视右手。（图4-1-19）

第16~19式，都是练习上下相通、手足相合，能健脾胃、固肾腰。

图 4-1-19

图 4-1-20

20. 左步虎扑式

接上式，右脚收回，两腿靠拢。同时两手收于腹前，手心向下，手指相对。上左脚，成左虚步，同时两手向前按去，高与腹平，手心向前下方。目视两手之间。（图 4-1-20）

21. 右步虎扑式

接上式，右腿向左腿靠拢，同时两手收于腹前，手心向下，手指相对。上右脚，成右虚步，同时两手向前按去，高与腹平，手心向前下方。目视两手之间。（图 4-1-21）

此二式是虎形，其劲起之于腰、发之于脚、形之于手，有还精补脑的作用。

图 4-1-21

22. 左混元桩

接上式，上左脚，成左虚步，两手手心翻转向里，与胸等高，如抱球状，不可用力。两手位于左脚正上方。目视前方。（图4-1-22）

23. 右混元桩

接上式，上右脚，成右虚步，双手不变，位于右脚正上方。目视前方。（图4-1-23）

图 4-1-22

此二式意在换劲，即化拙力为内劲。精神内守，内外如一，混元一气，所谓："混元一气吾道成也。"

图 4-1-23

24. 无极式

接上式，两手握拳放于腹前，手心朝内。同时左脚向前与右脚靠拢，

成立正式。两手慢慢放于身体两侧，手同时由拳变掌。（图4-1-24）

此式意在使气息归元，复还于无极之体。无论练全部桩法，还是只练一桩，都必须以此式收功。

以上二十四个桩法为单重练法，偏重于建丹、蓄劲、武功筑基。

图 4-1-24

图 4-1-25

第二节　十二揉动功各论

（一）转体式

1. 预备势

双手分别由左右向上高举过头，两手心相对。两脚平行分开，比肩略宽，膝微屈。（图4-1-25）

2. 左转体

接上式，两手不动，右脚尖稍提起，

以脚跟为轴，脚尖向左扣，身体随之向左转。继之，左脚亦以脚跟为轴向左转，同时身体转向左方，成左虚步。（图4-1-26）

3. 右转体

接上式，两手不动，左脚尖稍提起，以脚跟为轴，脚尖向右后扣，身体向后转。继之，右脚亦以脚跟为轴向右转，身体转向后方，成右虚步。（图4-1-27）

以上二式可由左式转右式，由右式转左式，连续练习，以预备势收功。

转体式是锻炼腰、胯、膝、足等关节的方法。日久关节灵活，步法轻快异于常人，可避免晚年腿脚的早衰。

图 4-1-26

图 4-1-27

图 4-1-28

（二）云手

1. 预备势

两脚平行分开，比肩略宽，膝微屈，两手手指相对，手心向内，如抱球状，放于胸前。（图 4-1-28）

2. 左云手

右脚尖稍提起，以脚跟为轴，脚尖向左扣，身体随之向左转。继之，左脚亦以脚跟为轴向左转。身体转向左方，成左虚步。两手亦随之动作，左手向左拨，逐渐变为手心向前下方，高与肩平。右手同时下落于右腹，逐渐变为手心向上。（图 4-1-29）

图 4-1-29

3. 右云手

接上式，左脚以脚跟为轴，脚尖向右后回扣，身体随之向右转。继之，右脚亦以脚跟为轴向右转。身体转向后方，成右虚步。两手同时动作，左手向下划弧，收回至左腹，手心渐变为向上。右手向上划弧，与肩平时，手心渐变为向内，继续向右拨，手心渐变为向前下方。（图4-1-30）

此二式可由左式转右式，由右式转左式，连续练习。以预备势收功。

云手是以划圈的整体动作，练习上下手足相合之法。

图4-1-30

（三）揉球式

1. 左步揉球

（1）预备势：站成左虚步，双手放于胸前，手心向内，两手手指相对，成抱球状。（图4-1-31）

（2）揉球式第一式：接上式，右手上抬，高与头平，手心向下。左手同时下落至与腹平齐，手心向上。两手如抱球状往后转动，身体重心后移，左脚尖抬起。（图4-1-32）

（3）揉球式第二式：接上式，右手由上向下走弧线，落至与腹平齐，变为手心向上。左手同时由下向上走弧线，高与头平，手心向下。两手始终保持手心相对，如抱一圆球向后转动，同时身体重心逐渐前移，成左弓步。（图4-1-33）

图4-1-31

左步揉球可由（2）至（3），再由（3）至（2）连续练习，也可反向揉球。以预备势收功。

图 4-1-32

图 4-1-33

2. 右步揉球

（1）预备势：站成右虚步，双手放于胸前，手心向内，两手手指相对，成抱球状。（图 4-1-34）

图 4-1-34

（2）揉球式第一式：接上式，左手上抬，高与头平，手心向下。右手同时下落，高与腹平，手心向上。两手如抱球状往后转动，身体重心后移，右脚尖抬起。（图 4-1-35）

（3）揉球式第二式：接上式，左手由上向下走弧线，落至与腹平齐，变为手心向上。右手同时由下向上走弧线，高与头平，手心向下。两手始终保持手心相对，如抱一圆球向后转动，同时身

体重心逐渐前移，成右弓步。（图4-1-36）

右步揉球式可由（2）至（3），再由（3）至（2）连续练习，也可以反向揉球。以预备势收功。

揉球式是以揉竖圈来锻炼手足上下的统一性，同时也是活动胯部的好方法。

图4-1-35

图4-1-36

（四）平划式

1. 预备势

两脚左右分开，与肩同宽，膝微屈。双手向前平伸，高与胸齐，手心向下。（图4-1-37）

2. 左平划

接上式，左手由前向左平划。右手屈于胸前，手心向下，如单手搂球状。

图4-1-37

图 4-1-38

同时，右脚以脚跟为轴，脚尖向左扣，身体随之向左转动。继之，左脚以脚跟为轴转向左方，身体随之转到面向左方为止。目视左手。（图 4-1-38）

3. 右平划

接上式，右手向右平划。左手屈于胸前，如单手搂球状。两手手心均向下。左脚以脚跟为轴，脚尖向右扣，身体随之向右转。右脚继之以脚跟为轴，转向后方，身体随之转到面向后方为止。目视右手。（图 4-1-39）

左右平划式，可由 2 至 3，再由 3 至 2 反复练习，以预备势收功。

左右平划式是以两手的伸屈平划锻炼肩胛，使其左右开放，起到拔背的作用。日久自能力由脊发、腰力到手。

图 4-1-39

（五）转辘轳式

1. 左步转辘轳

（1）预备势：左脚在前，右脚在后，成左虚步。左手前伸，高与肩平，手心向前下方。右手手心向下，放于右腹旁，成左三体式。（图 4-1-40）

（2）转辘轳式第一式：接上式，左手向下落至与左胯平齐，手心向下。右手上抬至头部右侧，手心向下，身体重心前移至左脚。（图 4-1-41）

图 4-1-40

（3）转辘轳式第二式：接上式，左手上抬至头部左侧，手心向下。右手向前下方下落至与右胯平齐，身体重心后移至右脚。（图 4-1-42）

本式可由（2）至（3），再由（3）至（2）反复练习。两手如摇辘轳，并可前摇后摇交替练习。

图 4-1-41

图 4-1-42

图 4-1-43

2. 右步转辘轳

（1）预备势：右脚在前，左脚在后，成右虚步。右手前伸，高与肩平，手心向前下方。左手手心向下，放于左腹旁，成右三体式。（图4-1-43）

（2）转辘轳式第一式：接上式，右手向下落至与右胯平齐，手心向下。左手上抬至头部左侧，手心向下，身体重心前移至右脚。（图4-1-44）

（3）转辘轳式第二式：接上式，右手上抬至头部右侧，手心向下。左手向前下方落至与左胯平齐，身体重心后移到左脚。（图4-1-45）

本式可由（2）至（3），再由（3）至（2）反复练习，并可前摇后摇交替练习。

转辘轳式练习的是以腰发动手脚，使腰与手脚相合，形成整体运动，以达到起之于腰、发之于脚、形之于手的整体发力目的。

图 4-1-44

图 4-1-45

（六）双摇臂式

1. 左步后摇臂

（1）预备势：左脚在前，成左虚步。两手前伸，高与胸平，手心向下。（图4-1-46）

（2）摇臂式第一式：接上式，两手上举过头，手心向前。身体重心稍向后移，左脚尖抬起。（图4-1-47）

图4-1-46　　　　　　　　　　　图4-1-47

（3）摇臂式第二式：接上式，两手向后划弧，下落至胯部，手心向前。身体重心完全后移至右脚。（图4-1-48）

（4）摇臂式第三式：接上式，两手上抬，高与胸平，手心向下。身体重心前移，成左弓步。（图4-1-49）

左步后摇臂可由（2）经（3）至（4），再由（4）经（2）至（3）反复练习。

图 4-1-48

图 4-1-49

2. 左步前摇臂

（1）预备势：左足在前，成左虚步。两手前伸，高与胸平，手心向下。（图 4-1-50）

（2）摇臂式第一式：接上式，两手下落于胯旁，手心向后。身体重心稍向后移，左脚尖抬起。（图 4-1-51）

图 4-1-50

图 4-1-51

（3）摇臂式第二式：接上式，两手向后向上划弧，高过头部，手心向前。身体重心完全移至右脚。（图4-1-52）

（4）摇臂式第三式：接上式，两手由上向下落，高与胸平，手心向下。身体重心前移至左脚。（图4-1-53）

左步前摇臂可由（2）经（3）至（4），再由（4）经（2）至（3）反复练习。以预备势收功。

图 4-1-52

图 4-1-53

3. 右步后摇臂

（1）预备势：右脚在前，成右虚步。两手前伸，高与胸平，手心向下。（图4-1-54）

（2）摇臂式第一式：接上式，两手上举过头，手心朝前。身体重心稍向后移，右脚尖抬起。（图4-1-55）

（3）摇臂式第二式：接上式，两手向后划弧，下落至胯部，手心向前。身体重心完全后移至左脚。（图4-1-56）

（4）摇臂式第三式：接上式，两手上抬，高与胸平，手心向下。身体重心前移至右脚。（图4-1-57）

右步后摇臂可由（2）经（3）至（4），再由（4）经（2）至（3）反复练习。以预备势收功。

图 4-1-54

图 4-1-55

图 4-1-56

图 4-1-57

4. 右步前摇臂

（1）预备势：右脚在前，成右虚步。两手前伸，高与胸平，手心向下。（图 4-1-58）

（2）摇臂式第一式：接上式，两手下落于胯旁，手心向后。身体重心稍向后移，右脚尖抬起。（图4-1-59）

图4-1-58

图4-1-59

（3）摇臂式第二式：接上式，两手向后向上划弧，高过头部，手心向前。身体重心完全移至左脚。（图4-1-60）

（4）摇臂式第三式：接上式，两手由上向下落，高与胸平，手心向下。身体重心前移至右脚。（图4-1-61）

图4-1-60

图4-1-61

右步前摇臂可由（2）经（3）至（4），再由（4）经（2）至（3）反复练习，以预备势收功。

双摇臂式可以使关节轻松圆通、筋肉舒适、八脉畅通，使元气自然贯通全身，避免站桩时练成僵硬之劲。

第三节　注意事项

（1）应在空气新鲜、环境安宁的地方练功。练功时避免被阳光直射。

（2）练功前先宽衣带，使身体不受任何束缚。

（3）在情绪激动、过饱过饥、酒后及饭前饭后半小时内均不可练功。

（4）初练时三个月内要杜绝房事，三个月后亦需节制。

（5）站桩功和揉动功每次可全部练习，亦可选练某几式。

（6）练功时间长短以不觉乏为限，稍觉乏即止。

（7）经期妇女可站轻量的养生桩或停练。

第二章　枪法

形意枪法的要旨是把劲、圈、术三者合一，应用于实刺之中。所谓劲，是指把心意、形体与元气协调统一而产生的内劲。这种劲与一般的力量是不同的，一般的力是僵硬的、单一的、死板的，而内劲则是刚柔相济的、灵活不滞的，而且可以在瞬间爆发出巨大的力量。这种内劲，主要是通过各种桩功的练习而得到的。拳谱云："武术欲至精，运用在气功。"（《形意六合拳论》）这里的气功就是指内劲。练内家拳如果练不出内劲，那就等于不会练。练习内家枪法也是如此。

当年形意大师郭汉之先生刺枪时，敌枪只要挨着先生的枪杆便被崩出，甚至脱手而飞。如无精纯的内劲，是绝达不到此种境地的。

形意枪法内劲的获取，主要来自二十四桩功和十二揉动功的练习。

圈，指的是枪圈，就是枪杆左右划圆所成的整圈、半圈、斜圈、正圈等。拳谚说，"枪怕摇头棍怕点"，这里的"摇头"就是指枪圈。

《手臂录》中讲："（枪）总用之则为一圈。剖此圈而分用之，或左或右，或上或下，或斜或正，或单或复，或取多分，或取少分，或取半分，以为行着诸巧法，而后枪道大备矣。"由此可知，枪法之妙即在于圈的运用。

形意拳前辈郭云深先生，当初一招迎门吊线便胜过多少强者，究其理，终不离枪圈的作用。

枪圈能够发挥重要作用，取决于枪本身的构造特点。因枪身是一圆形长杆，用这样的器械，在杀敌时既要破敌杀我的招数，又要刺杀敌人，如果用横杆上架、左右抢打，显然是既费力，速度又慢，而以枪在划圈时的横力破之，则既省力又便当。这巧妙之法是我们祖先在多年的实践中总结出的，故非常宝贵。但要真正把圈法练好，并能应用在实刺中，除了要下切实的功夫外，尚需有明师的精心传授才行。拳谚说"不怕看，但怕说"，就是指明师口传的重要性。

在形意枪的操练法中，只有拿、拦、劈三种单练法和划、劈、揉三种对练法，这些都是对圈法的训练。我们的祖先因为认识到枪法"以神其用者乃在于圆"（《手臂录》）的道理，故将训练方法缩减到无法再少的简单程度，以便于练习者快速提高功夫。

术，是指枪法中的招数，如指南针式、太公钓鱼式、十面埋伏式等。

在应用招数时，必须把内劲、枪圈运用其中，否则，招数虽有顾击之理，也无法发挥其作用。

内劲是招数的基础，是招数中力量的体现。枪圈是招数的灵魂。枪术"有玄妙灵变，隐微难见以神其用者，乃在于圆"（《手臂录》）。无论是用于刺敌的击法招数，还是破敌刺我的顾法招数，都不能离开枪圈的作用。所谓"出而能圆，两来枪之所以胜也。收而能圆，败枪之所以救也"（《手臂录》），可见枪圈在招数中的重要作用。

可以说内劲、枪圈是体，招数是用。招数必须以内劲、枪圈为基础，而内劲、枪圈又必须通过招数的形式表现出来。高超的枪法必然是劲、圈、术的完美统一。

形意枪的招数主要是五行枪，即劈、钻、崩、炮、横五种枪法。以五种枪法为纲，概括无数的招数，提纲挈领，便于掌握。

综上所述，练出内劲，练好枪圈，练熟招数，并将劲、圈、术合一应用于实刺，是练好形意枪的根本，否则，只不过是哗众取宠的舞枪而已。

习者鉴之！

第一节 形意枪的构造

枪由枪杆和枪尖组成。枪杆一般用白蜡杆制成；枪尖用铁制成，为菱形，固定在枪杆的头部。枪杆长八尺左右，根部的粗细以握而盈把为准。枪杆由根部至头部渐细，头部直径约为半寸，以手托住根部前三尺处，枪杆能平衡者，其粗细长短为合适。枪杆应有韧劲、有弹性，不能过软或过硬。枪尖不宜过重，以轻利为佳。

枪尖与枪杆连接处装有缨子，名曰血挡，顾名思义，是在刺杀时用以挡血的，现在的缨子一般仅为美观而设，与练功无关。练习枪法基本功和对刺时可不装枪尖，只用枪杆练习。

第二节 基本枪法练习

（一）单操法

1. 持枪式

（1）立正：立正，右手持枪中部，枪放于右腿侧。左手自然下垂。目视前方。（图4-2-1）

（2）撤步出枪：身体向右转约35°。右腿后撤一步，右膝微屈，前腿亦微屈，重心在右腿。同时，右手将枪提起向前刺去，手心向下，高与胸平。左臂贴胸，左手持枪于右腋下，左手手心向上。目视枪尖。（图4-2-2）

图 4-2-1

图 4-2-2

图 4-2-3

（3）持枪：右手后撤，握住枪纂（根部）处，使枪把贴腰，右手虎口向前。左手亦为虎口向前。两手距离约与两肩宽度相等。目视枪尖。（图4-2-3）

要领：

（1）头：头有上顶之势，要正直。合唇叩齿，舌顶上腭。

（2）肩：自然放松，有下垂之意。

（3）手：前手要持稳，后手要握牢，所谓前如管、后如锁。持枪要牢稳而不僵滞。

（4）身：不可前俯后仰、左侧右倚。因左肩在前、右肩在后，故身略有斜势。

（5）胯：两胯宜松，有相合之意，并正对前方。

（6）膝：前膝弯曲，但膝盖不可超过脚尖。前后两膝有内合之意。

（7）足：左足直出，右足略斜，使左足跟对准右足跟，足趾有抓地之意。

（8）臀：臀部有内收之势，不可后突。

（9）三尖：鼻尖、枪尖、前足尖要在同一平面内，名曰"三尖相照"。

（10）六合：手与足合，肘与膝合，肩与胯合，心与意合，意与气合，气与力合。

枪的各部名称如下。

（1）三节：由枪尖至前手处分为三节，由前至后分别为梢节、中节、根节。

（2）八面：枪分八面，上、下、里、外、里上斜、里下斜、外上斜、外下斜。

（3）关险：前手前一尺处为"关"，又称为"险"。

（4）圈里：枪右侧为圈里，又称大门。

（5）圈外：枪左侧为圈外，又称小门。

（6）九区：人身躯干分为上、中、下三段，每段分左、中、右，共九个部位，称九区。

2. 拿拦法

（1）拿法：由持枪式起，右手心转向上，左手心转向下，使枪尖由左向右划半圈，直径不大于五寸。同时上左步，右脚跟步，将枪刺出。目视前方。（图4-2-4）

（2）拦法：接上式，右手心转向下，左手心转向上，使枪尖由右向左划半圈，直径不大于五寸。同时右脚后退一步，左脚随之后撤，将枪撤回。目视前方。（图4-2-5）

图 4-2-4   图 4-2-5

以上拿法与拦法反复练习，也可以拿法退步、拦法进步反复练习。

要领：

练习时持枪一站，全神贯注，气息沉静。心中要有临敌实刺的意念，不能有丝毫疏忽。招招式式要枪意合一、有的放矢。出枪要用自然力，不用拙力，同时意想己枪是沿敌枪而入。撤回时也要意想己枪是贴着敌枪而回，不能空出空回。所谓"练时无人如有人"，以后各式枪法练习均应有这种临战的精神意念。

拿拦二法的练习，精要在于划圈。所谓"以神其用者，乃在于圆。圆则上下左右无不防护"，"出而能圆，两来枪之所以胜也。收而能圆，败枪之所以救也"（《手臂录》）。可见圆圈在枪法中的重要作用。圆圈的直径不能超过五寸，而且圈应越练越小。出枪有圈而不见圈，才是高乘枪法。

3. 劈杆练习

（1）接持枪式：前脚跟提起，成左虚步，左手向右拧成手心向下，右手向右拧成手心向上，枪身顺时针转半圈。同时双手向左上方提，使枪尖斜向左上方。目视前方。（图4-2-6）

（2）接上式，左手向左拧成手心向右，右手向左拧成手心向左，使枪身逆时针转半圈。同时向右前方砸下，枪身近于水平状态。左脚稍向右前方落实，与枪同时动作。目视前方。（图4-2-7）

图4-2-6　　　　　　　　　　图4-2-7

如此提起、砸下反复练习。也可上右步，成右虚步，做拗步劈枪。

要领：枪提起时全身要松弛，砸下时与前脚动作一致，使枪与身及丹田一起动作。

（二）对练法

1. 划杆

（1）甲乙二人以持枪式搭枪相对站立。图中右方为甲，左方为乙。（图4-2-8）

图 4-2-8

（2）甲用枪刺乙里圈，即把枪递出，此为架喂。（图4-2-9）

图 4-2-9

（3）乙用拿法将甲枪划开。（图4-2-10）

图 4-2-10

（4）乙再用枪刺甲里圈。（图4-2-11）

图 4-2-11

（5）甲用拿法将乙枪划开。（图4-2-12）

如此甲乙交替划杆，反复练习。也可互刺外圈，以拦法反划开，反复练习。开始是定步练习，熟练后，可做一进一退的活步练习。

要领：此法意义在于互相架喂引劲，练出划破的功夫。所以刺出者（架喂者）持枪既不可用力，也不能松懈，应以自然力持之。划破者也应以自然力将枪划开，也不能用拙力，否则日久练成僵滞的笨力，不能灵活运枪。

图 4-2-12

2. 劈杆

（1）甲乙二人均以持枪式搭枪相对站立。（图4-2-13）

图 4-2-13

（2）甲将枪向乙刺出。（图4-2-14）

（3）乙用劈法将甲枪砸至枪头着地，而自己的枪尖仍保持指向甲的中部。（图4-2-15）

（4）乙将枪向甲刺出。（图4-2-16）

（5）甲用劈法将乙枪砸至枪头着地，而自己的枪尖仍保持指向乙的中部。（图4-2-17）

图 4-2-14

图 4-2-15

图 4-2-16

图 4-2-17

如此互劈，反复练习。

要领：此法目的在于练习把周身之劲运用到枪上，所以劈刺双方均以自然力练习。被劈者总要使自己的力量稍低于对方，使对方能劈动，这样才能将对方的整劲引出，但也不能力量过小而使对方不用劲。要明白练习是为了引出自然的整劲，而不是互相较力。

3. 揉杆

（1）甲乙二人均以持枪式搭枪相对站立。（图 4-2-18）

图 4-2-18

（2）甲以拿法缓缓向乙进刺，乙以拦法缓缓后撤。（图 4-2-19）

图 4-2-19

（3）乙以拿法缓缓向甲进刺，甲以拦法缓缓后撤。（图 4-2-20）

图 4-2-20

如此反复练习，开始时采用定步，熟练后可以活步练习。或进或退，姿势不拘，灵活运用。

要领：揉杆是练习懂劲的方法，类似太极拳的揉手。一方缓缓刺进，另一方缓缓划破。两根杆子不能离开，无论进退都要粘在一起，要走出粘连绵随的意思。步法要轻盈灵活，手上的感觉要灵敏。久练就能懂劲，与敌一搭杆便知敌之动向，所谓知己知彼，百战不殆。

（三）辅助器械练习法

如果无人与自己对练，可以用器械辅助练习。当然，如果有人对练，还是两人对练更好。

1. 器械形式

用直径三分或五分的铁棍，制成直径五寸的圆环，将圆环安于柱上，高度与胸平齐。或在木板上挖一个直径为五寸的圆孔，将木板埋于地上，圆孔高度与胸平齐。（图4-2-21）

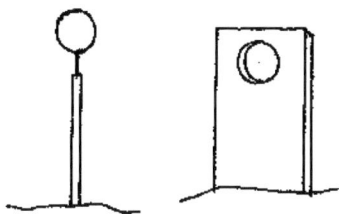

图4-2-21

2. 练习方法

圆环（或圆孔）代表敌枪。将杆穿入环（孔）中，杆子要长而重。练习反正、进退划刺。这样练习是为了与敌枪相接时，无论反正、进退划刺，所划之圈总不大于五寸，己枪总不离开敌枪，而是指着敌中伺机进杀。

（四）准确练习法

1. 器械形式

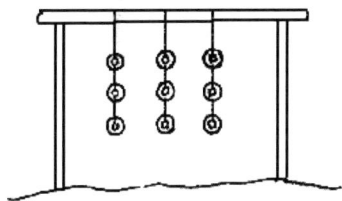

图4-2-22

在一根高五尺左右的横杆上，悬挂三条细绳，每条细绳相距五寸，绳长二尺。每条绳上拴三个铜钱，铜钱直径约一寸，相距五寸，共九枚。（图4-2-22）

刺枪时，将人身分为上、中、下三段，每段又分左、中、右，共九个部位，枪谱中叫作九路或九区，均为刺枪中必刺部位。九个铜钱即喻为人身之九区。

2. 练习方法

练习时站于器械前，以器械为敌人，以铜钱为目标，随意刺之，想刺哪一区即发枪哪一区，要做到迅速、准确。先练固定步法，熟练后再练活动步法及各种身法。练到枪意合一后，就无所谓步法、身法了，心想刺哪里，枪即随之而发，每发必中，绝无空枪。

第三节　套路

枪法套路也是很重要的，绝不单单是为了表演而设。通过套路的练习，可以练出动作的连贯性、灵活性，以便使学会的枪法在实刺的千变万化中随意应用。所以说，套路是枪法中不可缺少的一步功夫。

形意枪的套路主要是五行连环枪。它是把劈、钻、崩、炮、横五行枪法连贯起来组成，共十一式，可反复练习，简单朴实，实用性强。其中各式又分成圈、拿、撑、拦、挂五种顾法和劈、砸、捻、挑、扎五种击法，使各式攻防明确，便于练者从中体会出实刺方法。

练习套路时眼前要有假想敌。按拳谱中所说每式的用法去体会发枪的意义，久之才能练出身枪一致的功夫。

（一）开势

1. 立正式

右手持枪中部，枪放于右腿旁。目视前方。（图 4-2-23）

图 4-2-23

图 4-2-24

2. 撤步出枪式

身体向右侧转 35°，右腿向后撤一步。同时右手将枪提起向前刺去，手心向下，高与胸平。左臂贴胸，左手持枪于右腋下，手心向上。目视枪尖。（图 4-2-24）

3. 持枪式

右手后撤，紧握枪纂，虎口向前。两手距离约与两肩宽度相等。目视枪尖。要使枪尖、鼻尖、前脚尖保持在一个平面内。此式又名四枪。（图 4-2-25）

（二）第一路

1. 进步崩枪（展：微拿）

由持枪式起，枪微向右划，随即向前刺去。同时左脚前进，右脚催随。目视枪尖。（图 4-2-26）

用法：敌人以枪刺我胸部，我即以枪划开（微拿）敌枪，同时向前刺去。当两枪相碰时，我枪微拿使敌枪尖离开我中线。而当我枪紧指敌中线刺出，必然刺中敌身。

2. 退步横枪（外圈挑）

接上式，右脚向后撤半步，左

图 4-2-25

图 4-2-26

图 4-2-27

脚向后撤一步，右脚在前，左脚在后，身体下蹲。同时右手后撤至右胯前，手心向下，左手由下向左上划半圈，枪尖放于左肩前上方，左肘下垂，左手手心向上。目视枪尖。（图4-2-27）

用法：敌人以枪划我枪，刺我前胸时，我即退步以枪由下向左上划半圈，上挑敌手部。

图 4-2-28

3. 顺式钻枪（捻、半拿）

接上式，身体转成右肩在前、左肩在后，同时枪由左向右划半圈，上刺敌喉部。左手手心向右持枪，右手手心向上推刺。枪尖放于右肩前上方，同时右腿前弓，左腿后蹬。目视枪尖。（图4-2-28）

用法：敌人以枪刺我头部时，我即以枪由左向右划半圈（捻、半拿），上刺敌人咽喉。

4. 坐步横枪（挺挂）

接上式，身体下蹲成马步。同时两手撤回，右手放于左胯前，手心向内，左手放于右肩前，手心向外，使枪回撤并向右上方挂

图 4-2-29

出，枪尖位于右肩前上方。目视前方。（图4-2-29，图4-2-30）

用法：敌人以枪刺我右肩时，我即将枪撤回，同时用力将敌枪挂（挺挂）出右侧，要挺而有力。

5. 跃步转身劈枪（砸）

接上式，身体由左向前跃起，转成左脚在前、右脚在后。在身体下落时枪随之向下劈砸，力要猛而脆。目视劈处。（图4-2-31）

用法：敌人刺我右肋时，我即转动身体由左向前跃起，转成左脚在前、右脚在后，避开敌枪。在身体下落的同时，双手用力向敌枪猛劈，如泰山压顶，击落敌枪。

6. 右步炮枪（撑：地蛇）

接上式，右脚向右方迈出，左脚跟随，成右虚步。同时右手上抬至右耳旁，手心向右。左手拧成手心向左，使枪由右向左划半圈，向右下刺出，枪尖高与膝齐。目视枪尖。（图4-2-32）

用法：敌人以枪刺我左腿时，我即以枪由右向左划半圈，将敌枪划开，同时上右步，枪向敌人腿部刺出。

图 4-2-30

图 4-2-31

图 4-2-32

7. 左步横枪（拦）

接上式，上左步，右脚跟随，成左虚步。同时，右手下落，左手上提，使枪向左上反划圈，用力向前上方挫去，枪尖高与头齐。目视枪尖。（图4-2-33）

图 4-2-33

图 4-2-34

图 4-2-35

图 4-2-36

用法：敌人以枪刺我左肩时，我即将枪提起，由下向上反划圈，并用力向前挫，将敌拦开，而我枪直刺敌头。

8. 顺步钻枪（捻）

接上式，上左步，右脚跟随，成左虚步。同时枪由左向右划半圈，并向前刺去，枪尖高与胸齐。目视枪尖。（图 4-2-34）

用法：敌人刺我胸部时，我即以枪向下划半圈，刺敌咽喉。

9. 叉步劈枪（砸：下压）

接上式，上右步，左脚跟随，成右虚步。同时，双手用力将枪劈下。目视劈处。（图 4-2-35）

用法：敌人以枪刺我腹部时，我即将身向左侧转移，同时上右步，以我枪劈砸敌枪。

10. 进步崩枪（展：微拿）

接上式，上左步，右脚跟随，同时枪微向右划圈，随即前刺。目视枪尖。（图 4-2-36）

11. 回身劈枪（砸）

接上式，右脚向后撤半步，左脚尖向右后扣，同时身体由右侧向后转，枪由上向下劈，左脚向前迈出，成左虚步。目视枪尖。（图4-2-37）

图 4-2-37

用法：敌人于身后刺我右肩时，我即由右侧向后转，闪过敌枪，并立即用力把敌枪劈落。

（三）第二路

由第11步回身劈枪开始，接第1步进步崩枪，练至第11步回身劈枪。

图 4-2-38

（四）收势

1. 接枪式

接回身劈枪，右手在后转为右手在前握枪，手心向下。两手距离为一尺余，两腿不变。目视前方。（图4-2-38）

2. 立正式

上右步，向左脚靠拢，两足成立正式，同时将枪收回，靠于右腿侧，左手收于身体左侧，成立正式。（图4-2-39）

图 4-2-39

第四节　实刺

实刺是练枪的主要目的，虽然单练、对练套路等都已练得精熟，但要真正用到实刺中，还必须有实践的过程，才能应付裕如、得心应手。

本章所讲的只是刺枪中应该遵守的基本原则，绝不是说做到这些就算学会实刺了。应该在这些基本原则的指导下，随机应变，施用各种枪法。

实刺练习必须是经常不断的，但不能只是傻练，还要多研究体会枪法和枪理在实践中的应用，使理论与实践相结合，使所学与所用相统一。这样长期练习，才能练出高超的枪艺。

练习对刺时，双方要戴好护具，以免被刺伤。

（一）二平

刺枪最忌二平相遇，即二人的枪都为水平位置，此时虽然易进刺，但缺少防守力，所以必须是他横我竖、他竖我横，使两枪成交叉状，这样才能攻防得宜、顾打兼施。

清代著名枪法家潘佩言说，二人对枪有两种形式，"曰二曰叉，二以取人，叉以拒人。此叉则彼二，此二则彼叉，叉二循环，两枪尖交如绕指，分寸间，出入百合，不得令相附"（《清史稿·列传》）。

（二）指中

中，即中心。刺枪时指人身胸部中线，实刺中无论两枪搭出与否，都必须以枪尖指敌人之中。如果敌人改变位置，闪开我枪，我必须也随之变换位置，使枪尖仍指敌人之中。也就是说，在对刺中必须时时刻刻注意，枪尖不能脱离指中的位置，否则会有失败的危险。

在坚持指中时，还特别要注意，变换位置时是人动而枪不动，就是以敌中为圆心，以枪身为半径，我身在圆的曲线上。改换位置时，我在圆的曲线上左右迈步，而保持枪尖总不离敌人之中，绝不能挪动枪身找中心。拳谱云："人动枪不动必赢，枪动人不动必输。"如，当我用枪由大门直刺敌人之中时，敌用拿法划开我枪，此时我必须立即向左迈步，闪开敌枪，而使我枪仍指敌中，伺机而攻之。

简言之，指中就是以步法的左右闪转使敌枪失去指我中之势，而我枪总处于指敌中之势，以争取主动治敌而不治于敌。枪谱云"手随身转，人为枪蔽，人动枪不动，枪介二人中"，就是这个意思。

（三）距离与顿挫

对刺中根据两枪的不相搭或相搭的部位如何进刺有个原则，就是根据两枪距离而定攻击之法。当两枪不相搭或只梢节相搭时，就不宜主动发枪，先发枪者会被另一方沿己枪而入以刺之。如果在此情况下被迫先发枪，就必须用顿挫之法。

顿挫之法，指先猛发进枪，在猛进中突然稍一停顿，此时枪已逼近敌人，敌人不得不发枪。当敌发枪之际，我便扣住敌枪，沿枪而入刺之。当敌枪以其梢节搭我中节时，我就必须立即进攻，迅如闪电，使敌人猝不及防，战而胜之。因为搭我中节是已入关险，如我不迅速进攻，便会被敌人击中。

（四）扣杀与招架

所谓扣杀，就是用己枪粘连绵随的功夫控制住敌枪，一旦得机得势便进刺而胜之。

对刺中扣的功夫很重要。一方想扣住另一方，另一方必然要化开而反扣，这时就要看谁的扣法精确、化法巧妙了。拳谱曰："彼扣我，我扣他，扣得住是胜家。扣遂化，化遂扣，扣与化，争先后。"只要扣得精确，不管发枪先后，只要两枪一挨，对方便被我死死扣住而不能化。然后我可以猛发脆力使敌枪偏离我中，而我枪直指敌中而刺之，必胜无疑。如果两枪不挨，是谈不到扣的。枪法高妙者，只要两枪一挨，当的一声响，对方早已被刺中。所以有"千金难买一声响"的说法。

所谓招架，就是只顾而不打。在刺枪时，不论敌以何法由何处刺我，我都不能以顾法掩护退却。我一退却，敌必进杀，而使我处于被动挨打地位。必须用扣法控制住敌枪，迫使敌方出枪招架，敌一招架便无还手之功，我便可以击而胜之。拳谱曰："与其招架，何如进杀，我一进杀，彼必招架，彼一招架，差之七八。"因此必须练好扣法。不管敌人如何进枪，我都必须以扣杀之法勇进而击，绝不能退却。

（五）虚实

在实刺中，敌我双方枪法万千，变幻莫测。欲辨何法以何法应之，实在是太难了。故而先辈以虚实为纲，把枪法分为两类。凡假刺柔进为虚，凡真刺刚入为实。又把应敌的具体方法分为四种，即以实者虚之、虚者实之、虚者虚之、实者实之。这就便于学习刺枪者掌握实刺中的应敌方法。下边就详细地介绍这四种方法。

实者虚之："实者"指敌人进刺的方法，"虚之"指我应敌的方法。如敌人径直向我刺来，我就用粘连的功夫避其实力，待其旧力略过、新力未发之时，我再发力而击破之。此即以柔克刚，先发后至。

虚者实之："虚者"指敌人进刺的方法，"实之"指我应敌的方法。如敌人用粘连绵随之法待机攻我，而我一接触其枪即猛发脆力，如火药爆炸震开敌枪而击之。此是以刚克柔，后发先至。

虚者虚之："虚者"指敌人进刺的方法，"虚之"指我应敌的方法。

如敌人用柔法，我亦用柔法，以粘连绵随控制敌枪，虽发不杀，待机而攻之。此即以柔克柔。

实者实之："实者"指敌人进刺的方法，"实之"指我应敌的方法。如敌人直刺而入，我即以枪扣住敌枪，沿其枪而入直刺之。此即以刚克刚，一发即杀。

（六）刺枪纪实

1. 刺枪纪实之一

练枪也与练拳一样，只有"练时无人如有人，用时有人如无人"，才能练成枪意合一，刺枪时才能得心应手，甚至不令而行。

回忆和老师练习揉枪时，我见到老师有空隙，即心中一动而刺出，如此连续三次刺中老师臂部。老师问："揉枪练习为何进刺？"我答："是不由己的，因看到有空隙可进杀，心中一动枪即发出。已忘记是练习揉枪了。"老师说："这很好，已有枪意合一的意思了。继续苦练，再与理论相结合，久练纯熟，心能忘手，手能忘枪，心枪合一，不令而行，高乘枪艺可得矣。"

2. 刺枪纪实之二

曾有一练枪的王某，套路练得很好，闪展腾挪极其纯熟，能将枪从背后飞出，再追上捉住，还能从枪上跃过。一次王某想与我比试枪法，经老师许可，我二人即开始对刺。我一搭他枪时，即在前进中一顿，他即用力砸我枪，我即用右步上挑枪（钻枪）刺中他前臂，随即迅速抽枪换步，再虚刺一枪。他就用力扣我枪，我即随势下沉，用右炮枪刺中他前腿。他忙用枪下砸。我见他神态慌张，随即上下左右连续虚刺试探，他随之乱划。我知其心神已乱，即乘隙刺他手臂等处。但他已不知用何招法破我，更无力回刺，急急向后败退。老师立即命令停止。

事后我问老师："王某平时练枪身手很灵活，况且我二人刺杀时间不长，为什么他就惊慌失措而无还手之力呢？"老师说："因为他平时只知练习套路等花招，不知如何把枪法用于实刺，更缺少实刺的练习。当你给他枪时，我就看出他有畏惧之心。而你们经常练习对刺，胸有成竹，与其对刺即如平常练习一样，心中平静沉着，能看出进攻和退守的机会，也就是常说的'睁开眼'了。而他还未'睁开眼'，只是乱刺乱架，根本不知如何进退，心中无底，当然只能惊慌失措而失败了。'睁开眼'只是有基础了，以后还须继续苦练才能有臻大成之日。"

由此可见，光练套路花招只是舞枪而已。要想练出能实刺的好枪法来，必须苦练刺枪基本功，钻研枪谱，经常做实刺练习，并在实刺中用心体会胜败原因，把学到的招数等应用于实践才行。

第三章　枪谱摘录^①

第一节　佩言论枪

　　潘佩言，清代安徽歙县人，以枪法著称，人称潘五先生。其论枪之言见《清史稿·列传》，论述精辟，简明扼要。全文如下：

　　枪长九尺，而杆圆四五寸，然枪入手，则全身悉委于杆。故必以小腹贴杆，使主运，后手必尽镖，以虎口实撼之，前手必直，令尽势。以其掌根与后手虎口，反正拧绞，而虚指使主导。两足亦左虚右实，进退相任以趋势。使枪尖、前手尖、前足尖、肩尖、鼻尖五尖相对，而五尺之身，自托荫于数寸之杆，遮闭周匝，敌仗无从入犯矣。其用有戳有打，其法：曰二曰叉，二以取人，叉以拒人。此叉则彼二，此二则彼叉，叉二循环，两枪尖交如绕指，分寸间，出入百合，不得令相附，杆一附，则有仆者。故曰："千金难买一声响。"手同则争目，目同则争气。气之运也，久暂稍殊，而胜败分焉。故其术为至静。

　　吾授徒百数而莫能传吾术。吾之术，授于师者才十之三，其十之七，则授徒时被其非法相取之，势迫而得之于无意者也。是故，名师易求，佳师难访。佳徒意在得师，以天下之大，求之无不如意者。至名师求徒，虽遇高资妙质足以授道，而非其志之所存，不能耐劳苦，以要之永久，则百贡而百见却也。

第二节 《手臂录》与《器王正眼无隐录》

清代吴修龄著《手臂录》，是集枪术之大成的著作。书中对当时各家枪法做了评论和辑录，指出各家枪法的特点和不足，其中包括石家枪、峨嵋枪、杨家枪、马家枪、沙家枪、梦绿堂枪法、少林枪等。《手臂录》是习枪者和研究枪法者最好的学习参考资料。该书共五卷，因篇幅所限，只择其精要者录出。

（一）枪王说

语云："枪为诸器之王。"以诸器遇枪立败也。降枪势所以破棍，左右插花势所以破牌、锐，对打法破剑、破叉、破铲、破双刀、破短刀，勾扑法破鞭、破铜，虚串破大刀、破戟。人惟不见真枪，故迷心于诸器，一得真枪，视诸器直儿戏也。不知者曰："血战利短器。"夫敌在二丈内，非血战乎？真枪手手杀人，敌未有能至一丈内者。短器何所用之，唯劫营巷战，宜用刀、鞭、棒耳。至于弓、弩、鸟铳之发，必在二十步外，牌、盾可御；大炮不能命中，付诸天数。二者虽更长于枪而非所畏也。

（二）枪法圆机说

（1）机者，弩机也，伏而待用者也，惟枪亦然。收者发之，伏机也；发者收之，伏机也；进者退之，伏机也；退者进之，伏机也；左者右之，伏机也；右者左之，伏机也；上者下之，伏机也；下者上之，伏机也。而有元妙灵变隐微难见以神其用者，乃在于圆。圆则上下左右无不防护，身前三尺，如有团牌，又何虑人之伤我哉？不惟是也，出而能圆，两来枪之所以胜也。收而能圆，败枪之所以救也。大封大劈本无伏机，诸用俱失。禅门所谓"死句不能活人"者也。呜呼！此岂数月之工、血气之夫所能领悟者哉！

（2）今以身法言之，上平、朝天、压卵、护膝，机伏于上，实用在下。铁牛、地蛇，机伏于下，实用在上。跨剑、骑龙、伏虎，机伏于右，实用在左。边拦、琵琶，机伏于左，实用在右。摆尾、拖刀，机伏于退，实用在进。献爪，实用在进，机伏在退。

以手法言之，下平藏月儿侧、腾蛇枪等法，故中平畏之。中平藏蜻蜓点水等法，故下平畏之；藏仙人指路等法，故铁牛、拨草等畏之。上平藏磨旗等法，可以制中平。滴水藏海马等法，可以制中平、下平。古以中平为枪中王，为诸势皆从此出也，非守株待兔之中平而可以为王也。

身法、手法，其变何穷？彼此相制，实无终极。但以熟制生，以正制邪，而必皆以圆机为之本。明敏之士，于此深思而有得焉，则亲炙于敬岩、真如矣。

（三）枪根说

世人但知用枪头，而于枪根殊不留意，技艺所以虚浮也。根、腰、胸、头四者，犹树之有根、干、枝、叶，舍本而逐末，可乎？敬岩之法，用我之枪根，以制我之枪头，乃用我之枪头，以制彼之枪根。千变万化，尽于此矣。所谓以我枪根制我枪头者，何也？枪头远而在外，苟不有以制之，则如跋扈之将，不为我用。故必思所以制之。制之有二道，一者器制，一者势制。器制者，根重大而头轻细，其身铁硬，故运用如弹丸之脱手。势制者，如头在上，则根在下，头在左，则根在右，其易知者也。惟头在中而根在下，其理元微，何也？来枪中平，变态繁多，我革之也，必使枪根略低，令枪胁着彼枪胁而下，枪头直压其前手，则彼无能变换，此敬岩、真如心血也。杨家枪长，沙家枪长而又软，不能压其头。器制之道先失，则势制之道无所托以行之，是以粗浮不足观也。所谓用我枪头制彼枪根者，何也？用我之枪，理如种植，以根为本，以叶为末。破彼之枪，理如伐树，芟其枝叶，劳而罔功，一斫根柢，则立僵矣。盖世人之枪，戳则用直力，革则用横力，横、直之力分而不合，故枪法破碎粘滞不能圆通。敬岩、真如不然，戳中有革，革中有戳，力之直也能兼横，力之横也能兼直。其用枪尖如有钩者然，能于彼掌中忔而去之。艺技至此惊犹鬼神矣。

（四）闪赚颠提说

枪之实际，守则见肉分枪，攻则贴杆深入。"见肉""贴杆"四字，心传也，失此即为伪学。然此正法也，正而无变，其用不神。故闪赚、颠提贵焉。变而贴杆者，闪赚，圈手、螣蛇等是也。变而不贴杆者，颠提，滴水、认针等是也。更有大远于杆者，则为拖刀、骑龙等。盖圈手、螣蛇，紧小锐进，见肉之革，但能开之，不能胜之。而开之又甚危，故以滴水、认针、拖刀、骑龙步法阔大者脱其枪尖，而仍以圈手、螣蛇贴杆之闪赚从旁直进，然后得胜。正变互用，大小相资，缺一不可。

夫以大破小，须于彼此皆小时忽然用大，乃胜。若执大为门墙，恃为长技，即冲斗矣。然此亦杨、马之法也。峨嵋意不在此，折冲樽俎，不战而屈人之兵，真如亲受之普恩，而敬岩与之暗合。

（五）脱化说

东坡论文云："少时须五色绚烂，渐老渐熟，乃造平淡。"言脱化也。惟枪亦然。初时戳革，务使重实阔大，三四年后，渐渐收为轻虚紧小，则体用皆备。初时不重实阔大为无体，无以临阵。后来不轻虚紧小为无用，技不造极，游场受侮于人。然脱化实有门焉。初时锋影圆者，其阔大重实可以渐收为轻虚紧小，锋影若作人字形，则愈精熟，愈阔大，愈重实，虽欲脱化，不可得也。敬岩贵轻虚，真如贵紧小，皆以圈为脱化之门。冲斗不圆，是以老死于重实阔大，虽于秣陵见敬岩而怃然自失，亦终无以改其故辙也。

（六）枪棍辨

长棍七尺五寸，短枪九尺七寸，其体相近，其用天渊。

棍重三斤，枪重十斤，一也。棍用打，枪用扎，二也。棍打一大片，有定向，枪扎一条线，无定方，三也。打大，易见易革，扎小，难见难革，四也。棍之打与勾扳，举手即是，枪之扎革，苟完亦须二年之工，五也。用棍，手与身足其功正均，须有架势，枪之用处全在乎手，身与足以成就其手而已，不须架势，六也。打之锋影，作人字形，封闭之锋影，作圆相形，七也。

有此七件，所以棍易会，枪难能，世乃有"兼枪带棍"之语。人情之乐易畏难，犹水之避高趋下也。兼枪者，固棍也，带棍则枪亦必尽入于棍矣，枪安在哉？

（七）直力兼横力说

扎之力直，革之力横。峨嵋法不然，扎中有横力焉。枪杆如虎尾、如象鼻，百物近之莫不迸碎。所以能用锁枪、画乌丝、玉玦枪、绦环等枪。精妙入神之法，而皆出于封闭中，此须心领神悟，又有百倍练习之功，乃能得之，岂粗心力猛者能与哉！

（八）实用革法说

实用之革，封也、闭也、劈也、拦也、高提也、低提也、矴也、连环所用之大封也、勾也、反闭也，共有十法。只练封闭，诸法自熟。

封闭以转阴阳者为活手。《纪效》云，"转阴阳不宜太早"，盖用死手于前，用活手于后也。翁慧生云，"开枪宜先轻后重"，盖留不尽以防左边，至彼枪出尽时加以蹲坐，彼死尽也。此时防左边全在手熟，不关心思。

予初时深苦双头枪难御，敬岩曰："久熟则能御之。"至二年后御如矣。且革手之疏密，在练习时扎手之精粗。粗者分前后门而来，革之易而疏矣。扎者必用子午枪，革手自密。此峨嵋、少林之分界处。

见肉分枪，革之心诀，工深自能致然，然须"忍"字在心方得，忍至枪进七分方革，则《纪效》与慧生之言尽在其中矣。

总之，"封闭"二字，三岁小儿也能说，而我八十老人行不到。练封闭时，两手阴阳互转，则机活而法圆，百巧皆从此出，前之圆相图是也。封闭手熟，见法辄取，亦不覆案；不熟，说亦无用。子午枪来，先蹲坐以研之，食进口腹，遍身得力。封闭于诸法亦然。练封闭，欲重实，而闭尤甚。封之枪尖开于前一尺弱，闭之枪尖开于后三尺强，加蹲坐以助其力，压死彼枪于地，拔不出也。初时锋影作卵形，渐收作圆形，而重力如前，直收至如钱大，枪之能事毕矣。

诸法皆枝叶耳，学枪者只是封闭、连环，须二年苦工、方是峨嵋种草，不然只是少林耳。

长杆腰软，根尖不相应。封闭后手返上，而方能开彼枪。杨家有自考之法，封闭、连环，日日不缺，满足二年，总不知诸法亦必不败，不过遇峨嵋必破。

（九）身法说

敬岩曰："身法宜侧而忌平，宜蹲而忌立。平则阔，立则长，所备者多；侧则狭，蹲则短，所备者少也。"又曰，"蹲坐以助闭手之力，开圈外猛枪在身后者也。"又曰，"能蹲坐而进退如风，无往不胜，步法、身法皆尽于此。"

真如《治身篇》曰："持龙贵身心为本，身不正则心无主，而手足失措。"又曰，"身法乃艺之门户，进退盘旋，皆由身法。"

故真如但有三十手法，绝无架势，敬岩虽时或言势，然所言之势，皆合乎手法以取胜，非若马家、冲斗以势破势也。

沧尘子曰："身势有真有假，交枪之后因用而成者，真者也，无形可图。枪未交时悬立以待者，假者也，马家之二十四势是也。假势无不有幂，所以有以势破势之说，而不知皆手法所可破也。真势不少，又不可图，要以高至滴水、低至地蛇为最极，智者自神悟焉。"又曰，"以短破长，短枪去彼身甚远，用手法无益，必须身势耳。只在此山中，云深不知处。"

（十）步法说

足要早动，封闭不熟。初练时，垩地置脚后，至子午、双头、月牙等枪革之泰然，则身与手相应，足自随身，何步法之有哉？至游场，不免有步法。而沙家杆子其用处在手者十之三四，在足者十之六七，自当别论。

第三节　峨嵋枪法

（一）治心篇

用技易，治心难。手足运用，莫不由心。心火不炽，四大自静。泰山崩于前而色不变，麋鹿起于左而目不瞬，能治心者也。法曰："他行任他行，他搭任他搭。若动真主人，龙动如摧拉。"

（二）治身篇

持龙之道，身心为本。身法不正则心无主而手足失措。持龙不固，进退无节，机局荒唐矣。故曰："心动神离壳，神疲气必虚。"

沧尘子曰："练习之功，积如邱山，则心身不治而自治。不然，起心治心，只益其乱而已。"此真如言外之意，读者不可不神会也。"

（三）宜静篇

持龙贵静，静岂易言？必身心皆治而后能静。故持龙如峙岳，如止水，淆之不浊，触之不摇，机深节短，使人莫测。龙静不可太凝，凝则势久，势久则心怠思沉而龙惫矣。故曰："金龙不贵渔龙贵，野鹤无粮天地宽。"

（四）宜动篇

动者为行龙，阳也，其性刚，其德暴。持龙者当知其暴，制其刚（流、和二法是也），如行云流水，电射风飘，恍惚变幻，乍潜乍现，或有或无，与神消息，求之莫得其端，视之不见其迹，乃行龙法也。然动亦不可太过，太过则劳，能胜人者鲜矣。故曰："呼吸如经，其精愈固，来回有节，其妙无穷。"法曰："始如处女，后如脱兔。"和暴制刚，即敬岩所谓脱化也。不脱化，游场多败，胜亦牛斗耳。

（五）攻守篇

攻者捣其虚，守者备我瑕也。攻则一十八扎，随机而运，可虚可实，遇众龙则驾鸯更妙；守则十二倒手，可劈可盖，遇众龙则缠扑（即石之缠拦、缠拿）为佳。

不攻之攻，降枪倒手是也。不守之守，鸳鸯扎法是也。攻为阳，守为阴。降枪倒手，阴中之阳。鸳鸯扎法，阳中之阴。阳中之阳，连扎带打，攻守均堪。阴中之阴，和枪倒手，龙不两着，息力养神，无如此善。回龙扎法，手中最利，谓之截龙。带扎带打，攻击莫当，是曰狠手。攻守之法，该括于斯。故曰："有开无扎，岂能伤人？有扎无开，焉能守己？"法曰："善攻者，攻人之所不守；善守者，守人之所不攻。"

（六）审势篇

两龙相当，先审其强弱虚实。施之以强，以观其弱。施之以弱，以观其强。施之以速，以观其迟。施之以迟，以观其速。施之以守，以观其攻。施之以攻，以观其守。法曰："审敌之虚实而趋其危。"

（七）形势篇

龙未形时，先须得也。我取高而与彼以下，我取夷而与彼以险，我取晦而与彼以明，我取阴而与彼以阳，我取长而与彼以短，我取劲而与彼以柔。取高则彼不能侵突，我得乘势而临之。取平则彼不能驰骋，我得挪移而进之。取晦则彼不见我形，因而扰之。取阴则彼为日所眩，因而欺之。取长、取劲，则彼不能攻，我因而困之。先发制人，莫若虚扎、带打二法，与卷枪、击枪，二倒手互出，人无所措手足矣。

（八）戒谨篇

泞地还宜避，侵晨莫向东。灯前不举手，月下勿持龙。最恶时多酒，偏嫌腹已空。好胜休交姤，当取莫教松（此言游场，临敌不论，当取莫教松）。旨哉言乎，是谓八戒。不知者不与言，不仁者不与传，谈元授道，贵乎择人。

（九）倒手篇

有劈枪倒手，有缠枪倒手，有流枪倒手，有和枪倒手，有击枪倒手，有盖枪倒手，有提枪倒手，有扑枪倒手，有勾枪倒手，有封枪倒手，有挑枪倒手，有卷枪倒手。

劈贵坐膝，枪头起不过五寸。直劈而下，后手一出，以击其手。

缠者，先虚搭，彼转下，我从上转右而下，彼又从左转上，我又从下转左而拿之也。流者，龙来或左或右，我身稍退，随其左右而劈之，待龙老直捣其主人。和者，挤、挨、扯、托也（即后所谓先轻开也）。击者，左右击之，即继以缠，入死龙之法也。盖者，进步斜压其枪也，彼动即戳。提者，革低来枪者也（枪根忌高，惟提枪根高）。扑者，似卷而打也。勾，即拦也，其紧密者，肘贴胁下。封，即拿也。挑者，彼盖我枪，我伺其起枪稍松，即挑起扎之也。卷者，开步蹲坐而拿，直至彼前手取胜也。此十二倒手者，开枪之法也。

（十）扎法篇

有单杀手扎，有左右串扎，有左右圈扎（即石之叠穿），有穿帘扎（即颠提），有带打扎，有左右插花扎，有投壶扎（石名穿），有实扎，有回龙扎（石名就），有戳枪扎（即石之木鸡），有无中生有扎，有迎枪扎，有虚扎（石名圈手），有月牙扎，有子午枪，有螣蛇枪，有鸳鸯枪，有降枪。

单杀手者，进步尽手扎之，伤人虽猛，自亦有空，不可轻用。唯恃腾跳（石名偷枪），先以带打则无虞矣。

串，即流俗通用者，粗法也。而峨嵋用之，别有神解。圈者，串而串也。穿帘者（即颠提），破叉、破锐者也。带打者，扑击发扎也（与冲斗不同）。插花，有左右，破叉、锐。投壶，破地蛇之扎也。实扎，不下招架，开前足，扎后手。回龙扎者（敬岩名就），彼枪来，我随枪稍退，彼收枪，我乘虚而入。截者，轻用挤挨手法，开之即扎也。无中生有者，于彼缠枪中退出而用回龙枪也。迎者，两来枪而我中彼开也。虚扎者，串之无影者也。月牙者，串而子午也。子午者，单杀手之神妙者也。腾蛇者，绦环之扎也。坐膝进步，枪头稍高，左右连扎，妙在手法，以制其动，然勿多游以衰我气。鸳鸯者，曰遇回龙，则鸳鸯更妙；又曰不守之守，鸳鸯是也；又曰鸳鸯扎法，阳中之阴，有云攻为阳、守为阴，此乃以攻为守，故曰不守之守。其用之于众龙者，谓只攻左畔一人，即得远余人矣，故曰身法躲闪。降枪者，龙来，我斜压之，不令得起，彼挑起即捣其主人，彼不挑，待龙老即进。

此十八扎者，攻人之法也。

（十一）破诸器篇

枪破诸器，用各有宜。带打、穿帘、左右插花，破叉、锐也，勾、扑，破鞭、铜也。长竿虽利，提击可降。双刀虽奇，带打必落。三停偃月，虚串用而亡精。神棍一根，降枪举而束手。虚迎兼用，挫戟锋芒。插花互施，入牌门户。破艺要诀，悉吐于斯。带打可以破提刀势，而不能破风雷滚转。

（十二）身手法篇

身法乃艺之门户。进退盘旋，皆由身法。身法既正，则十二倒手、十八扎法，无不应心矣。手法，凡开枪，后手低则坚实。头起不过五寸，惟提，后手则高。卷枪之法，前卷后出，无不伤人。缠、提、盖、击，观彼来龙为左为右，进步即胜。勾、扑、和、封，尽在两手。实扎，移身而进。鸳鸯，开法宜坐膝，须身法躲闪，乃生死之斗。子午、月牙，两手微细工夫。单杀手、左右插花，全赖腾跳进出。连扎、带打、劈枪皆为狠手。

（十三）总要篇

持龙之法，贵乎坐膝。身心手足，相应为佳。凡扎之求中而中者，未尽善者也。尽善者，不求中而中，人之所不及防，神妙莫测。求中而中者，以巧取人，为彼识破，则反受伤矣。凡倒手，身心手足之运用，不离尺五，坐膝如鸳鸯、缠、流、降是也。身心相契，手足相孚，动则必当。来急匆忙，安闲久熟，自然中节。凡欲开人，先须守己，胜乃可全。若欲先发取胜，虽胜，半也。凡开枪，先轻拿，近彼手乃重。起手重则无救应。轻、重、疾、徐，贵相当也。龙来宜轻开者，恐彼阴阳互变，流而未定。我用重力，则顾右失左、顾左失右矣。故以轻开降住，使不得左右变幻，龙老则为我有矣。当取勿令松，谓不可放过也。若先发扎人，宜临犯其穴，必须留性，以防其挨龙直下，深宜戒之。凡应酬，须知虚实，先为运补，得宜为妙。譬如彼龙虚来，我但用轻开之法，彼必于我空处尽力实来，待临主人二寸许，然后身心手足俱到，用缠、降之类斜挨来龙，直犯主人，无不败矣。诸扎法、倒手，无一不善攻守，并得超群绝伦之学也。

第四节　梦绿堂枪法

（一）枪法八母

封：我立四平，彼扎我圈里，我略开门户，诱彼枪进满。我前腕向前一覆，后腕向后一仰，枪项离彼前手六寸许，用力封开彼枪，即扎彼虎口。然须后脚必得用力一踹，枪根贴，则重而有根，不离正中，紧顾圈里，防彼串枪。

闭：我立四平，彼扎我圈外，我略开门户，诱彼枪进满。我前腕向后一仰，后腕向前一覆，枪项离彼前手六寸许，用力闭开彼枪，即扎彼心肋。然亦必须后脚得力一踹，腰间着力，则重而不横，紧顾正中，时时取直，防彼串枪。

提：我枪立势稍高，下部虚，彼于圈里扎我膝脚，至进满时，我后手提高过头，枪尖垂下，就势起枪，于彼前手尺五寸许提开彼枪，于圈里即斜身进步，扎彼膝脚。若彼枪就势削我前手，我用拗挂。

掳：我立高势，彼于圈里扎我膝脚，我两手离胸，前手一覆，后手一仰，腰力向前一摆，掳开彼枪，于圈里就势将彼手压下，前手抬上，扎彼心穴。彼若跳出，换步取圈外，则用高搭袖破之。

拿：我枪立势稍低，则上空虚，彼乘空扎我面门，我待彼进满。我前腕向前一覆，后腕贴身向里一仰，枪项离彼虎口尺许，用力拿下，复手推根，扎彼面门腰肋，当用勾手，内外皆然。

拦：拦者，救败者也。单手扎入，若枪被击落，即用边、裙二拦以救之。边拦者，我从圈外发扎，彼必开我枪于面前，我以后手仰阳遮身，后脚移上。彼若扎我下，则覆手压落彼枪，落步立四平。若扎我上，则伸手绷起彼枪，覆手收枪，落步立四平。裙拦者，我从圈里发扎，彼必开我枪于身后，我则以彼手收枪遮护，身向前，脚斜踏，侧身蹲倒，待彼枪上来则绷，下来则压，落步立四平。法曰"二拦收败枪"者，正此意也。

还：我枪着彼，不可因胜而怠，须防从死中返活，弃怠还枪。若彼枪着我，我必就努力还枪，若彼收定则无及矣。法曰"吃枪还枪"也。

缠：缠者，如绳之缠物，上下四周匝而无空处，令彼不能知我所向，我得以乱彼之出进。其法必须两手紧固，枪根着腰，二足用力，使枪尖左右旋转无隙，如碗大。所谓两手不动枪梢圆，其妙在精熟，生疏者不能为之。

（二）枪法六妙

一截：法曰"此直来横受也"，彼枪从我枪底正中扎我手背及腹，则我之封闭提拿皆不能用矣。须将后脚移上，侧身将枪横下，如锯之截木，即以我枪贴彼枪削上，伤彼前手。凡彼枪正中来急，我不及拿提者，均可用之，然须防彼勾起。

二进：法曰"步步要紧进"，然非无法而能进也。盖封闭捉拿防人之扎，所谓应兵，若但应而不能攻，应多力衰，为人所欺。则当于人未发之先，相击而进，于人即发之后，乘势而进。

三乱：乱者，乱而取之也。彼此立势，坚固静暇，若必伺其动而进，则久而气怠，又难必其动中无变，当以梨花摆头、凤点头之类或出或入、倏左倏右，使彼心手俱乱，而不知我之所向，则我可以因乱而进矣。然须前手圆活，后手坚固，又不可深入，防彼以静待动，此中元机当熟讲也。

四定：定者，以逸待劳也。如彼先发，必俟发满而应。若未满而应，则彼易于变换巧法，所谓隔水偷花也。若彼枪或左或右、或上或下，浅出浅入，是谓乱，我但须坚固两手，定而不动，待彼久而力衰，我以养成猛力，因衰进攻，以逸待劳，无不胜矣。总之，坚固正中则彼自不扎我，我何虑彼之乱乎？法曰"能乱人，勿为人乱"，正谓此也。

五斜：斜者，言身法也。盖彼此枪身长短相等，我能着彼，彼亦能着我。封闭提拿之法，亦彼此均晓之。必须进步扎枪，使彼难避。若竟直身进扎，则反受彼之扎。当待彼枪进时，斜身偏闪，使彼枪从我胸前背后过去，而我则斜行进步发扎，则彼自不及革矣。兵法所谓"以迂为直，以难为利"也。

六直：直者，言枪杆也。盖身既以斜进，枪须紧对彼之心喉头面，在我可以照顾正中，在彼难于封闭。法云"时时取之"是也。

（三）枪法五要

一圈：法曰，"先有圈枪为母，后有封闭提拿"。圈枪者，取其左右圆活，上下旋转，无有定律，使彼心手摇惑，我即乘机而进。其法较之缠法稍疏，其转动之圆活处，全在身法。后手将枪根转动，前手则仍固正中。若两手俱摇，则恐彼乘虚而加力分排，取我之正中也。

沧尘子曰："察其语气，乃右手虚松，枪在手中转者，此王孟通法，力大犹可，力小者被人击落枪器矣。"

二串：串枪之法，在上下左右，因势而攻开进扎，使彼不能闪赚躲避。如彼用铁牛耕地等低势，利绷起我枪，故上扎以就其绷。及彼绷起，则我先串于下，因其往上之势而绷起之，未有不胜者也。左右与上下皆然，循环无方，变化不一，如活龙生虎，不可拿捉。知此者，进乎技矣，学者不可不讲也。

沧尘子曰："此法甚粗疏，峨嵋所不出也。"

三排：排者，我枪未动，彼枪从左右浅进出以乱我，则我用分排之法。后手固根不动，前手持紧，左右两下着力排开彼枪，直取正中，连身挨步进扎咽喉，势如破竹。彼虽急退，亦难以躲闪，所谓中间一点难招架也。

沧尘子曰："此时只点其前手，以逸治劳，以观其变，分排挨进，失于轻易，非变法也。"

四压：压者，我枪从上压下彼枪也。我立四平，彼枪于虎口之下、脚膝之上而进，我之封闭提拿均不便用。虽有高搭袖可破，然恐急而莫及，法当先挪身略斜，以避其枪。后手推枪，抬在后膝上，则出枪技，专前手用力，将枪尖向彼虎口压下，则彼落枪而虎口必受伤矣。

沧尘子曰："峨嵋之法，初练封闭时，须善扎者枪枪用此法扎我，以练成封闭。又用梨花三摆头、蜈蚣钻板以扎我，我之封闭皆能御之，方为艺成。此所言者皆梦语也，总由根本不固，于枝叶立法耳。"

五扎：法曰，"当扎不扎是一大病也"。持枪相对，彼此各存猛力，若彼扎来，我或用封闭以落之，或用偏闪以空之，彼枪既落空，则力过矣。此时不扎，彼收枪定势，新力复生，则难以进扎。故必于彼旧力才过、新力未生时进步扎之，则不能躲闪革架。若彼立此势，未动气力，坚固之时，而先扎，则彼可架革，而我先力，此谓不当扎而扎也。

（四）枪法三奇

一软：兵法有云，"柔能制刚，弱能胜强"，即此中之软硬之道也。盖彼以硬进，我以硬进抵，两家用力，是为犯硬，力弱者必败，或力同而斗久何能必胜？若于彼枪用力刚猛之时，我用穿、勾、退步之法，候彼进深，猛气已过，却挪斜步扎之，则彼无所用其力，即巧中之斜步单撒手也。又如我枪先发，彼以猛力提拿，我却变为软，使彼力空，乃乘其不备之所取之，此皆谓之以软破硬。又如彼此立势，而我软势，吞吐进出，使彼不防，我于进后方用硬力疾速取彼，此谓借软用硬也。此中变于无形，动于无声，学者不可不讲也。

沧尘子曰："石敬岩、程真如峨嵋枪法，以重硬为初门，以轻虚为脱化，若软字，枪中至极处也。程冲斗只言重硬，不言轻虚，所以火气不除。此段非冲斗所及，乃少林本法也。但言用时之软而不言练时之强，实则无根本，所以不及峨嵋。"

二闪：法曰，"不招不架，只是一下"，枪来只不招架也。如彼枪扎飞来，我革落之，彼必退出。此时我若进枪，则彼出，我追着亦不深，非胜算也。故必于彼进枪之时，左右斜闪而直进，扎彼空处，使彼不及收枪，而我枪已着身矣。且彼来我往，着则无不深也。闪法详于诸巧法之内，乃枪中神境，不可忽也。

沧尘子曰："此即墨鹞翻身之类，彼枪未死，轻易进扎，何能必胜？而以为神境，卑浅极矣。总之，峨嵋之法，只欲制死彼枪，使不能动，不须发枪着彼，彼自心伏。若一发取胜，纵彼不能吃枪，犹未心伏，非峨嵋法也。"

三赚：古语曰"香饵可以钓鳌"，即此意也。盖能扎枪者，必非庄家，定是会手。若我立势坚固，则彼不肯满进，彼进不满，则我之进亦不深。必先落空处，以赚彼进扎，而我乃以巧法取之，此中元机不可枚举，知此者，进乎技矣。

第五节 《纪效新书》

《纪效新书》是明代杰出军事家戚继光所著，是一本古代兵书，也是重要的武术著作。有关武术的内容有枪法、藤牌、狼筅、射法、拳法等。现仅将该书中有关枪法的内容录出。

（一）长兵短用说篇

夫长器必短用，何则？长枪架手易老，若不知短用之法，一发不中，或中不在吃紧处，被他短兵一入，收退不及，便为长所误，即与赤手同矣。须是兼身步齐进。其单手一枪，此谓之孤注，此杨家枪之弊也，学者为所误甚多。其短用法，须手步俱要合一。一发不中，缓则用步法退出，急则用手法缩出枪杆，彼器不得交在我枪身内，彼自不敢轻进。我手中枪就退至一尺余，尚可戳人，与短兵功用同矣。此用长以短之秘也。至若弓箭火器，皆长兵也。力可至百步者，五十步而后发，力可至五十步者，二十五步而后发，此亦长兵短用之法也。长则谓之势险，短则谓之节短，万殊一理。

（二）长枪总说

夫长枪之法始于杨氏，谓之曰"梨花"。天下咸尚之。其妙在乎熟之而已。熟则心能忘手，手能忘枪，圆神而不滞。又莫贵于静也，静则心不妄动而处之裕如，变幻莫测，神化无穷。后世鲜有得其奥者，盖有之矣，或秘焉而不传，传之而失其真，是以行于世者卒皆沙家、马家之法。盖沙家竿子、马家长枪各有其妙，而有长短之异。其用惟杨家之法，有虚实，有奇正，有虚虚实实，有奇奇正正。其进锐，其退速，其势险，其节短，不动如山，动如雷震，故曰"二十年梨花枪，天下无敌手"，信其然乎！施之于行阵，则又有不同者，何也？法欲简，立欲疏。非简无以解乱分纠，非疏无以腾挪进退。左右必佐以短兵，长短相卫，使彼我有相倚之势，得以舒其气，展其能，而不至于奔溃。兵法曰"气盈则战，气夺则避"是已。今将六合之法并二十四势绘录于后，以广其所传云。

（三）八母枪起手

你扎我，我拿枪；你扎我，我拦枪；你扎我脚，我颠枪；你上扎，我捉枪；你下扎，我㩖枪；你上扎，我捉枪；你下扎，我颠枪；你枪起，我缠拦下；你扎我，我拿枪。

一合：先有圈枪为母，后有封闭捉拿、梨花摆头，救护要分明，里把门、外把门，闪赚是花枪。名曰"秦王磨旗"。我扎你，你拿枪还枪，我拿枪；我扎你，你拦下还枪，我拦枪；你尽头枪，我颠枪还枪，你拿枪还枪，我拿枪；你扎我，我拿枪，闪赚花枪上，你拿枪还枪，我拿枪；你扎我，我拦下，闪赚花枪上，你拦下还枪，我拦枪；你扎我尽头枪，我颠枪，闪赚花枪上，你拿枪还枪，我拿枪；我摇花枪。乃"秦王磨旗"。

二合：先有缠枪，后有拦枪、黄龙占杵、黑龙入洞、拿枪救护、闪赚花枪上，名曰"凤点头"。

我缠你枪；你扎我，我拦下还枪，你拦下还枪，我拦枪；你扎我，我拿下，你起枪，我随枪缠拿下；你脱枪，我还枪，你拿下还枪，我捆退救护拿你枪；你扎我，我拦下；我摇花枪。乃"凤点头"。

三合：先有穿指，后有穿袖、鹞子扑鹌鹑、救护，闪赚是花枪，四面是枪法，名曰"白蛇弄风"。

你扎我，我拿下，闪赚花枪上，你拿枪还枪，我拿枪；你扎我，我拦下，闪赚花枪上，你拦下还枪，我拦枪；我摇花枪。乃"白蛇弄风"。

四合：先有白拿枪、捆退枪、救护，后有白拦进步、如猫捉鼠、救护，闪赚是花枪，名曰"铁扫帚"。

我白拿进步上扎你，你拿枪还枪，我捆退救护拿枪；我白拦进步上扎你，你拦枪还枪，我拦枪；我白颠进步，闪赚花枪上扎你，你拿枪还枪，我拿枪；我摇花枪。乃"铁扫帚"。

五合：先有四封四闭，后有死中反活、无中生有、迎封接，闪赚是花枪，名曰"拨草寻蛇"。

你扎我，我拿枪进步扎你，你拿枪还枪，我拿枪；你扎我，我拦枪进步扎你，你拦枪还枪，我拦枪，你拿下我枪；你枪起，我反拿你枪，你拦下我枪；你枪起，反拦下你枪，你拿我枪，我枪闪过拦你枪，你拦我枪，我枪闪过拿你枪；你扎尽头枪，我颠开捉住，你反起扎我，我拦下，闪赚花枪上，你拦枪还枪，我拦枪；我摇花枪。乃"拨草寻蛇"。

六合：一截、二进、三拦、四缠、五拿、六直，闪赚是花枪，下游场拨草寻蛇，上游场秦王磨旗。

一接、二进、三拿、四缠、五拦、六直。大游场秦王磨旗，铁扫子必无路。

（四）枪诀

裙拦枪、伏虎枪，地蛇破；地蛇枪，尽头枪破；中平枪，中平枪破。

中平枪，枪中王，高低远近都不妨；高不拦，低不拿，当中一点难遮架；去如箭，来如线，指人头，扎人面，高低远近都看见。

枪是伏腰锁，先扎手和脚；疾上又加疾，扎了还嫌迟。

枪有三件大病：一立身法不正，大病；当扎不扎，大病；三尖不照，大病，上照鼻尖，中照枪尖，下照脚尖。

你枪发，我枪拿，你枪不动我枪扎；来得紧，去得硬，不遮不架是个空。

（五）枪法

缠枪、拦枪、破缠、破拦、中平、死复生、一进一退、一上一下、进步虚下拿还枪、扑法、守法、橹法、颠捉、苏法、捉法、看法、即法、身法、坐法、迟法、六封、六闭、白鹇、黑鹇、白蛇弄风、铁扫帚、梨花枪、蜈蚣钻板、朝天枪、白牛转角、拗、边枪、裙拦。

以上诸法，颇属烦杂，兵士愚下，岂能一一皆习？但载之不得不备，自有用心者精之。而教兵惟用封、闭、捉、拿、上拦、下拦六枪。封、闭、捉、拿有大门、有小门，只此已足用。

第六节 《阴符枪谱》

《阴符枪谱》成书于清乾隆年间，序文载为山右王先生所著，有人推断为王宗岳所著，但论证不足，此谱世传少见。书中刺法均为单手发枪，为其他枪谱所无。此谱得自螳螂拳师刘谈峰先生。刘先生据所存手抄本和唐豪先生校定本重加订正，而使该谱更臻完善。

（一）阴符枪总诀六则

　　身则高下，手则阴阳，步则左右，眼则八方。

　　阳进阴退，阴出阳回，粘随不脱，疾若风云。

　　以静观动，以退敌前，审机识势，不为物先。

　　下则高之，高则下之，左则右之，右则左之。

　　刚则柔之，柔则刚之，虚则实之，实则虚之。

　　枪不离手，步不离拳，守中御外，必对三尖。

（二）上平势七则

　　立身要耸，前手要颠，满托上与胸齐，此长枪势也，用之小枪可也。

　　彼枪扎我左胁，我开左步，向里促步前进，连捌他手，势穷返枪，我单手扎出。

　　彼枪扎我右胁，我开右步，向外随步扎彼小门，落骑马势，即照下平势运用可也。

　　双手持枪，左前右后，枪之右为大门，枪之左为小门，以下仿此。又大门即圈里，小门即圈外，不可不知。

　　彼枪高扎我大门，我搭枪如蛇缠物，连足赶上二转，将彼枪扶在正中，尽力使下，即用单手扎出，小门同。

　　彼从大门，不论上中下三门扎我，即乘扎之时开右步，随右步躲开彼枪，用单手尽力扎彼大门，是为青龙献爪。

　　彼从小门，不论上中下三门扎我，即乘彼枪扎之时，悬空转步，躲开彼枪，用单手尽力扎彼小门，亦是青龙献爪。

（三）中平势十三则

立身要正，平枪在脐上，彼中平扎我大门，我用圈法圈开彼枪，单手扎出。

彼中平扎我小门，我用圈法圈开彼枪，单手扎出可也。

彼枪中平扎我大门，我退步掩彼枪梢。彼转扎我小门，我撒前手，单手扎出可也。

彼中平扎我大门，我开左步，随右步，后手转阳至脐下，前手合阴，双手照他虎口扎出。

彼中平扎我小门，我开左步，随右步，落骑马势，双手照他手腕扎去。

彼中平扎我大门，我用青龙献爪扎去，与上平法同。彼扎我小门，我用青龙献爪扎去，亦与上平法同。

彼中平扎我大门，我退步挑他手腕，枪要出长，前手仰，后手合。

彼中平扎我大门，我退步扎他指，前手托，后手扎。

彼高扎我大门，我随枪作托刀势，起枪扎彼手，或彼杆，或彼枪开梢，即反手尽力扎出。

彼高扎我，我圈开彼枪，进步，双手高扎彼脸，彼枪起护，我撒开前手，用单手扎彼腮。

彼中平扎我小门，我开左步，随右步，落骑马势捉彼，以后照彼下平势用。彼持枪不动，如先扎必合枪，开梢则扎，不开梢则不扎。

（四）下平势十一则

彼中平梨花滚袖枪扎我，我用阴阳手一仰一合，轻敲彼枪，连足退后要扎他，他转枪之时，我撒前手，单手扎出。

彼低粘我，不论大小门，我于他落之时，进前步，起身扎他咽喉，此下平势俱可用之。

托刀势，后腿弓，前腿蹬。彼扎我，我身悬空转步，单手扎彼脚腕，彼从大门中平扎我，我前足收回，用双手扎，俯身打彼枪杆，连足赶上，敲彼前手，待彼势穷，反枪单手扎出。

彼从小门斜扎我，我将前足收回，用阳手背扎，扎他枪。彼转枪，大门扎我，我开左步，带右步，用单手扎彼小腹。

彼低粘我枪，我向他小门开左步，促右步，双手扎他乳下。

我梢在左，他中平扎我，我开左步，带右步，单手尽力扎彼小腹。

我枪在右，他中平扎我，我悬空转步，落骑马势，单手扎他左胁，中与不中，即抽枪照原势跳回，他若赶来，将枪在地颠起，用滑步扎他。

我枪梢在中，看其一动即发枪扎去。名"占位之枪"。

彼从大门高扎我，我从大门圈开他枪，用单手扎出可也。

彼从小门高扎我，我从小门圈开彼枪，亦用单手扎出可也。

（五）穿袖、挑手、穿指、搭外、搭里十七则

（1）今人扎枪，步步上前，殊失进退之理，我今定退一步法，随护随退，则彼枪扎空，其心必乱，乱而取之，其势甚易。盖争先者，黄帝之学也；退后者，老子之教也。

（2）今人扎枪，以捉拿为主，捉拿不住，不敢还枪，则利在常扎者。不如躲还，只妙在一时，所谓中平一点难招架也。

（3）今人扎枪，高扎高迎，低扎低迎，紧紧相随，惟恐不及，失之太迂，不如高扎高迎，彼落我即扎高，低扎低迎，彼起我即扎低，在上扎上，在下扎下，甚捷便。

（4）今人扎枪，多用转枪，里掩扎外，外掩扎里，如梨花滚袖枪是也，不知此最吃亏。如彼枪扎我，我从大门掩住彼枪，令其扎我小门，彼转枪扎我，我撒前手，后手扎出，彼枪落空，我枪着实矣。

（5）凡发枪扎人，要扎透，不要扎穿，一点便回，随立一势，以备

不虞。兵法所谓"一克如始战"者是也，慎之慎之。

（6）凡与人扎对枪，不许呆立，他以虚枪相试，我以虚枪相迎，彼进我退，彼退我进，足要轻，步要碎，身无定形，飘飘如仙。待实扎之时，我躲枪还枪，使开步法，向前偏身着力矣。

（7）凡与人对枪，要去贪心、绝气，眼注彼手，勿得旁观，微有不便，不勉强发枪，待时而动，一击便中为上乘。

（8）凡与人对枪，要善卖破绽，诱之使入，中途击之，彼不及防。兵法所谓"形之，敌必从之"者也。

（9）凡与人对枪，我必不肯先扎，必不得已，亦惟点一枪诱之使入耳。

（10）凡与人对枪，让我先扎，我虚点一枪即便回身，彼若赶来，乘其举足未定之时击之。所谓"及其陈未定而薄之"者是也（"陈"与"阵"同，"薄"与"迫"同）。

（11）凡与人扎枪，利在乘虚，如彼扎上则下虚，扎下则上虚，扎右则左虚，扎左则右虚。以目注之，以时蹈之，百不失一。兵法所谓"兵之形，避实而击虚"者是也。

（12）凡与人扎枪，与用兵相若。体者，兵也，心者，大将也，目者，先锋也。三军运用虽在一人，然平日之节制，已战之时先锋领众对敌，固未及事事而谋之大将。扎枪亦然，平日手足习熟，对敌之时，目光一照四体，从令不及，着着用心也。

（13）凡与人扎枪，不必着数太多，博而不精，终属无益，只要紧处操精熟，变化无穷而已。所谓"兵不在多而在精"者也。

（14）凡与人扎枪，我发枪扎彼，彼从大门拿开，我枪落左，不必着急，待其扎来，不论看其高来，我倒后步，尽力一抽，落抱刀势，反身单手扎出，看其低来，我倒后步，作群拦势，逼住他枪。

（15）凡与人对枪，我发枪扎人，他从小门拿开我枪，令我落右，不必着急，待其扎来，不论高低，我将前步一退、后手一提，作躜步而走，出险之后，重回定势。

（16）凡与人对枪，要看势。兵法云："用众者务易，用寡者务险。"一人与二人扎枪，其数已倍，况多者乎，据险固不待言。然平人扎枪与兵究竟不同，两军对垒，限于纪律，岂能曳兵而走？是平人则不然，相待于城邑院落之中固宜，或据隘巷，或据穿口，若平原旷野，彼众我寡，则以翦跳为主，必不可背陷重围。想起空间之处，即我托足之所。彼赶来，拖刀而走，不赶即止，频频回顾，见有轻足善走者迫近我身，我回身单手直刺，中与不中，拔枪又走。出险又息，骂之使来，赶来又如前。如此则一可敌百矣。

（17）凡与人扎枪之法，先学纵跳，能逾高越远，继之以术，则万将难敌矣。

（六）阴符枪七绝四首

袅袅长枪定二神，也无他相也无人，劝君莫作寻常看，一段灵光贬此身。

必须忘手手忘枪，忘手忘枪总是真，炼成九转丹成后，心随枪手一齐还。

至道何须分大小，精粗总是一源头，若将此术当兵论，孙武还须让一筹。

静处为阴动则符，工夫只是有沉谋，若还静里无消息，动似风云也算浮。

第七节　梨花枪谱

《纪效新书》载："夫长枪之法始于杨氏，谓之曰'梨花'。"又《宋史》载："宋末红祅军杨安儿之妹、李金之妻——女将领杨妙真自云：'二十年梨花枪，天下无敌手。'"据此可推测梨花枪或为杨家枪法。

但《梨花枪谱》是杨氏所传还是后人借名伪托，因无证可考，尚不敢断定。该谱对枪法叙述得简单明了，易懂易学，且文字不多，故复录于下：

一曰拦枪。如敌人扎我圈外，我即前手阴复持枪，往左一仰，变为阳手，是为拦。

二曰拿枪。如敌人扎我圈里，我就前手阳仰持枪，往右覆手一合，变为阴手，是为拿。

三曰边拿。如我向圈里扎敌人，敌人拿开我枪于左，即扎我圈里，我即宜在左边将枪借势一拿，枪须直拿至地，使敌枪跌开右边，我就将枪头顺起，借力扎敌圈里，是名边拿。

四曰边拦。如我向圈外扎敌人，敌人拦开我枪于右，即扎我圈外，我即在右边将枪借势一拦，枪亦须直拦至地，使敌枪跌开左边，我即将枪头颠起，借势扎敌圈外，是名边拦。

五曰橹枪。势如提枪，专为破敌人圈外扎我脚用此。

六曰梨花摆头，是为低四平之用法。将枪横摇，横摆于敌枪之下，或左或右进步拿拦，或即左右挨枪易扎。

七曰白蛇弄风，亦为低四平之用法。将枪头低入敌枪下，前手一仰，摇指圈里，前手一覆，摇指圈外，以便拿拦开敌枪，或便扎人。

八曰铁扫帚。即沙家竿子法之地蛇枪势。

九曰拨草寻蛇，是为提枪之用法。将枪头抵地，仰掌提入，进行拨打，惊起敌枪，即用拿扎。

十曰从枪。不拘圈里圈外，待敌人扎入时，我即侧身挨枪，仰覆扎去，可扎敌人之后手。

十一曰小拿小捉。与拿拦之法大同小异，观敌人之动静而后用之。

十二曰反拿反捉。如前后手皆阳持枪，其势应拿敌之圈里枪，若为敌所察觉，反扎入我圈外枪，我原系阳手，易转推于圈外，则用阴手推开敌枪。如前后手皆阴手持枪，其势应拦敌之圈外枪，若为敌所觉，反扎入我圈里枪，我原系阴手，易转推于圈里，则用阳手易推开敌枪。

十三曰左右插花枪。与提枪相类，斜进步，观敌之动静而应之。

十四曰蛇盘枪。先以阳手持枪，圈里进步，挨枪而入，敌扎圈外，则将阳手转推圈外。而用阴手开枪，与前反捉相类。

十五曰铁枋竿，硬势不倒。持中平枪伏靠腰间，如敌拿我，即以拿势力逆住圈里，如故拦我，即以拦势力逆住圈外。

十六曰压搅沉枪。先将枪颠步圈外，横压敌枪之上，敌枪串入圈里，我即用枪横沉下于敌枪之上。

十七曰溜压沉枪。先将枪挨圈里进步，敌枪串入圈外，我即颠步斜入圈外，用枪横下于敌枪上。

十八曰圈里沉枪。敌枪扎入，我身蹲坐，以枪在圈里横压沉下于敌枪之上。

十九曰圈外沉枪。敌枪扎入，我身蹲坐，以枪在圈外横压沉下于敌枪之上。

二十曰迎封接进，亦提枪所用法也。迎封与从枪相同，敌枪来，我即发枪扎之；接进与拨草寻蛇同，一提一捉，偷步而进，视敌有间隙即扎之。

二十一曰蜈蚣钻板。持枪四平，不拘里外，靠枪而进，敌必拿拦，我即闪左闪右扎入，与闪赚相类，惟枪头不得至地，以巧妙为佳。

二十二曰白拿花枪、白拦花枪，即白拿一枪。进步指入，敌必拿救，则闪赚圈外发枪，左右皆同。

二十三曰缠拦。敌如扎圈里，我即缠圈外，乘势拦下敌人之枪。

二十四曰大封大劈。临敌之时，以枪击地，使借地之势易于起扎，且令扎入有力。

二十五曰还枪。封劈之后，即以还枪为最急。如敌人扎我圈里，我即拿封至地，枪头颠起，借力一枪扎去，敌人格开，复又扎来，我仍如前扎去，圈外亦同，此时无暇用他着，故云最急。

二十六曰凤点头。如敌人败走，我将枪头点地，或闪左，或闪右，赶进将近，扎敌一枪，如被敌人格开赶来，我即将枪头拖拉，点地退走，离远即有救手，视敌以何法入来，我即以何法应之。

二十七曰闪赚，是为诱敌之法。所谓闪赚，如敌人一枪扎来，我用拿开进步，竟持中平而入，敌见我枪至，彼必拿，我即审敌拿力将半，将枪一闪串彼圈外扎敌一枪，彼必不能救，里外皆同。

第五篇　形意拳术见闻论

第一章　形意拳诸论

第一节　形意拳术究竟根据什么起名叫形意拳

拳术以"形意"二字起名，其意深奥，包罗万象，凡一切事物无不与其理相合，倘能悟明其原理，不但能掌握拳术之道理，其他事物也能通达，所谓一理通百理，通理无二致者是也。

由于拳理深奥，难以写出其名的根据，仅将肤浅的见闻录出，请先进的武术家加以指正，以期得到正确的结论。

旧传，此拳最初叫作心意拳，后改为六合拳（以其有六合之说），最后因为这两个名称不能代表拳中的意义，遂又改名为形意拳。这只是传说，并未看到文献记载。

"形意"二字在人身而论，是内外的意思，也就是物质与精神。"形"是指外部动作的各种姿势，也就是物质；"意"是思维，也就是精神。拳术以"形意"为名，就是叫人锻炼物质与精神，内外双修，使神形合一，变化人之气质，使弱者转强，祛病延年。

凡是人的一切行动坐卧、喜怒哀乐等，都不能离开形和意的配合。以拳术而论，如练劈拳，即以内部无形之意（思维），发动外部有形之表（动作），内外合一做出劈拳之姿势，形成一整体动作，达到所练的目的。

再重复一遍：拳术以"形意"为名，其意是把形和意（动作与思维）

练到合二为一、混元一气。例如，与人比武，彼以拳打我，我即以无形之意接彼有形之表，真意一动，手足即到彼身，将彼打出。这是由于锻炼有素，神形合一，做到了不勉而中、不思而得、不令而行之。拳谱说"拳无拳，意无意，无意之中是真意"，《意之本源》一文说"此真意虽无形象可见，其固能为一切形象之主体，唯一无二"，都说明形意的道理。

以上是肤浅的见闻，不能作为形意拳的起名根据。希望先进的武术家给以解说，使拳术道理得以发扬光大，不致失其真也。

第二节　三体式

三体式是形意拳之基础，拳谱说"三体重生万物张"，就是说各拳路都是由三体式变化而来的。三体式在拳中是头、手、足（上、中、下）三部，每部又各有三节，共九节。无论哪一趟拳路和哪一动作，都是这九节所起的作用，而要将头、手、足的动作练成一致，是一动无不动、一静无不静。三体式变化出的各趟拳，最后仍还于三体式，复归于无极式，所以三体式是形意拳的基本功。故老先生教人练拳，都是说三体式要多站，无论哪个拳路都不离三体式之重心，极高极低、极俯极仰之式亦总不离三体式单重之中心，故三体式为万形之基础也。

站三体式时，目视前方，身斜约45°。前臂屈肘约170°，后臂屈肘约100°，两腿屈膝约150°，前脚直，后脚斜约40°，前手与心脏平齐，后手与脐平齐，两肩要平。

站三体式有很多注意事项。拳谱说，拳式一站，八字皆备，八字是"顶、扣、圆、毒、抱、垂、曲、挺"。八字又各有三事，共二十四事，含眼、身、手、腿等注意事项，分别录之于后。

三顶：①头上顶有冲天之雄；②手外顶有推山之功；③舌上顶有吼

狮吞象之容。

三扣：①肩扣则气力到肘；②掌扣则气力到手；③手足指（趾）扣则周身力厚。

三圆：①脊背圆则力催身；②前胸圆则两肱力全；③虎口圆则勇猛外宣。

三毒：①眼毒如觑兔之饥鹰；②心毒如攫鼠之怒狸；③手毒如捕羊之饿虎。

三抱：①丹田抱气气不外散；②胆量抱身临变不变；③两肱抱肋出入不乱。

三垂：①气垂则气降丹田；②肩垂则肩催肘前；③肘垂则两肱自圆。

三曲：①两肱宜屈，屈则力富；②两股宜屈，屈则力凑；③手腕宜屈，屈则力厚。

三挺：①挺颈则精力贯顶；②挺腰则力达四梢；③挺膝则气舒神怡。

第三节　练习形意拳时，先用三体式是什么原因

拳术的每趟拳都是由三体式开势。拳谱说："道自虚无生一气，便从一气产阴阳，阴阳再合成三体，三体重生万物张。"这几句说的是练拳的道理，自静（虚无）而生动（一气），再由动作形成屈伸等姿势（阴阳），由屈伸等姿势再合成三体式，最后"三体重生万物张"，就是说形意拳各种套路是由三体式变化而来的，一趟拳练完仍然回到三体式，然后再收势。所以说，三体式是形意拳的基本式。老先生们教人练拳时都叫人多站三体式，既练基本功，又可强身健体。

第四节　三体式的传说

三体式在人身是指：外为头、手、足，内为上、中、下三田（丹田）。三体式的姿势一站，要使外部头、手、足相合，内部三田相合，内外两部要合成一体。老先生教人练习时说，三体式用以变化人之气质，体弱者可以转变为强。但并非要求用血气之力，又说明动作总要循三体式之本体，故三体式为万形之基础也。

又一说法。三体式是指人的身体是由气、固、液三种物质构成的。气体有人吸进的氧气、呼出的二氧化碳，以及中医所说的营卫气、元气等。固体是指人身的筋骨皮肉和毛发等。液体是指体内的流质，如血液、唾液，以及其他水分，等等。

三体式一站，其姿势要不俯不仰、不左歪不右斜，心中虚空至静无物，一毫血气不能加于其内，纯任自然之本体。这样要求为的是调和人体中之气、固、液的功能，使之平衡发展，从而内坚五脏、外强筋骨皮肉，既祛病延年，又增强体力。

以上说法虽然不一，实为一事，其目的和效果是达到整体混元一气，使五脏无偏盛偏衰之弊，精神与形体相合，所以说内外双修，体用兼备。故每一开势都先做成三体式，再变成各式。由上，三体式确是万形之基、生化之根也。

第五节　无极式

练习形意拳，都是先站无极式，使身体在练功前做好松静的准备。其方法是：以立正姿势站好，使全身各部完全适合力学支点的定则，各处关节保持自然的稍微弯曲，再自上而下——头、颈、肩、胸、两手、腹、臀、大腿、两胫、两足，依次体察是否有紧张不适的地方。眼耳内敛，心意平静，呼吸自然，以期达到无思无虑、松静自然之态。古语云：混沌一气、阴阳未判、虚实未分，所以叫作无极。拳术中即为无极式。

第六节　"激""挤""漏"三种流弊

形意拳是一种体用兼备、式简效速的拳术，有些初练者对拳理只知其然，不知道其所以然，故出现"激""挤""漏"的弊病。为警示后学，现将老师对此流弊的说法录之于下。

"激"

形意拳有刚、柔、化三种练法。有的人自作聪明，不听老师教导，不按老师教的方法去练习，自以为出力长力，便浑身使用浊力，内中用浊气，练出来的动作看着有力，于是自以为得意。如此内里憋气，外用浊力，关节不得放松，日久内为浊气所困，激起三焦之火。因此有的人得了三焦火热之证，甚至造成肝火盛及肝瘀之证。

"挤"

拳谱云："两肘不离肋，两手不离心。"这是应敌临时之用法，不是经常如此。

李存义老先生说过："对己者十之七八，对敌者十之一二耳。"所以老师常讲，练习时应注意姿势有"练""顾""打"之分。因此，练习时先要舒展开放，使内部之气舒展而不拘，外部关节松放而不滞，这样自然练得身心愉快。

对敌时要注意对方放冷手，所以要两手放在胸前（手不离心，肘不离肋）。倘对方将要发手，我即将两手同放在胸前（出手快，一触即发）。对方一触我手，我即顾打兼施，打向对方，既速且猛，使对方无退守防御之工夫。此是应敌暂时之用。有人误解此意，练习时两手紧放胸前，用力扣定前推，日久胸部被挤，造成气闷心烦，甚至伤及胸部。

"漏"

拳谱说："气降丹田，祛疾延年。"又说："丹田者，阳之本气之府也，欲精技艺必先建丹田。丹田亏则气不充，气不充则力不足。"此种说法虽重要，但得经老师指导，自己锻炼，渐渐而成。

有的人以为气降丹田是刻意用力向下呼气，但呼气日久，丹田被迫而漏，造成气下降，经常出虚恭，下部空虚而不实，身体轻飘。与人比手，因身飘而无沉力，倘被人击中，即易跌倒。此是不按师传、自作聪明所致也。

以上三种流弊都是自作聪明、想求急进，以致求深反浅，导致损伤身体，我们当以此为戒。

第七节　内外八要论

拳谱说：八要者，形意拳之母也，内以练气，外以演势，无论五行拳还是十二形拳，虚实变化，起落钻翻，皆不可须臾离之。八要者：内要提，三心要并，三意相连，五行要顺，四梢要齐，心要暇，三尖要对，眼要毒。分论如下。

内要提者，聚提谷道，提其气使之聚于丹田。复使所聚之气由背而达于脑顶，周流往返，循环无端，即拳谱所谓"聚提谷道内中提"也。

三心要并者，顶心往下，足心往上，手心往回也。三者可以使气会于一处。盖顶心不往下，则上之气不能入于丹田；足心不往上，则下之气不能收于丹田；手心不往回，则外之气不能缩于丹田。故必三心一并而气可归一也。

三意相连者，心意、气意、力意三者连而为一，即所谓内三合也。此三者以心为谋，故气意练好，而后可以外帅力意，内应心意，窃谓三意之连亦以气为先也。

五行要顺者，外五行为五拳，劈、钻、崩、炮、横是也，内五行为五脏，心、肝、脾、肺、肾是也。外五行之五拳，变化应用，各顺其式，则周中规、折中矩，气力之所到而架势即随之，架势之所至而气力即注之。故气力充则架势为有用，架势练而气力乃愈增。内五行之五脏即拳谱所说"五行本是五道关，无人把守自遮拦"，非经精习有成打破遮拦不能聚气于丹田、运气于四肢。

四梢要齐者，舌要顶，齿要叩，手足指（趾）要扣，毛孔要紧也。夫舌顶上嗓则津液上注、血气流通；两齿紧叩，则气贯于骨髓；手足指（趾）内扣，则气注于筋；毛孔紧，则周身之气聚而坚。齐之云者，即每一作势时，舌之顶，齿之叩，手足指（趾）之扣，毛孔之紧，一齐如法为之，无先后迟速之分。盖以四者有一缺点，则气散而力怠，便不足以言技也。

心要暇者，练时心中不慌不忙之谓也。夫慌忙，气必乱，慌乱之时，则手足无所措矣。若素日无练习之功，则内中亏虚，遇事怯缩，临敌未有不恐惧慌乱而心能暇逸者。故心暇与练气相表里也。

三尖要对者，鼻尖、手尖、脚尖相对也。夫手尖不对鼻尖，偏于左则右边顾法空虚，偏于右则左边顾法空虚。手与脚与鼻不对，其弊亦同。且三者如甚偏斜，则周身用力不均，必不能团结如一，而气因之散漫。顶心虽往下而气不易下行，足心虽往上而气不易上收，手心虽往回而气不易内缩。此自然之理也。故三尖不对，实与练气有大妨碍也。

眼要毒者，夫眼似与练气无甚关系，不知毒有疾敏之意。非元气充足者不能有此。尝谓吾辈技艺不独武人宜习，文人亦宜习之。盖每日练力则可健身体，练气则可长精神。丹田凝聚，五脏舒展，此人之精神必灵活，脑力必充足，耳、口、鼻等器官必能各尽其妙。而目尤必神光炯然，有芒射人。遂谓眼之毒非气为之哉？或曰，气行于内，力现于外，子言气，如何言力。曰从外人观之，则力易见，自我练之则气易领会。且气力本为一体，气力足则力可知矣。又曰，子纯言气力，不几略架势乎？曰练势必求气充，而练气尤必先讲架势，是气势二者互相为用者也。然势行于外有迹可循，气运于内，深微莫测。故学者恒注意架势，而气之运行每多忽略，吾于架势之外，独于气力再三质疑，是故耳。

第八节　中和

形意拳之道，不外中和之理，因为人身的四肢动作，从其规矩，顺其自然，外不乖于形式，内不悖于神气。外面形式之顺是内中神气之和，外面形式之正是内里意气之中，所以有"见其外知其内，成于中形于外"之说法。也就是说，看见他外部动作的姿势不舒适，就可知道他内里的呼吸神气也不舒适。如内部用力，则面部出现瞪眼、咬牙、切齿等状，如面部出现怒容，一看就知他心中生气了，这也是内外相通、内外合一的证明。

起钻落翻（动作）之未发叫作中，动作能循环三体式的本体（六合）叫作合。中者是未发之和，和者是已发之中也，此为形意不离中和的大概意思。

第九节　起钻横 - 落翻顺 - 催力

起钻横、落翻顺，就是螺旋力的意思。二者的名称和形式不同，起钻横为顺转半圈，落翻顺为逆转半圈，二者合一即成为一圈。形式不同，其用螺旋力前进之理则一也。又拳谱云：起如钢锉、落如钩竿者，亦与此理相似，这是两手之用法。

前进时所用之力，须由腰发动向前进，力达四肢，即所谓"起之于腰，发之于脚"是也。肩催肘，肘催手，胯催膝，膝催足，再以腰及丹田催动肩胯，再用六合之说以进之，按此练习，日久而成自然，若与人相较，一触敌手，即以螺旋力及催力而前进之，即能将敌人打倒。唯须用心勤学方能生效，轻举妄用非但无效，先辈老师教人之苦心亦等于空谈，拳术亦为人轻笑，我们应当慎重，不可轻视。

第十节　守中 - 指中 - 变中

中者，重心也。凡物都有重心，如欲推举重物和掷动重物等，若得不到其重心，定觉吃力。例如踢球，不善踢者虽用力甚猛，而球出去不远，并常有出去方向不能随心所欲，欲向正前方踢却将球踢到右方，此是未能踢中球的重心之故。善踢者则不然，欲左则左，欲右则右，无不随心所欲。盖因练习日久，每发必中球的重心也。拳术之道也是这样，击敌时宜击敌之中，则敌必跌矣。而我之中应当严加防守，不为敌所乘即是也。使自己之姿势，三尖相照（手尖、鼻尖、足尖），紧指敌之中，俟而攻之即是也。若敌亦按上法紧指我中以攻我，我应当速将重心改变，而不为敌所乘，此即变中也。

第十一节　三角和螺旋力

与人相较时，自己的姿势即三尖相对，以指敌之中，其式恰如三角形，即以尖端指敌之中而攻之，前进时如轮船之排水前进，又如劈物之斧刃劈人也，即拳谱所说的"脚踏中门往里钻"之意。倘敌人用手或臂触我手，稍一接触，我即用螺旋力（起钻横、落翻顺）进攻之，即拳谱所说"起如钢锉，落如钩竿"之意也。

第二章 对练与应敌

第一节 打破与破打

形意拳术是中和之道，每一姿势都是阴阳相合、顾打兼施、内外双修、体用兼备之法。所以，与人相较时，稍一接触，即用相克之法而进之，故有"硬打硬进无遮拦，打人如走路，看人如蒿草"之说，所以能制敌而不制于敌。形意拳术素日所练都是生克制化的方法，日久练习，使每一动作自然合乎生克之法，所以遇敌一触即发，而使敌人手足无措，这种方法是打法中的破法。例如，敌人以拳击我胸部，我即顺其手而击之，并不用将敌手化开再攻之。我顺其手打他之时，即以我臂中节之阴接敌人梢节之阳，再以我梢节之阳打敌人之身，同时用身上之催力以进之，故打中带有破法。如五行拳相克道理极为显然易解，沉心静思打破之理皆在其中矣。故李存义先生说：若欲健身，是拳皆可，至于应敌，则五行拳独擅其长焉。至于其他破敌之法，则是只凭力大或手快。例如敌人以拳击我，我先以手破开他手，再用反攻，一破一打须二式，所以不如打破之法，一触即到敌身。郭汉之先生说：不招不架，就是一下；犯了招架，就是十下；与其退却，何如进杀；我一进杀，彼必招架；彼一招架，差之七八。所以形意拳是进亦打、退亦打，无处不是打。若是练到拳打三节不见形，如见形影不为能，则为拳术中之上乘者也。

第二节　揉手须知

拳术之道，乃强心健身技击之法，久习自能身心健康。至于技击之道，必须经师指导，乃能明之。道理既明，尚须练习架喂之法，此系练习发力法之后，再练揉手实作等法，如临敌一般，如此渐进，久而功成。遇敌较勇，彼虽手足乱施，然吾训练有素，一经接手即知其劲力动向，乘隙而攻之，无不胜矣。揉手练习是其中一大法，应以粘连绵随、柔缓之力习之，日久感觉灵敏、手足活便，可得心应手。虽遇猛而有力者，亦无畏惧之心。彼快吾快，彼慢吾慢，以圆活不滞而应之，无不胜矣。余亦曾习揉手，然虽无成就，愿将师传及所闻录后，供学者参考，谓不失先辈之传也。

（1）以手指敌人之胸中间。

（2）手不能指敌，则用腕和肘指。

（3）遇刚则柔，而刚紧随其后。

（4）粘连绵随，不丢不顶。

（5）进手则用螺旋力。

（6）得势则须垫步以进之。

（7）不得已而后退时须用手做掩护，用全身退却。

（8）两手用力要齐，不可偏重。

（9）两肩两胯宜活。

（10）以己之中节接敌之梢节，打敌之根节。

（11）敌手来时，稍一接触，即用螺旋力顺手而进之。

（12）敌紧指我中时，我须用姿势变中。

（13）勿局部动作。

（14）圈愈小愈妙。

（15）腿部须用后重法（即单重法）。

（16）如甲手失败快进乙手。

（17）两肘不离肋，两手不离心。

（18）与敌接触宜设法走里圈。

（19）通体关节皆成钝角。

（20）各种姿势总要三尖相对。

第三节　较勇须知

若与人相较，须察他的道理，不外乎"刚柔、虚实、巧拙"六字。刚者有明刚、暗刚；柔者有明柔、暗柔。

明刚者，未与交手时，周身动作神气皆露于外；相较时，他一用力抓住我手，如同钢钩一般，气力透于骨，自觉身体被人捆住一般。此是明刚之内劲也。

暗刚者，与人相较，动作如常，起落亦极和顺；与他交手时，他的手指软似绵，用意一抓不止透于骨髓，而且牵连心中，如触电一般。此是暗刚之内劲也。

明柔者，视此人之形式动作无气力，若是知者视之，虽然身体柔软，然动作轻如羽毛，内外如一，神气周身并无丝毫散乱之处；与他交手之时，抓之有，再用力，或打、或撞、或推，而又似无，此人又毫不用意于我。此是明柔之内劲也。

暗柔者，观之神气威严，如同泰山；若与人相较，两手动作如钢球，手方到此人之身似硬，一用力打去，则他身又极灵活，手与鳔胶相似，胳膊如钢丝一般，能将人粘住或缠住，自己觉得诸法都不能得手，此时人又无一时格外用力。此是一气流行，暗柔之内劲也。

以上所说是先辈与人相较之经验也。后学者若遇此四种形式之人，量自己道理深浅、神气之厚薄而相较量。倘一见面先被他的神气罩住，自己先怕，即不可相较，只可虚心求教，能如此看人，即是知己知彼矣。

望于虚实、巧拙，是察他的身形高矮，动作是否灵活，又看神气厚薄，一静一动，言谈之中，是内家外家。不可用骤然取胜之法，宜先用虚手以探试之，等他动作或虚、或实、或巧、或拙露形迹，知其弱点，胜败可知其大概矣。

第四节　提、按、催三力

形意拳术所练的各种姿势表面看来是手足起落一致，然其每一招式皆含提、按、催三种劲。提，如托重物；按，如泰山下压；催，如箭离弦。以上三劲须合为一体，不可偏重。若只提、催二劲，能将人打出而不易跌倒；只按、催二劲，能将人挤退，不能将人跌出丈外；只提、按二劲，亦不能将人打远。所以，三者合力一体，以之打人则无不打出。手足之提劲，是力贯梢节，按劲是如有千斤重物下压，催劲是丹田及腰部用力向前催进。这三种劲合而为一，打敌人之身，敌人即被迫而跌出矣。此是明劲，亦即明刚也。至于柔劲暗刚，与人接触时似柔无力，然丹田一抖，即中敌身，因其力是全不着力，总在神意之贯通也。

第五节　六合论

形意拳术有六合之说，是内三合、外三合，还要将内外练成一整体，即一动无不动、一静无不静，故形意拳以前叫作六合拳。

兹将拳谱所论录之于后，以为学习资料。

外三合是手与足合、肘与膝合、肩与胯合，内三合是心与意合、意与气合、气与力合。内外相关系叫作六合，说是"手到脚不到则枉然，脚到手不到亦枉然"，"上法先上身，脚手齐到才为真"，"手与脚合多一力"，"脚打踩意不落空，消息全凭后脚蹬"。读此方见相关之理。盖手一伸，肩催肘，肘催手；足一进，胯催膝，膝催足（六催）。手足也，肘膝也，肩胯也，其各点皆遥遥相对，肩肘手在上，胯膝足在下。而人之一身，下尤为上之本。譬诸大树，腿，其根也，胯一动而肩随之，膝一进而肘随之，足一趋而手随之，故练拳，身法最贵乎整。上下连而为一，无前仰后合、先后错乱之病，是为整。

然四肢之动，果何主使乎？人莫不知其为心。心之动为意。意有去意、来意、攻意、守意之别，源之于心而动之于意，故曰"心意须相合"，否则主宰者不力，手足即不听指挥，而耳目无所施其聪明矣。

意心所发谓之气，气之所使任乎意。相关相生，故须曰合。然气之表现者，力也，力借以表现者，四肢也。吾人猝遇事变，亦不可胡乱使气，若如无头苍蝇瞎蒙瞎冲，其心慌意乱而力无所使，手足失其所措，敌人乃可乘隙而入，必败无疑也。故心与意合，意与气合，而气尤需与力相合。盖合不合，全视气如何也。

按：气有督催之功，力有取舍之能，故有气方能有力。练武者苟舍其气，其无须其力矣，练武者培养丹田，积精蓄锐，一旦有事，应敌之来，心意一动，手足相应，肩胯相合，肘膝随之，一团凝气，精神饱满，巍然如泰山之不可摧矣。身法既整而活，是则全恃平日练习有术，非只就交手而言也。

第六节　七疾论

形意拳有七疾之说，拳谱说，七疾是：眼要疾，手要疾，脚要疾，意要疾，出势要疾，进退要疾，身法要疾也。习拳者有此七疾方能完全制胜。所谓纵横往来，犹如生龙活虎，令人不可捉摸者，唯恃此耳。现分录如下：

（1）眼要疾。眼为心之苗，耳察敌情达之于心，然后应敌变化，取胜成功，然交手之时，瞬息万变，眼不疾，即不能察其动静、识其变化，焉能出奇制胜哉？拳谱说，心为元帅，眼为先锋，盖言心之动，均恃眼之迟疾，实练艺者之必要也。

（2）手要疾。手者，人之羽翼也，凡捍蔽进攻无不全赖之。但交手之道，全恃迟速，速者胜，理之自然。故俗云："眼明手快，有胜无败。"拳谱说，（手）起如箭，落如风，追风赶月不放松；亦说手法敏疾，乘其不备而攻之，出其不意而取之，不怕身大力猛，一动而即败之也。

（3）脚要疾。脚者，身之基也。脚稳而身稳，脚前进而力随之。形意拳中浑身力整，无一处偏重。脚进而身进，抢敌人之位，则彼身仆。拳谱说，"手与脚合多一力"。又说，"脚打踩意不落空，消息全凭后脚蹬""脚踏中门抢他位，就是神手也难防"，又曰，"脚打七分手打三分"。由是观之，脚之疾，更当疾于手之疾也。

（4）意要疾。意者，体之帅也。前言眼有监察之精，手有拨转之能，脚有行程之功，然其迟速紧慢均为意之适从。

所谓立意一疾，眼与手脚得其要领。故眼之明察秋毫，意使之也；手出不空回，拳之精神使之也；脚之疾，亦意使之捷也，然则意可不疾乎？

（5）出势要疾。夫存乎内者为意，观乎外者为势。意既疾矣，出势更不可不疾也。事变当前，势必随机应变，令敌不及掩耳、张皇失措，无对待之策，方能制胜。若意变甚速而势疾不足以随之，则又应对乖张，其败必矣。故意势相合，成功可决。意急势缓，必负无疑。习技者，可以不加之意乎？

（6）进退要疾。此节所论及纵横往来进退反侧之法也。当进则竭尽其力而直前；当退则退，领其气而回转。至进退之宜则须察乎敌人之强弱。强则避之，宜以智取；弱则攻之，可以力敌。要在速进速退，不使敌人得乘其隙，所谓高低随时纵横因势者是也。

（7）身法要疾。形意拳中凡五行六合七疾八要十二形象等法，皆以身法为本，拳谱说，"身如弩弓拳如箭"，又云"上法先上身，脚手齐到才为真"。故身法者，形意拳之本也。摇膀活胯周身辗转，不可前俯后仰、左歪右斜。进则直出，退则直落。尤必手与足合，肘与膝合，肩与胯合，即外三合。务使其周身团结上下如一，进退亦不能散，故必做到疾而不散，而身法之疾乃见完成。

第七节　谈谈蛇行蛹动

蛇行蛹动。这句话的意思是练功夫的时候，一举一动，挥手抬腿掉头下腰伸曲指掌等动作，全要做到柔若无骨，每个关节和肌肉都要松开。

所谓蛇行，是指各处较大的关节，如肩、肘、胯、膝等，动作起来都是既柔且平稳，像蛇那样柔若无骨。各关节和肌肉都要连成一体，灵活不滞。

蛹动是说各较小的关节，如腕、指、脊、颈等，在行动的时候好似蛹一般动作，迟迟而看不出进退的状况，随全身进退。

简单说来，蛇行蛹动就是每一动作都要柔和。周身关节和肌肉放松，连贯一气，一动无不动，轻灵自如，精神高度集中。练习日久，神形合一，就有飘飘欲仙之感。

第八节　四梢、九节、三击、五要

1. 四梢

拳谱说，人有血肉、筋骨，它的末端叫梢。发为血梢，舌为肉梢，甲为筋梢，牙为骨梢。

（1）血梢。怒气填膺，竖发冲冠，血轮速转，敌胆自寒，毛发虽微，摧敌何难？

（2）肉梢。舌卷气降，虽山亦撼，肉坚比铁，精神勇敢，一舌之威，落魄丧胆。

（3）筋梢。虎威鹰猛，以爪为锋，手攫足踏，气力兼雄，爪之所到，皆可奏功。

（4）骨梢。有勇在骨，切齿则发，敌肉可食，眦裂目突，唯牙之功，令人恍惚。

2. 九节

拳谱说，人为小天地，合于大自然，如天有九天，星有九野，地有九泉，人有九窍，身有九节（即头为梢节，心为中节，丹田为根节；手为梢节，肘为中节，肩为根节；足为梢节，膝为中节，胯为根节。三三共为九节）。人之动作，都不能离开这九节。用作拳术，打法也是这样的。利用这九节头打、肩打、肘打、拳打、胯打、膝打、足打、臀打（即腰打，因腰与丹田相表里，也可以说丹田力）、靠背打（因心与背相表里，故用背靠）。九节虽分而主要得练成一整体，一动无不动，一静无不静，浑元一气九节合一。

3. 三击

（1）形击。拳谱说，起如钢锉，落如钩竿。又，起如风，落如箭，打倒还嫌慢。足打七分手打三，五行四梢要齐全，气连心意随时用，硬打硬进无遮拦。这说明招数熟练手疾眼快，是有形有象之用法。

（2）意击。拳谱说，起无形落无踪，起意好似卷地风。足打七分手打三,五行四梢要齐全，气连心意随时用，硬打硬进无遮拦。以无形之意接彼有形之表，意动形随，意到形到。这说明，与人比手时，虽将人打倒，但心中不是想用何法去打敌，只是敌人之来，心意一动，手即到敌身（意到形到）。我曾见郭汉之老师与李某比手，二人之手一接触，李某即被击倒。过后，李某对人说，郭老师是瞅冷子。殊不知郭老师已做到意到形到，而李某不明此理，故被打倒而不知是如何倒下的。

（3）神击。神击是神化的用法。拳谱说，拳打三节不见形，如见形影不为能。又，拳无拳，意无意，无意之中是真意。随时而发，一言一默、一举一动、行止坐卧，或有人处，或无人处，无处不是用。孙禄堂先生说，车毅斋先生洗脸时，友人想开玩笑，在后面用脚踢先生后腰，先生觉有一物接触，回头一看，友人被击出丈外而跌倒。先生说，予先何以知彼来，又何以知以何法应之，此乃拳中抖擞之神力也。至哉！信乎！拳谱云，拳无拳，意无意，无意之中是真意也。此即拳中"无形无相，无我无他，只有一神之灵光，奥妙不测耳"。当他手足方到身边似挨未挨之时，丹田之气始动，心中之神意知觉即速。此时物到神知，神形合一，即将敌人碰出跌倒，此即神意之妙用也。

4. 五要

拳谱说，有形的为架势，无形的是气力。各种姿势是气力的表现，而姿势是身体的表现。意为心（大脑）的表现，力量为气的表现，精神为神经的表现。因此有外部的头、眼、身、手、步的说法。分列如下：

（1）头。头为一身之总司令。人的一切动作虽由手足做出，但各种动作的方法和意念全是由头（大脑）发出的，使达到目的，而领导手足去做。故头在人身是主要的。所以一切事务，主要部分或领导者都是借用头字来命名，如首长、带头人、头目、火车头等，所以说头为一身之总司令，凡是头到哪里，身体必然到哪里。拳谱说，欲进头先入，欲转头先回，欲偏头先侧，欲停头先住。这种情况，人人都成习惯而不察，故练习武术的都注意头部的锻炼。

（2）眼。眼为一身之先锋（总指挥）。眼看哪里，气力就集中到哪里，那个地方就是攻击的目的。因此看法要注意。凡是有好功夫的人能以精神胜人，这就是对看法研究得透彻。两人相接触，谁也不把虚实透露出来，但是你心机一动，眼神必然露出虚实。例如，你想打我右肩，用眼一看我右肩，我就知道你要打我右肩，等你将发出时，我即先乘机夺之，这样可以说是神乎其神矣。张树德老先生善用枪，说枪不在长短和形式，全在拳中神意之妙用也。故眼为神之表现。如人的眼神威力十足，二目炯炯放光，使人望而生畏，说明此人精神好、身体好。又如一人目光恍惚，言语不清，使人望之则说其人萎靡不振。人的强弱，多于眼神表现出来，故知眼之重要。

（3）身。也说是身法。身为百骸总机关，虽然打人用手，而发力者，身也。若只以手打人，既慢而又力微。若以身发力，由肩到肘到手，既快而猛又有脆力。拳谱说，"上法先上身""手如弩箭身比弓"等，都说明身法之重要也。

（4）手和步。虽各有各的方法，但不能分开。如拳谱说，"脚手齐到才为真"，又，"手到脚不到枉然，脚到手不到亦枉然"，都是说手和脚不可分离之意。还有说法，"手是两扇门，全凭脚打人"，这不是说单凭脚去踢人，而是手脚一致的意思。所以说制胜在手法，如"起钻横、落翻顺""起如钢锉，落如钩竿"等都是手法；进入退出在步法，如"脚打踩意不落空（前脚）""消息全凭后脚蹬"，又，"脚踏中门抢他位，就是神手也难防"，这都说明脚的用法。手和脚用法虽不同，总要齐用，不可偏用也。

第九节 "行步如槐虫"解

古人传下来的拳谚、拳诀皆是从实践得来的真理。"行步如槐虫"就是以槐虫的动作体现打拳进步时的情况。

槐虫爬行时，总是后足先靠近前足，然后催动前足前进。同时全身弯成弓形，也用以推动前足前进，落实后即复成原形。虽看似两足行进，但也借弓身时全身之力催动前进。

拳谱讲，"脚打踩意不落空"，是指前脚要向敌之中门迈进，即"脚踏中门抢他位"时，要踏准不落空。"消息全凭后脚蹬"是指以后脚催动前进，当然主要还是用丹田发动手足动作之整力。此正像槐虫前进时，以后足蹬催，弓腰（丹田）用力，前足直出落实。所以练拳者常说"行步如槐虫"。

第十节 五弓

拳谱说："大地阴阳相合能下雨，拳术阴阳相合能打人。"又说："阴阳相合得之难。"

按拳术的道理而言，"伸者为阳，屈者为阴"，所以形意拳术有龙身之说法，就是把全身关节都练成龙那样没有死弯。全身形成五个弓形的曲线，而每一个弓形都是"阳中阴，阴中阳"的阴阳相合之形。依据伸者为阳、屈者为阴的道理，试将五弓说明如下。

（1）臂弓。手（掌或拳）为阳，腕为阴，小臂为阳，肘为阴，后臂为阳，肩腋为阴。连为一起，为阳中阴（手与腕），阴中阳（腕与小臂），阳中阴（小臂与肘），阴中阳（肘与后臂），阳中阴（后臂与肩腋）。故手一伸是阳中有阴，阴中有阳，循环而成弓形也，就是阴阳相合。其他各弓，以此类推。

（2）腿弓。足为阳，脚腕为阴，小腿为阳，膝为阴，大腿为阳，胯为阴。阴阳相合之理按上理类推。

（3）背弓。项为阳，背为阴，尾闾为阳。阴阳相合之理按上理类推。

（4）脊弓。左肩胛为阳，脊为阴，右肩胛为阳。阴阳相合之理按上理类推。

（5）腰弓。左髋为阳，后腰为阴，右髋为阳。阴阳相合之理按上理类推。

由于人体关节不同，所以弯度（弓）大小也不同。臂、腿、背三弓较大。脊弓较小，是横着用以左右连合背弓。腰弓也较小，也是横弓，用中部连合背弓，左右连合腿弓。因此五弓就互相连成一整体。故每一动作都一动无不动地发出整劲来。

身体各部已成五弓一体，由勉强而成自然。与人比手时，一接触，遇机即向前进攻。手到敌身时，即用四顶发力，内以丹田发动真气，内外结合，一鼓而制胜。

第十一节　四顶

（1）头顶。头为一身总司令。拳谱说："欲进头先入，欲左头先侧。"故前进时，前额向前顶，不可动摇而竖项，以意行之。

（2）手顶。拳谱说："制胜在手法。"故捍蔽进攻都是手之所为。打到敌身时，手向前顶，也不要动摇，更要挺住以意摧之。

（3）足顶。拳谱说："脚打踩意不落空（前脚），消息全凭后脚蹬。"与人比手时，两脚要用单重前顶（进），落实时如入地生根，但不要单贯注力，也要以意运行之。

（4）身顶。拳谱说："上法先上身，脚手齐到才为真。"就是以身发动四肢，因而成一整体之力。

第十二节　双十字发力

制胜在手法，进退在步法，催动在身法，故发力之源在身。拳谱说："起之于脚，发之于腰，形之于手。"这也说明力是由身发动的，上至两手，下至两足。也可以说力是由背弓所发，而至于手足。上部脊弓和背弓在大椎处搭成十字，两端通两手；下部腰弓肾俞处和背弓也搭成十字，两端由胯通两足，故身一发力即由两个十字分发到手和足，所以也称为双十字发力，也就是所说的力由脊发。

以上所谈是对外部的形而言。劲的来源主要是内三合。内外相合也就是形意合一，这样才能发出真力来。

第十三节　形意合一

拳谱说：形意拳有内三合，即心与意合，意与气合，气与力合；有外三合，即手与足合，肘与膝合，肩与胯合。内三合是意，外三合是形，内外三合，合而为一，就是形意合一，又称之为六合。详言之如下。

（1）内三合，心与意合，意与气合，气与力合。这里所说的心在拳理上是不好理解的。心在身体中是循环器官，专司血液循环，不存有各种意识，也不能反应出各种动作。只有大脑才含藏各种事物，一旦条件成熟，遇机就反射出来，配合意支配行动。若是把心改为大脑就好懂了，写成"心（大脑）与意合"就一望而知了，而大脑与意是自然相合的，是不可分离的，一旦大脑反射出来什么，必由意发动而成事实。意与气合，意是指挥气的，就是说以意行气，所以意与气要合。气与力合，拳谱说"气为力之君"或"气为力之本"，故谈力者必先言气。然欲求力之足，先求气之充。力又为气之表现，例如欲提起二十斤重物，就必须运足二十斤以上之气，才能用力提起。所以说力为气的表现，故气与力也是分不开的，所以说气与力合。连三者在一起为内三合。

（2）外三合，手与足合，肘与膝合，肩与胯合。这是对初学者而言，是以拳规约束其身，使其身体不偏不倚，本着拳规而练成自然相合，但并非绳之以法，使其相对，不差分毫，而是形成每一动作自然合乎拳规，手到脚到、膝挺肘垂、肩沉胯坐，动作成一整体，一动无不动，一静无不静的外三合。

（3）内外相合。拳谱说："武技一道，有形者为架势，无形者为气力。"架势者，所以运用气力也，无气力则架势为无用，故气力为架势之本。气力（内）和架势（外）必须相合，也就是内三合必须与外三合合一，此即形意合一也。

第十四节　整体动作内外合一

形意拳术是内外双修、体用兼备、顾打兼施之拳术。内坚五脏，外壮筋骨皮肉，既练内部的精气神，也练外部的头手足等部分，既能强健身体，又有自卫的用法。它的动作既有顾法也有打法，练法虽多，主要练成一个整体，内外合混元一气（故形意拳术为诚一者也）。拳谱说，"静者为性，动者为意"，就是说静是本人身体，动是心意一动即生出作用

（一切行动）。奥妙的用法能使人达到理想的目的而得心应手。

形意拳术，在未开式之先，立正站好，心中无思无念，精神高度集中（无极式）。稍站使精神静下来，就想练拳（一气发动），于是，手和脚就发动起来。伸者为阳，屈者为阴（阴阳）。再把手足配合起来，成为三体式，使上中下（头手足）成为一个整体（三体）。然后再由三体式变化生出各种套路拳法。无论哪一趟拳法，都离不开三体式的内外相合。以一气发动，就是以气催力，发动外部头手足，做出各种姿势，所以说"形意拳是内外双修之练法"。

各种姿势都是和顺的，内坚五脏，调气蓄力，外部姿势坚强，筋骨皮肉内外合一。拳谱说："此拳是内外一气、动静一源、体用一道，所以静为本体，动为作用也。"又说，此拳练之能变更人的气质，"弱者易之强，柔者易之刚，悖者易之和"。故此拳既能强健身心，又有自卫之功能，因其姿势都蕴藏着打破之法，故此拳是体用兼备之练法。

形意拳术虽是以练身体为主，然它的每一动作都蕴有攻防之法，如起、钻、横、落、翻、顺（手法），每一出手都有方法，久练自然就成不令而自行了。"脚打踩意不落空（前脚），消息全凭后脚蹬（后脚）""上法先上身，脚手齐到才为真（整体）"。练习日久，把各规矩由必然练成自然相合，故每一出手即是整体动作。每一动作都是打中带有破法。简言之，起、钻、横是顾法，落、翻、顺是打法，此是初学者应知之规矩。若久练成熟，就无所谓规矩，是进亦打，退亦打。拳谱有十四打法（手、肘、肩、胯、膝、足，左右共有十二拳，头为一拳，臀尾为一拳，共计十四拳），此十四打法变之则为万法，故此拳是顾打兼施之法。

手如弩箭身比弓，肩胯支撑要放松，前脚踩进趾抓地，后脚力蹬向前冲，腰似弓弦崩弹力，丹田发动便成功，意动形随风卷云，内外合一混元功。

第三章　丹田、意、气

第一节　练武与元气

中医学认为，人体气足则壮，气亏则病，气聚则生，气散则死。

拳谱曰："道自虚无生一气……所谓虚无生一气者，乃天地之根、阴阳之宗、万物之祖，即金丹是也。亦即形意拳中之内劲也。"[①]又曰，此气"为人性命之根、造化之源、生死之本，形意拳之基础也"。[①]

此气并非呼吸之气，是人得天地之气而生的先天真一之气，也叫元气。古人以"炁"字表示，以区别于后天呼吸之气。武术家能掌握此气，练出内劲，才能达上乘功夫。

自古至今，武术高手无不重视气的修炼，都把气看成武术的灵魂。现举数例如下：

"武术欲至精，运用在气功。"[②]

"形意拳术之道无他，神气二者而已。"[③]

"任说千言万语，举莫若清心寡欲，培其本源，以养元气，身体强壮，打拳自胜人一筹。"[④]

"柔术（即拳术）派别习尚甚繁，而要以气功为始终之则。"[⑤]

"欲精技艺，必健丹田……丹田亏，气不充，则力不足，彼五拳十二形，空有架势。以之为顾法，则如守者之城池空虚；以之为打法，则如战者之兵马羸弱。"⑥

"功莫不一一与养气功夫明牵暗合。设养气不成，纵练得周身武艺，拳术精通，十八般兵刃谙熟，实等于花拳绣腿，而与宏旨无关，仅可演戏于舞台。"⑦

"有气则生，无气则死。天地万物之生，亦均莫不有气机。是故练武功者，必须先从练气入手。"⑦

元气是一种看不见的能量，积蓄于丹田之内，用以击敌，能将敌击出丈外。先贤曰："言力者，必先言气。气为力之君，力是气之臣，形体乃为气力之表现。"

练拳讲内外三合，内三合即心与意合、意与气合、气与力合，外三合即手与足合、肘与膝合、肩与胯合。内三合与外三合合为一体即为六合，亦为形意合一，混元一气。由此六合而练出的劲，即为内劲，应用于御敌，则神妙不测、威力无穷。

由于气是无形无相的，看不见摸不着，故而很难理解。只有亲身实践者才能有所体会，所以易被人们忽略或否定。

其实，要想练出元气、练成内劲并不难，只要按着老前辈所设定的拳式，依循拳理，循序渐进地去练，日久自会有所成。那些浅尝辄止，甚而菲薄前辈而自以为是者，是绝不能练出元气、练成内劲的。

注：①《形意拳学》，孙禄堂著。

②《马庄拳谱》，马学礼著。

③《拳意述真》，孙禄堂著。

④《陈氏太极拳图说》，陈鑫著。

⑤《少林拳术秘诀》，尊我斋主人著。

⑥《形意拳术抉微》，刘文华著。

⑦《练气行功秘诀》，张庆霖著。

第二节　三心归田或三心要并之说

拳谱中"八要"有"心要并"一则，说三心一并而气始可归也，三心是顶心、手心、足心。一并是同归于丹田，所以也说三心归田。归、并者，是顶心往下则上之气能入于丹田，手心往回则外之气缩于丹田，足心往上则下之气收于丹田。这上中下三心归并一起，气聚于丹田，合而为一者也。气充力足自能祛疾延年。

例如：站三体式时将姿势站好，再用意体察一下顶心向下、手心往回、足心往上之意，引导三心归田，然后将意去掉，随其自然，只用意守丹田、精神内敛，不可强制，心中要虚空至静无物。练习日久，三体式一站，三心自然合并，即使练习拳趟子时也自然合并矣。

第三节　丹田论

拳谱说：丹田者，阳之本，气之府也。欲精技艺，必先建丹田，欲建丹田，必先练技艺，二者互为因果也。

有一句话："丹田练就长生宝，万两黄金不与人。"从这句话来看，丹田不但是在拳中很重要，对人生也很重要。那么丹田是什么，是怎样的形象，未见详细地谈过。郭汉之老师常说："天有天心，地有地心，万物皆有中心，人身一小天地也，故亦有中心。中心所在，脐之下、两胯之上，所谓丹田者，是此也。此中心之气与天地之气为一。耳之听、目之视，暨一切之举动，皆此中心枢纽之所致。例如车轮之辐、之辏，涂油于轴心，则辐自随之而旋；又如影灯者，虽因扇火之力而回转，然亦由于中柱之不倾斜也。人身与天地同体，故自然契合妙道。若此如枪刀剑拳之术及音曲书画之诀，以至种种人所不经意之事，无非乃脐下丹田所发之光辉。万事万物皆此一理而贯通者也。"

有的人说，丹田在脐之下，还有的说丹田就在脐中。说法不同，但对丹田于人生的益处和拳术的作用的认识还是一致的。将丹田练好，在生理上可以祛病延年，在拳术上可以发出整体力量，能将人打出很远，甚至将人打伤。有一次我和王、马两位同学比手，王将我右腕抓住，将用将手，马同学转到我身后，将用力推我，而我前面是长石台阶，若被他二人打倒，我即有被碰伤之危险，此时心中一惊，急用双手将王臂抓住向后一将，即觉丹田有物一动，而王即被将出丈外，只觉其身轻而不费力。以后和同学试手，对方若推拉不动，则丹田感觉不得力，即急速移动使丹田恢复舒适，对方即不得力了。

郭汉之老师年九十六岁，和一年过四十岁的人比手，两次打倒对方全不见用力，只见轻轻一划，此人即倒。由此可见，丹田练成内劲，虽老而不丢失，郭老师即是一个榜样。

根据以上实例及拳谱所说，丹田人人皆有，需经明师指教，自己有信心下功夫练习，方能练成功，更得持之以恒地钻研，方能发挥丹田作用，否则，虽练习多年也无法发挥丹田的作用。因而有人说"拳谱多是妄言，不可信"，如此造成半途而废，还说"老师不肯传授"，如此，不但自己无所得，连拳术也被人轻视了。

兹将对丹田的一点体会录之于后，以供同好者参考。

我初学形意拳时，老师常给我讲丹田对拳术的重要性，如将丹田练好，不怕打不怕碰。当时国术馆中悬一方沙袋，内装沙子二百多斤，供二人对面练习，往来扑力和推力之用。老师使一人将沙袋推起，自己以身（丹田）迎着沙袋一撞，即将沙袋碰回，碰了多次，老师面不改色。告以是丹田内气之力，不可用浊气浊力，如用浊气浊力，不但顶不住，且有可能被碰倒。当时老师令我试撞，我有些不敢撞，老师告以："你的功夫可以撞了。"遂试撞数次，觉得丹田虽被物碰撞，身被撞得两足擦地而后退，但身体不觉震动，气也未被撞浮。老师又说："你的丹田有功夫了。"又叫比我功夫浅的同学以拳击我丹田，我也不觉内中震动，因此又进一步知丹田的重要性。

有一次郭同学上步插入我裆下，以丹田撞我，当时我不想抵抗，任凭他撞，二人之丹田相距约三寸，郭向前一踩即停止。分开后，郭问我当时有何感觉，我回想当时虽不怕被撞倒，但丹田中觉有物一动，也未理会。郭说："当我向你丹田撞去，还未撞到时，即觉有物向我丹田碰来，有如拳击而力微，此是何道理？"遂请示老师。老师告以，此是不令而行之，由于经常练习，丹田自会起作用。自此以后，和同学比手，只要觉得丹田中有物一动，即将同学打出而不觉费力，且全不是有意识地命令它动。只要心中惊，丹田即有物动，有时因注意对方而未留意丹田之动。

想究其理，以手用力按之，并无一物，脱衣观察，只是小腹隆起异于常人，并无别情。既按之无物，为何比手时确系有物一动，百思不得其理。回忆初练时，丹田渐渐鼓起，睡眠时仰卧或侧卧皆平复不鼓。后侧卧时丹田渐渐鼓出，用手按之仍无一物。之后练功时，觉小腹前面有如一烧饼大之物，以手按之仍无一物。练完，势一停，有时会自动呼吸，日久觉小腹之物大如碗口，同学用力击之，既不觉疼，也不觉向内震动，碗口两侧用力按之即觉疼。

因思若继续将此物扩大，使整个小腹及两肋都不怕击，则身体可谓异于常人了。但时值日寇侵占津沽，不敢继续练习，又以环境日非，遂停止练习，而丹田究系何情，亦无暇学习矣。

1949年以后，阅读拳谱，谱曰：拳中之内劲，是将人散乱于外之神气，用拳中之规矩、手足身体之动作，顺中用逆，缩回丹田之内，与丹田之元气相交，自无而有，自微而著，自虚而实，皆是渐渐积蓄而成，此谓拳中之内劲也。

第四节　传艺与传意之别

艺者，技艺也，艺术也，有文艺、武艺之分，工艺、曲艺、技艺、园艺等等之别。各行各业之艺，由老师传授给学生，故称传艺。一般习武者，皆以老师教学生为武艺传授。武术家所传之艺，为拳术及器械等练法和用法。

先师郭汉之曾言：形意拳术，讲内外双修、体用兼备，故有传意与传艺之别，此意向难言传，一般人听到此言，往往忽略过去，未加深究。现在回忆过去练拳的二三事以及郭老师的教诲，以说明传意之重要。

郭老师对于形意拳之意颇为重视。他曾说："有形无意与有意无形各有偏缺，而意也有多种。"王芗斋先生亦注重意，曾著有《意拳正轨》一书，初时付印，即因争议不得已收回，故此书很少流通。

我们向郭老师学拳时，有一次，老师令我用劈掌试一学员。我因知其曾患过高血压之病，所以不敢放力，只一比划即停，故未打出。老师说："如果你一定想要将人打出，那就错了。"又说，"你已将功夫练到身上，要注意偶合（指初时拳劲用对），应时时存在善意，注重武德。"随即向我讲授《意之本源》一文，要我今后多加体悟此文，以便研习意之作用。今摘录其中一句："此真意虽无形象可见，其固能为一切形象之主体，唯一无二。"

1947 年我在北京工作，常和几位朋友一起练习拳术。有一身材高大之人，见我教同事练拳，便想借制我取笑，以显示自己的功夫。他要求和我试手，我答以不会。他说："咱们都在一起工作，试试无妨。"说着以手抓我，我说："不能试。"他又用手按住我的后颈，用力下压。我心一怒，即用掖肋掌击在他胯上，丹田一抖，将他打出数步，他坐在地上站不起来。后经同事扶起，遛了一会儿才恢复行动，从此他再不敢自诩会武功了。后我回津探亲时将此事告知老师，郭老师说："你错了！若是常以内劲打人而致伤人或致病残，虽是失手，也是要遭到报应的。我因年轻时失手伤过人而遭到报应，伤去子女之事，已和你说过。今后不要为了虚荣之心而伤人，这是要切记的。"（"报应"是过去的说法，这是老师以善意而警告我。）我自接受以后，再不与人比手，就是做示范动作，亦不敢放力。每和人说手，总是先抓住对方之手臂，然后再做动作，总是怕力发出而伤人。

有一次，我练习劈掌，当掌向下落时，忽觉手心似向前凸出，随即原式不变而拉着我向前行进，直到力尽时才停止，换式时仍是如此。劈掌练完后，老师告诉我说："这样是错了，如大海之水，来得太冒了，也就是身内之气来得太突然了。这样下去，于身体无益，应当制止。"我对老师说："不是我叫它如此，而是掌心向外一动，即拉着身体前进。"老师说："无妨，你练时要心思纯净，精神高度集中，待其将要动时，你即以意不叫它动，它就不动了。"我即按此练习，果真可制止它不动，而且心中非常愉快，妙不可言。老师说："这样太好了。"现在回想起来，这也是老师向我传意，我真心接受而成的。

我在和老师晚年的谈话中，曾追忆过去练拳的一些情景，可能与老师所说的传意之事有关，遂向老师说："这意是您传给的。"老师当时一愣神，说："是这样，但别人都不知道。"并且强调要看对方接受的情况而定。

还有一些事，就不一一列举了。总之形意拳法，如同修道，"言传"之外，尚有"意会"，此非老师传意与学生体悟不可得之。由于传意乃属无形之物，难以用语言文字详述之，余不过描摹其大略，亦无意与人争论，此事须以练拳实践认识之，书面争论都是空话。余意仅为对练习形意拳者及内家拳者的一点提示，所谓练习内家拳应当注意形意合一。我虽未得传意之要领，但也略知意之重要，故学练形意拳者要注重意，善意为体，形意为用，以形意合一为宗旨，强健身心为目的。拳谱说："习拳术者，对己者（体）十之八九，对人者（用）十之一二耳。"故曰："壮身其常，胜敌者其暂也。"

第五节　意、意识、意念力、无意之中是真意

形意拳是以形生意、以意导形的，所以叫形意拳。高乘功夫的老师练成了形意合一，得心应手，达到意动形随、意到形到。

有人问郭老先生："您总能胜人，有什么绝招？"郭老先生答："哪有什么招，只是见敌打来，随势打去，就能胜敌。"我当时不明白，以为老师是秘不传人。后虽用心体察，终不得其解。

前文讲过车毅斋老先生被友人"偷袭"，反将友人击出之事，友人不明其理，视先生所用为邪术。其实此即"拳无拳，意无意，无意之中是真意"之功夫。此时已超过了意到形到的阶段，进入了将意化去而入神化之妙境的阶段。

今借用"有意练功，无意成功"之语，试解前所说之拳意。

老师教拳时多注意"意"字，尤其练二步功夫时，要多用意而不可用力，以意行气，以气运行，以期达到形意合一，此即有意练功之意。

用意不用力，以意引导拳术中各种动作，久练形意合一，得心应手，意到形到，进而达到神化，就是老先生所说的胜敌哪有绝招，只是见敌打来，心念一动，随势打去，即可成功。

车毅斋老先生曾说："此乃拳术中无意中抖擞之神威也。"至此拳术，无形无相，无我无他，只有一神之灵光，奥妙不测耳！此即无意成功也。

第六节　身心相合，得心应手

"身"是说人的身体，包括周身各部。一切动作都是由身体表现出来的，在拳术上叫作"形"。

"心"是"思"和"意图"。这里所说的心不是心脏的心，是脑子发出的意。例如想写字、想扫地，这就是心意，在拳术上叫作"意"。

所说的相合，就是脑子（心意）与形（身）相一致。比如，打珠算想打五，手就把算珠打成五，再想加七，就得上二去五进一。初学时得按口诀，如八去二进一、五去五进一等。练熟后，就不用心中存着口诀了，遇到五再加五自然就去五进一，既速且准，这就做到身心合一了，在使用时自能得心应手、全不费力。

拳术也是这样，初练时须按拳中规则去练。如按生克、制化、打破、进退、攻守等法练习击术。熟习以后，将功夫练到身上，也就是形意合一、得心应手。再和别人比手，就不用想着招法了，看到对方有空隙，或捋或打，心意一动，手就到敌身而胜利。既速且不费力，到此无所谓之招矣。

回忆老师（郭汉之先生）与别人比手时，二人之手将一接触，敌方即被老师打出或打倒，未见用过闪转腾挪等招法。后来被打倒之人说郭老师和人比手是瞅冷子，我听此话也未敢反驳，更未回答，因为当时对于拳理体会不多，认为被老师打倒的人是为了掩盖自己的失败，故发此言。因为当时二人既然比手都伸手接触，就是已开始进攻了，如何说是瞅冷子呢？若是不告诉对方而伸手打人，才是冷不防了。但我对于老师如何胜人却体会不出，只以为老师的技术高打人不费力。

现在回忆起来，自己和同学比手时多是防守得法。有时被对方捋住，丹田一抖也能将其手崩开，但很少将人打倒或打出多远。有时也有另一种情况，如遇到力大者，或所处的地方危险，倘被打倒容易受伤时，心中一急，就不知用何招了，只想或捋或打，尽快将对方打倒，而手到对方身上，即将其打出，着实打得很远，而自己却不知是何道理，只觉得对方身轻，而将其打出。记得一次，同学王、马二人一齐和我比试，王将我手捋住，马到我身后将要推我，因前面石阶，若我被推上石阶恐被碰伤，一急之下反手将王一捋，只觉丹田一动，即将王捋出丈外。老师见到说好，令再捋一次，并告王不要抵抗，看能捋出多远。连试两次，费了很大力气，只将王捋起，放倒在身边，并不能捋出多远。问我方才以何法将王捋出丈外，答以"心中一急，没有招法了"。当时不能体会以上两种情况的内在道理。郭老师常说练习日久有偶合之情况，现在回想起来，那时的情况就是偶合。因为心中一急，心（意）想将对方打出，而身手（形）打到敌身。这是偶然的身（形）心（意）合。而又试验两次，不懂得形意合一，所以不能如第一次那样将人放远，更不懂得意动形随之理了。

《形意六合拳论》中内动法说："以无形之意接彼有形之表，心动而气即随之。"又说，"内劲又捷又灵，能使日月无光而不见其形。手到劲发而不费力也。"郭老师之胜人既速且不费力，即此意也。

有人问老师如何能将人打出，老师答"你得练习"，而问者不能体会此言。李存义老先生也说过："身无确切之磨炼，应敌无纯熟之技艺，此两失也。"因此我们要用心体会拳理，更得努力练习，要用理论与实践相结合去练习，自能将功夫得到身上。或有一知半解者，自谓已成，至于试之无效则谓拳术多私，请而不告，告而不尽，故有的人半途而废。这种情况是未能将理论与实践相结合之故，所以虽练习多年仍有未将功夫得之于身心者。

第七节　暗劲之终是化劲之始

拳谱说："暗劲之终是化劲之始。"从字面上来看是容易懂的。而暗劲之终是何情况？身体上有何变化？是如何由暗劲过渡到化劲？未听有人说过，只是停在理论上。《拳意述真》一书上说："练习时将手足动作顺其前面两步（初步、二步）之形式皆不要用力，并非顽空不用力。周身内外全用真意应用。"拳谱说："顺其前两步（初步、二步）之形式，则其练法亦按明劲暗劲之姿势（如五行拳或掌）用真意应用。"拳谱说："将暗劲练至至柔至顺，谓之柔顺之极处，是暗劲之终。"根据拳谱之说及个人练习之经过，体会如下：

（1）"至柔至顺"意思是说练到此情况则手足非常轻灵，动作时精神自然高度集中，毫无浊气、浊力，有飘飘欲仙之愉快感。

（2）"真意应用"说的是无意之中是真意。虽然所练的姿势和前两步相同，唯前两步是以意识发动姿势。化劲是不以意识发动，形式自动不令而行。所以说是真意发动。此等情况不易体会，尤非笔墨所能说明也。

（3）以假意引真意，是说以意识发动的形式动作是后天的。如用意将手足练合，和别人比手时，如对方打我右面，想到用炮拳攻之。此种动作皆是意识发动，有生克打破之法。倘若将意识（意）和形式（形）练得合一（形意合一），再和别人比手，遇到别人打来即顺其式，或打或捋全不费力，即将敌打倒，既速且有力，无所谓之招法矣。这也是真意发动，意动形随。所以拳术讲的后天意识是假意，用它练出真意来，此时刚柔悉化。拳谱说"拳无拳，意无意，无意之中是真意"，此非过来人不能体会到也。

练习情况回忆：在练习暗劲时，每早在花园练，环境安静，能练得入静。有一次早晨练钻掌，时间稍长，觉得心旷神宁，有如睡眠，达到渐入静的状态，手足动作非常轻灵。此时动作毫无意识支配，任其自然，呼吸也觉停闭，真是心无其心身无其身，融融和和。所练的动作仍是钻掌，此时有如自行车下坡一样，不令而行之，到墙边自动回转。约有半小时工夫，忽然想起还得上班，方一想间，动作即停。此时有形容不出来之愉快，想是已入化境矣。后来再练时，仍想得到此境，而不可得。

但在不强求时，练得心中万念俱静时，又有此种情况。现在回忆起来，就是拳谱说的"练至至柔至顺，谓之柔顺之极处，是暗劲之终、化劲之始也。"惜练习正在进步时，值日寇入侵津沽，遂停止练习，致未能练到好处。

后恢复练习化劲，是用站架，时间稍久，心中方静，即觉手足欲动，随任其自动，而出来的姿势有跳跃，有缓缓伸手伸腿、手足动摇等，甚至有劈卧倒等式。唯此种练法，有时稍嫌剧烈。但此种练法容易自动，而上述练法不易发现（由柔至化）。因此还要再深刻练习体会。

第八节　空灵、妙用

形意拳之练法，不外乎以静为主，以柔为动，以松通空灵为目标，以意为引导。拳谱说："静为本体，动为作用。"所以在练习时，要先使神意入静，然后再练各种拳路。练习时以意念将全身内外放松。身体放松，内气才能通达全身，才能将身内的浊气、病气等一切阻碍真气通过之物排出体外，使身体内外皆空。所谓空，是将体内的病气、浊气排空，而真气自然畅通于体内，此时为不空，此即所谓"空而不空"。故说不松不通、不通不空。

如某次练功之后觉大指无力，不能扣衣纽。老师告诉我："这是你的指头以前受过伤，并未痊愈，如水沟虽通，但尚有物沉淀。今内气充足，冲刷内部，要将一切有碍气通之物全部排除干净，而成空体，是以略觉疼痛而无力。可用手按摩，将陈病去掉，自能成空。"此系指形体而言，更重要者是将心神练空，才为真空。故要排除杂念，而使心神入于静的状态。拳谱说："内观其心，心无其心，心空也；外观其身，身无其身，身空也。"身心俱空，才是真空。只有真空，才有妙用。谱曰："有虚空灵通之全体，方有神化不测之妙用。"

第九节　八式之说

过去称练拳者为练把式。我幼年时听人说过这样一句话："把式把式，全凭架势。"这是一位说评书的先生所讲的。还有的说"打把式卖艺"，是说江湖卖艺的。只是人云亦云，对"把式"二字如何写，依凭什么而起，亦未听说过。或许是因为拳式中姿势很多，要把握住，而不能将姿势练得走了形，否则就失去各派之精义了，所以叫作"把式"。此说系杜撰，并无依据，有待明此理者指正。

而吾师曾说，把式者，"八式"之误也。故知形意拳有八式之说法。其八式计有三种——初步、二步、三步，现分述于后。

初步八式：斩（劈拳）、截（钻拳）、裹（横拳）、胯（崩拳）、挑（践拳，即燕形）、顶（炮拳）、云（鼍形拳）、领（蛇形拳）。也称八字功，是初步明劲，有形有象的用法。

二步八式：眼、耳、鼻、舌、身、意、引进、含藏。也叫二步八识，是有象无迹之用法，是二步暗劲之功夫。

三步八式：是神识、神藏、神威……（只记得三式，其余全忘记了）也叫三步八识，是三步化劲，无形无象、无声无臭之用法。

以上三种八式是郭汉之老师所讲，当时老师讲完，我未注意做笔记，后因环境关系，停止练习，因此将三步八式忘了大部分，至今回忆不起，尚待知者指教补入。

第十节　变化

过去常说"变化"二字是人生最要注意的，故应当多学些知识，以应变化。一切事物都在改进，也就是变化。学一项技术也是由不会到会、最后到精，这也是变化。

学习武术，也是经由量变——从无力到有力（此力虽大，但仍含有浊气、浊力），积年练习而达到质变——看似无力，而落下实如泰山压顶，此时方为得心应手。

回忆同学董某，已练拳三十余年，两足带着数十斤石锁练习。老师告诉他，功夫练得不错，但只能将人打出，而不能将人打倒。董某多次试验，确实如此。老师试以二指按到董某身上，董某随即倒下。老师告诉董某，你还得练习。

当时我想，董某三十多年的功夫还不行，要练到多少年才能将人打倒？我认为董某已练到量变，但尚未将浊力练化，未达到质变，即未化去浊力变为内劲，故尚须练习。所以说拳术是由弱到强，再由强到化，而能变化人之气质。

第十一节　练拳易，明理难

练习拳术经师指导，按各种姿势练习，久而娴熟。至于拳理微妙之处，每有不得其要领者，后人多以老师不肯传为借口，归咎于老师。

固然老师有不肯传者，有不谙教授法者，有不擅讲者，并有虽心领神会而难言讲者，或因老师文化水平低，亦有不完善之处，但只要自己深究，有不明之处请老师指正，虽有不肯讲者，但亦不能完全不讲。最近一段，练拳者多喜研究拳理，尽量发挥，打破保守旧习，取消门户之见，后学者请教也能给讲一些，所以拳术日渐发扬。但有一些自作聪明者，稍有所得，尚不知正确与否，就自以为是而不知请教别人，及听其谈的道理，多系似是而非，谬乱之处很多，其道理多是私自杜撰不合实用，考其原因，是由于非经实践而来，虽然说得天花乱坠，亦等于空谈。故欲习技艺者，首宜虚心，并按三多之法努力练习（三多者，多闻、多见、多练是也），如此方能进步。尚有一些自满者以为他人无出其右者，不肯虚心采纳别人所谈加以考究，自满之心过胜如是者，久之非但不能进步，即所练之拳亦难免生出弊病。若是明显者，尚容易更正，倘为暗藏之病则不易明了。头上之病不在头，脚上之病不在脚，身内之病不在内，身外之病不在外，若隐若现，非常人能看出，非经深明其理、深究其道者不能改正此病，虽昼夜练习，终身不能入正道矣。故练拳者，所练习之技术甚佳，与人相较亦勇敢而能胜，能练至此境者，十人中尚得六七人；若能教育人者，己之动作和顺，析理亦甚明，令人易领会，可做后人之表率者，十人中难得一二人。故吾人练习拳术应以健身利人为宗旨，提倡体育，求明师指导，复深思得其理。希能以身得妙处再发挥，使人人皆得佳处，万勿以一得之愚而自私，或以所得非易而自私，或自作聪明、任意杜撰，以为公开而无私，此是自误而误人者矣。尚望拳术界先辈破除门户之见，取消私见，将传道之心尽量发挥，将拳术公之于世，则拳术前进光大而不致失传也。

第十二节　十二形

拳谱说，"远取诸物为十二形拳"，就是采取动物的特征，结合人自身的功能而成拳术。共有十二种动物，分别是龙、虎、猴、马、鼍、鸡、燕、鹞、蛇、鲐、鹰、熊，所以叫作十二形拳。天地间所生的各种动物各有各的特征，长于此者就短于彼，未有兼全者，唯人为万物之灵，能采诸物之特长以为己用，十二形拳就是依据此理而成的。

（1）龙形。拳谱说，吾人欲效其形而制胜，非周身筋骨利便不可。

故练龙形，唯觉身伏时，力多在腿，而膝最有气力。起时则多在腰，非腰有竖力不能。至其伸缩变化又必全身之力也。此形之精意，神发于目，威生于爪劲。起于承浆之穴（任脉），与虎形之气循环相接，两形一升一降、一前一后。以拳之用，外刚猛而内柔顺。心内虚空而心火下降，心窍开而智慧生，即道家火候空空洞洞是也。拳式逆经络不舒，则身被阴火焚烧矣。

（2）虎形。我们练虎形，所以能前扑有力者，要点在于臀。唯臀将下之力向上一提，将后之力向前一送，方能将周身之力自背而达于脑，由脑而下注于一扑，非领会臀力不得练此法也。此形与龙形之式轮回相属，能通任开督。在丹经谓之水火交而金木并。合和四象，取之于拳者为虎形。此形之威力起于臀尾之劲，督脉牵动涌泉之穴，所谓起落不见形，猛虎坐卧藏洞中。以拳之应用，外猛而内和，拳式顺则气伏而丹田气足，能使真精还补于脑。道经云"欲得长生不老，还精补脑"，正是此二形之要义也，拳式逆而灵气不能灌溉三田、流通百脉，反为阴邪所侵而身重滞、不灵空矣。

（3）猴形。吾人练猴形，须跳跃敏捷、身法灵便。拳谱说，猴有纵山之灵，唯即纵之后，右手伸则左腿提，左手伸则右腿提，打时尤非膝力不可。又以拳式言之，有封侯挂印之精，有偷机献果之奇，有上树之巧，有坠枝之力，有辗转挪移神机莫测之妙。一形中最灵巧者，莫过于猴之为物也。故曰：不是飞仙体自轻，若闪若电令人惊，看它一身无定式，纵山跳涧一片灵。练习时其拳和，则身体轻便快捷，旋转如飞，拳式不和则内心凝滞而身亦不灵通矣。

（4）马形。拳谱说，马有疾蹄之功。疾蹄者，马足走极快之时，后蹄能过前蹄数步，此其长也。练马形时须后足向后一蹬，前足前进，后足再极力向前拥进，此步名曰疾步。又以蜷伏之用，有龙之天性，翻江倒海之威，外刚猛而内柔和，有心内虚空之巧妙，有丹田气足之形。拳式顺则道心生，阴火消灭，腹实而体健。拳式不顺则心内不能虚灵而意妄气努，五脏失和，清气不能上升，浊气不能下降，手足亦不灵巧矣。

（5）鼍形。练鼍形时，其打法均用肘，故用力于肘最为重要。拳谱说，肘为一拳也。又以拳中之性能用其形，外内合顺，练之能消心君浮火。助命门之相火，满肾水，活泼周身之筋络，化身体之拙气、拙力。拳式顺则丹田气足而真精还补于脑。身轻如鼍之能，与水相合一气而能浮于水面矣。拳式逆则手足肩胯之劲必将拘束而全身亦不灵活矣。

（6）鸡形。拳谱说，鸡有欺斗之勇。夫所谓欺斗之勇者，竖腿伸颈，伺隙而进，血流面破不稍退却之谓也。又鸡性善斗，斗时皆以智取，口刚而能啄，两腿连环能立，爪能抓且能蹬。以拳之应用力量最大，故取为鸡形。练之拳式顺则脾胃活，有羽化之功，拳式逆则脾衰胃满，五脏失其调和也。

（7）燕形。练此形者，即取燕子抄水势，故用力多在膊，然后侧身一斜再注于手。燕者，禽之最轻巧、最灵敏者也，性有抄水之巧，钻天之能，飞腾高翔之妙，动转无声之奇，取之于拳为燕形。练之拳式顺则筋络舒畅，心内虚空，气顺而有上升下降之能，拳式逆则气拘筋滞，身体重浊而不能灵敏矣。

（8）鹞形。练此形力多在两膊。与燕形不同，燕形之在膊者，是将后膊之力侧身面送于手，此形后膊并不直向前来，前膊亦不向后去。唯身稍取斜式，两膊一抖，展翅侧身乃入林之巧也。取之于拳能舒身缩体，起落翻捷，左右飞腾，外刚内柔，灵巧雄明，是鹞之天性也。拳式顺则能收其先天之祖气而上升于天谷泥丸，拳式逆则心努气乖、身体重浊而不轻灵矣。

（9）蛇形。拳谱说，蛇有拨草之巧，取其乘隙前进，故此形用力注于肩，所谓肩打者是也。用之于拳能活动腰身，力通一身之骨节。故击首则尾应，击尾则首应，击中则首尾相应，其身有阴阳相摩之意。因蛇之灵活自如，故拳之命名为蛇形。练之拳式顺，能起真精补还于脑而神经充实、百病不生，拳式逆则身体不灵活，心窍也不能开朗，反为拙气所拘滞矣。

（10）鴇形。拳谱说，鴇有竖尾之功，臀尾为一拳。盖鴇之击兔，对其向下猛扑，两翅一裹，然后再用两腿一蹲，扑者顾而思获也，裹者恐其思逃也，蹲者胯打之谓也。故练鴇形者，两手皆落脐间，并不远去，此为顾法。至于打时翻转皆用胯，此胯打之谓也。也以拳形其象，一起一落如奔电；以尾之能，如迅疾风变；以性情言之，外猛内柔，有不可喻之巧力也。拳式顺则舒肝固气，实腹而生道心，拳式逆，不但全身呆滞，气亦不通矣。

（11）鹰形。鹰为禽中最猛、最狠之禽也，其性，瞥目能视细微之物，放爪能有攫伏之精。其性外阳内阴，取之于身，内能起肾中真阳，穿关透体，补还于脑。形之于拳，能抑心火、滋肾水。拳式顺，驱逐一身百窍之阴邪，涤荡百脉之污秽，拳式逆则肾水失调，阴火上升，目生翳矣。

（12）熊形。熊为动物之最笨者也，性真不屈而力最猛，其形极威，外阴而内阳。取之于身，内能助脾之真阴，消化饮食，透关健体，使阴气下降补还丹田。形之于拳，有竖项之力，斗虎之猛。如与鹰形相合演之，气之上升为阳，气之下降为阴，谓之阴阳相摩，亦谓之鹰熊斗志。

鹰熊斗志合演，拳谱说，鹰有捉拿之精，熊有竖项之力。盖此二形之要点，皆在目。但鹰下视而头不低，熊上视而头不仰，二者均有绝大项力，不过一伸一竖而已。至鹰形打法之用力处全在筋梢，一如鹰之拿兔时，以一爪猛抓，一爪备在胸前也；熊之用力处在膊，熊之抖擞威风时，两膊摇摆也，其打法必以两手上钻，缘不如此，与鹰斗时必不能及也。

第十三节 "依墙功"

拳谱说："练拳不练功，久后一场空。"故形意拳有各种功法，如站桩功、揉动功、无极式、混元桩、三体式，等等。这些虽说是辅助练法，实际是拳术中重要的基本功。

《少林拳术秘诀》曾就桩功之效举例说，有一人原为寡力之夫，因练桩功，年久而成大力士，能举起七八百斤之重物。还有人练站桩后，能站在危崖上而身稳如泰山，不致坠下。可见桩功效力之大。

记我师郭汉之先生传我一种功法，最简单又易出功，我依其势取名"依墙功"，其法如下：

左式：以左手按墙上，右足蹬地，左足附于右脚踝后，身体依墙。初练时身体与墙的角度较小，随功力增长而角度增大，身体渐近地面。右式则右手按墙，左足蹬地，其他同左式。

此功虽简单，但很费力。郭先生年轻时练过此功，练至前手离地面不到一米而站立自如时，和别人比手，手按敌身，敌即被崩倒或打出。惜我对此未下过深功，故不能体会老师所讲深意。今录出以广流传，待有为者练习。

附

录

操剑五法

1. 提法

（1）立正式站好，左手为剑指，垂于左侧，右手持剑垂于右侧，剑尖朝前方略向下垂，如附图1。

附图 1

（2）左手附于右手腕部，右手持剑向前刺出，同时以右手腕下沉、手指上提之力，使剑尖猛向上提，右脚前进，左脚跟随，成右虚步，如附图2。

（3）接上式，左脚上步，右脚跟随，成左虚步，左手附于右手腕部，右手持剑前刺，同时以右手腕下沉、手指上提之力使剑尖猛向上提，如附图3。

附图2　　　　　　　　　　　　　　　　附图3

如上左右换步连续练习，目的是练剑法中的上提之力，是剑中顾法与击法的结合，如三合剑中的白蟒反身。也可双手握剑练习，也可用退步练习。

2. 钓法

（1）立正式站好，如附图1。

（2）左手附于右手腕部，右手持剑向前刺出，同时以右手指下按、手腕上挺之力使剑尖猛向下点，右脚前进，左脚跟步，成右虚步，如附图4。

（3）接前式，左脚向前迈出，右脚跟随，成左虚步，同时左手附于右手腕部，右手持剑刺出，并以右手指下按、手腕上挺之力使剑尖猛向下点，如附图5。

如上左右换式连续练习，目的是操练剑法中下点之力，是顾法与击法的结合，如三合剑中的二郎单鞭。也可双手握剑练习。

附图 4

附图 5

3. 崩法

（1）立正式站好，如附图1。

附图 6

（2）左手附于右手腕部，右手持剑前刺，内含提、钓二法，同时左脚前进，右脚跟随，成左虚步，连续前进不换步，如附图6。

此法是把提、钓二法用于刺剑之中，提、钓为顾法，前刺为击法，如三合剑中之黑虎出洞，使击顾一体，打破不分。此法亦可双手持剑练习。

4. 斗法

（1）立正式站好，如附图1。

（2）左手附于右手腕部，右手持剑向右上挂，高不过肩，顺势下劈。左手上举过头，同时右脚前进，左脚跟随，成右虚步，如附图7。

（3）接前式，右手持剑向左上挂，高不过肩，左手顺势附于右手腕部，随后右手持剑下劈，同时左脚前进，右脚跟随，成左虚步，如附图8。

附图7   附图8

　　此法左右换步连续练习，目的是操练短劈法或点劈法，向上挂为顾法，内含暗横之力，随即顺势点劈。也可双手握剑练习。

5. 兜法

　　（1）立正式站好，如附图1。

　　（2）右手握剑，变为手心向上，向左抹去，暗含腕指之力，左手高举过头，同时出左脚，右脚跟随，成左虚步，如附图9。

　　（3）接上式，右手握剑，变为手心向下，左手下落，附于右手腕部，右手持剑向右抹去，暗含腕指之力，同时右脚前进，左脚跟随，成右虚步，如附图10。

附图9   附图10

如上左右式连续练习，是为左右抹法，如三合剑中的哪吒探海。也可以双手握剑练习：

　　（1）立正式站好，如附图1。

　　（2）左手按于右手腕部，右手握剑由前向左后划弧，再由左下向左前方撩出，高与腹齐，剑尖略低于右手，左手随剑撩出时向上放于头部，同时上左脚，右脚跟随，成左虚步，如附图11。

　　（3）右手握剑上提向右后划弧，再由右下方向前撩出，高与腹齐，剑尖略低于右手，左手按于右手腕部，手心向外，右脚前进，成右弓步，如附图12。

附图 11　　　　　　　　　　　附图 12

　　此为左右撩法，如三合剑中的翻江倒海。也可双手持剑练习。

形意大师郭汉之与梁氏形意拳

原天津市国术馆副馆长兼教务主任郭汉之先生，武功精深，道德高尚，不慕名利，不喜张扬，知其事迹者甚少。

1911 年，经尚云祥先生介绍，郭先生正式拜李存义先生为师研习形意拳。李先生感郭先生求艺心诚，天性聪颖，就在天津中华武士会成立大会上面授先生形意拳真意。此后对先生细心教授，并命其子李斌堂为郭先生架喂引劲。郭先生朝夕苦练，功夫达到能以四指着地倒立行走约六十米，用丹田或软肋均能将二百斤沙袋崩出，与人较勇，可随心所欲地将人发出至任何位置，真是"打人如走路，看人如蒿草"。

郭先生曾在一菜园中与某人比武。当时菜园内放有一正待油漆的棺材。对方刚一发招即被先生捋起二尺多高，随手一放，说声"去罢"，就将其人端端正正放入棺内。对方大惊，还未明白，就又被先生拉出棺外。

一日，郭先生路过武师周某的武场，周武师请先生进屋闲坐。武师有一徒弟，人称二愣子，自恃曾击败三位名拳师而高傲自大，又见先生身矮体胖，故对先生无礼。先生认为这是周某以其徒向自己示威，就对周某提出与其徒较量。其徒亦不客气，只想轻易胜过先生。谁知其徒的手击在先生身上即被化开，其徒以为先生无还击之力，步步紧逼。走过三招，只见先生用手在其徒身上一划，其人即如弹丸飞出，直砸在其师周某身上，师徒二人双双倒地，自愧弗如。先生发人之功夫由此可见一斑。

正当先生武功大进之际，李存义先生由天津返归故里，先生依依惜别。别后自思功夫尚未大成，拳术奥秘尚未深谙，又遍访名师以求深造。

经人介绍，得遇武界隐士梁兴华老先生。梁老先生是清末翰林，文人风度，举止儒雅，很少与人谈及武事，其实，梁老先生的功夫已达出神入化之境。

梁老先生与先生初遇便谈之甚洽，觉得先生武功基础好，品德端正，悟性高，是可造之才，便答应授与先生拳术之道。但梁老先生知道先生此时功夫已非一般人可比，为使先生心服，便提出先与先生比武之后再谈拜师。先生听后甚觉诧异，观梁老先生乃一老先生模样，若讲拳理可能甚精，若要动起手来能经住一击吗？又一想，既是梁老先生自己提出，那就试试看吧！先生一向是动手不留情，起手就向梁老先生击出，谁知刚一碰到梁老先生的手，便被击起约半人高向后倒去，跌在地上，只觉得天旋地转身不能动。梁老先生说："别动！不碍事，过一会儿就好。"果然，约一分钟后，郭先生才站起身来，但并未伤着何处。自此后，先生正式拜梁老先生为师，朝夕随梁老先生学习独特的梁氏形意拳。

数年后，先生尽得梁老先生内外真髓。梁老先生回归故里时对先生说："你的功夫已臻上乘，以后用此功夫不知要救多少病人，切勿以功夫逞强伤人，切记！"先生唯唯听命。

先生得梁老先生教诲后内功大进，更非常人可比。

由于先生得梁老先生传授，故能内外兼修。既得上乘武功，又能祛病健身，而且直至九旬高龄功力不退，体健如常。

先生九十六岁高龄时，有一四十多岁自称已练武三十年的人找先生学拳，实际是想试试先生有无实际功夫。此人和先生刚一搭上手，便被先生按倒。他原想先生年事已高，恐不会有多少功夫了，被按倒后才知先生功夫厉害，起来后就全力以赴向先生进攻，谁知，手刚触到先生，就被打出数尺而跌地。他起身后说："您这是突然发招。"意思是，他没有准备。先生说可以再试。遂又比试。此次待他搭好手，先生只一发力，就将他发出丈外仰面倒下，摔得较前两次更狠。先生说不服可以再来。此时，这人已无力再比了，只说先生功夫确实高深，表示以后向先生学拳。

先生如此高龄而功力毫无减退，所以总自豪地说："我是练对了。"其意是既得了高乘武功，又得高寿。能如先生者，在武林界可算是凤毛麟角了。

1980年10月18日，郭先生享寿九十九岁，无疾而逝。

先生一生精研形意拳术，功达上乘。为人和善可亲，从不恃强凌弱，并以其精湛的武功服务于社会。为发扬武术，在经费极缺的情况下，先生独撑天津国术馆多年。为扶持正义，1919年五四运动时，先生曾保护学生游行队伍到天津署请愿，因而有幸得识周恩来先生。为抗日救国，先生于九一八事变时，联合武术界人士组成抗日救国大刀队。先生虽然武功高超，并为社会做出贡献，但从不自吹自擂，视名利如粪土。所以，世人知先生者很少，知其所习梁氏形意拳者更少。

梁兴华老先生所传形意拳得自何人无从得知，只知梁老先生曾遍游全国，到武当山时，受过一张姓出家人传授，是否传与形意拳尚不可知。郭汉之先生每提起武界前辈时，特别赞许梁老先生，对梁老先生所传功法视若珍宝，很少与人谈论，更少传人。能得梁氏功法的再传弟子现健在者，只有杨立德、郭益三（子）、杨润田三位先生。

世传形意拳以刚猛著称，与太极拳的松柔形成鲜明对照。梁老先生所传形意拳，则以松、柔、整为其鲜明特点，既不像太极拳那样松柔，也不像世传形意拳那样刚猛，而是于松柔中含沉实，于整齐中见劲力。练起来轻松舒展，气畅神怡，而旁观者却觉其气势威严、力达八方。

梁氏功法不讲具体招法，讲究把功夫练到身上——练出劲力和近似于本能的反应。随时而用，随机而发，从心所欲。郭汉之先生常说："哪有什么秘诀，只要把功夫练到身上，就能得心应手。以意发劲，精神所到即随之力到。"拳谱所说"手到劲发全不费力"即此意也。

梁氏功法以顺乎自然之法积气养元，使人达到精足、气旺、神全的状态，然后，再以其独特的拳式将元气运达周身，应用于武技。也就是以练气的手段，发掘出人体的潜能，并将其应用于武技。谱曰："武术欲至精，运用在气功，气从静处听，动身似猿捷，踏步如猫轻，气未动兮身先动，心即动兮气即冲，心动一如炮加火，气至好似弩离弓，学者若会混元气，哪怕他人有全功。"梁氏形意拳把养生健体与武功紧密结合在一起，把武功建立在健身的基础之上，所以能使练者既得健康长寿之体，又得神奇技击之术。

梁氏形意拳把练功过程分为练形、练意、练神三个阶段。

初学是练形，是用自然之力练好拳式动作，以正确的姿势引动元气真意，渐使元气充足、真意纯净，这是以形练意。

练意是以纯净的真意指挥外形的动作，达到意动而气动形随，是以意练形，因而得到形意合一之效。

练神就是把意和形练得高度统一起来，以神驭之，而达到形意不分，即无形无意、混元一体、出神入化之境。

杨立德先生曾说："练形意拳者，有形无意枉然，有意无形亦枉然，有形有意而不能合一者枉然，形意合一不能运用于敌身者亦枉然，只有形意合一放于敌身甚至透过敌身者才为功得大成。"所以，练形、练意、练神之说是梁氏形意拳对形意拳练功过程的高度概括和独到见解。

梁氏形意拳的基本功法分为静中求动和动中求静两种。静中求动有站桩二十四式。此套桩法分为前后两部分。前部为双重练法，偏重蓄气养生；后部为单重练法，偏重武功筑基。可以顺序练习，也可以单式练习，是养元健身、武功筑基的极好方法。

动中求静法有揉动功十二式，具有导引入静而得气的功能和训练运使内气的功能，是养生妙法，也是武功的辅助练功法之一。

套路练法有形意掌、五行掌、龙行掌、八面掌、杂式掌、飞九宫等。其中形意掌是该拳中高乘功法。当年郭先生练习此拳时，行拳如飞，观者不可靠近，稍有靠近即被打出，非练到意形合一不能有此功夫。

套路的练习，要求"松、静、柔、整"四个字。"松、静"是肢体放松，心中空静，使意念集中，体态自然；"柔、整"是动作柔顺，不用拙力，手脚、上下内意、外形一动俱动，一止俱止。练者心畅神舒，观之浑厚沉实。

梁氏形意拳功法简单，效果显著，能得健康长寿和神奇武技的双重功效。前辈皆视为珍宝而秘不传人，故此法近于失传。为发扬此法，杨立德先生正在整理梁氏形意拳功法，准备发表。也希望得到过梁兴华老先生传授的同好们，能更全面地介绍梁氏形意拳，以补本文所谈的不足。

刘长国

1996 年 9 月

后 记

《梁氏形意拳》出版，师愿得尝，典籍得传，甚慰！

五十年前，恩师为拳艺传承，拓蓝复写、蜡纸油印勉成册本，以传阅保存，如今终可正式出版，广传梁氏之法、拳术真意。能为武界传道授业解惑尽微薄之力，乃恩师及吾同门多年之愿也。

世之明示练功之法、教功之验者稀，今吾师将其终生所得珍言密语具陈于书，公诸天下，广为传播，实大公无私之举，武界之幸事也！

出版事宜幸得北京科学技术出版社精诚相助，诸多门人聚款相帮，长国在此代恩师向诸位躬身致谢！

刘长国

2024.6.9

人文武术精品书系

北京科学技术出版社

武学名家典籍丛书

杨澄甫武学辑注 《太极拳使用法》《太极拳体用全书》	杨澄甫 著 邵奇青 校注
孙禄堂武学集注 《形意拳学》《八卦拳学》《太极拳学》 《八卦剑学》《拳意述真》	孙禄堂 著 孙婉容 校注
陈微明武学辑注 《太极拳术》《太极剑》《太极答问》	陈微明 著 二水居士 校注
薛颠武学辑注 《形意拳术讲义上编》《形意拳术讲义下编》 《象形拳法真诠》《灵空禅师点穴秘诀》	薛 颠 著 王银辉 校注
陈氏太极拳图说（简体大字版）	陈 鑫 著 陈东山 点校
陈鑫陈氏太极拳图说（配光盘）	陈 鑫 著 陈东山 陈晓龙 陈向武 校注
李存义武学辑注 《岳氏意拳五行精义》 《岳氏意拳十二形精义》《三十六剑谱》	李存义 著 阎伯群 李洪钟 校注
董英杰太极拳释义	董英杰 著 杨志英 校注
刘殿琛形意拳术抉微	刘殿琛 著 王银辉 校注
李剑秋形意拳术	李剑秋 著 王银辉 校注
许禹生武学辑注 《太极拳势图解》 《陈氏太极拳第五路·少林十二式》	许禹生 著 唐才良 校注
张占魁形意武术教科书	张占魁 著 王银辉 吴占良 校注
王茂斋太极功	季培刚 辑校
太极拳正宗	杜元化 著 王海洲 点校
太极拳图谱（光绪戊申陈鑫抄本）	陈 鑫 著 王海洲 藏
陈金鳌传陈式太极拳暨手抄陈鑫老谱	陈金鳌 编著 陈凤英 收藏 吴颖锋 薛奇英 点校
黄元秀武学辑录 《太极要义》《武当剑法大要》 《武术丛谈续编》	黄元秀 编著 崔虎刚 点校

张策传杨班侯太极拳108式（配光盘）	张喆 著 韩宝顺 整理
河南心意六合拳（配光盘）	李洳波 李建鹏 著
形意八卦拳	贾保寿 著 武大伟 整理
王映海传戴氏心意拳精要（配光盘）	王映海 口述 王喜成 主编
张鸿庆传形意拳练用法释秘	邵义会 著
华岳心意六合八法拳	张长信 著
戴氏心意拳功理秘技	王毅 编著
传统吴氏太极拳入门诀要（配光盘）	张全亮 著
吴式太极拳八法（配光盘）	张全亮 马永兰 著
拳疗百病——39式杨氏养生太极拳（配光盘）	戈金刚 戈美葳 著
非视觉太极——太极拳劲意图解	万周迎 著
轻敲太极门——太极拳理法与势法	万周迎 著
冯志强混元太极拳48式	冯志强 编著 冯秀芳 冯秀茜 助编
刘晚苍传内家功夫与手抄老谱	刘晚苍 刘光鼎 刘培俊 著
赵堡太极拳拳理拳法秘笈	王海洲 著
京东程式八卦掌	奎恩凤 著
功夫架——太极拳实用训练	朱利尧 著
道宗九宫八卦拳	杨树藩 著
三十七式太极拳劲意直指	张耀忠 张林 厉勇 著
说手——太极拳静思录（全四卷）	赵泽仁 张云 著
太极拳心法体用——验证与释秘	宋保年 杨光 编著
宋氏形意拳及内功四经精解	车润田 著 车铭君 车强 编著
陈式太极拳第二路——炮捶	顾留馨 著
孙式太极拳心解：三十年道功修习体悟	张大辉 著
王文魁传程氏八卦掌精要	王雪松 编著
吴式太极拳三十七式诠真	王培生 著
鞭杆拳技法与健身	毛明春 毛子木 著
龙形八卦掌	邵义会 著
太极功集粹	吴图南 章学楷 编著
梁氏形意拳	杨立德 著